수학과
게임이
함께하는
생각여행

수학과 게임이 함께하는
생각여행

박성은 지음

수학과 게임이 함께하는
생각여행

2020년 5월 1일 1판 1쇄 박음
2020년 5월 10일 1판 1쇄 펴냄

지은이 | 박성은
펴낸이 | 한기철

편집 | 우정은, 이은혜
디자인 | 심예진
마케팅 | 조광재, 신현미

펴낸곳 | 한나래출판사
등록 | 1991. 2. 25. 제22–80호
주소 | 서울시 마포구 토정로 222 한국출판콘텐츠센터 309호
전화 | 02) 738–5637 · 팩스 | 02) 363–5637 · e–mail | hannarae91@naver.com
www.hannarae.net

ⓒ 2020 박성은
ISBN 978–89–5566–236–8 03370

* 이 도서의 국립중앙도서관 출판예정도서목록(CIP)은 서지정보유통지원시스템 홈페이지(http://seoji.nl.go.kr)와 국가자료종합목록 구축시스템(http://kolis-net.nl.go.kr)에서 이용하실 수 있습니다.(CIP제어번호: CIP2020016431)
* 이 책의 출판권은 저자와의 저작권 계약에 의해 한나래출판사가 가지고 있습니다. 저작권법에 의해 보호를 받는 저작물이므로 어떤 형태나 어떤 방법으로도 무단 전재와 무단 복제를 금합니다.
* 이 책에 실린 모든 사진은 본문의 이해를 돕기 위해 사용한 것입니다. 미처 출처를 밝히지 못하거나 잘못 기재한 사항이 있다면 사과드리며, 이후 쇄에서 정확하게 수정할 것을 약속드립니다. 허가를 받지 못한 사진에 대해서는 저작권자가 확인되는 대로 정식 허가 절차를 밟겠습니다.

앎에서 삶으로

아침이 오는 소리를 들어 본 적이 있는가? 아침은 우리를 향해 사랑 노래를 한다. 그 아름다운 소리에 귀 기울여 본 적이 있는가? 밀물과 썰물은 바다의 또 다른 이름이다. 그렇다면, 수학이란 무엇인가? 수학은 인간의 삶을 해석하는 학문이다. 우리 인생은 종종 '게임'에 비유되기도 한다. 수학의 개념과 원리는 물론, 우리 삶을 닮아 있기도 한 게임을 통해 '수학과 게임이 함께하는 생각여행'이라는 이름으로 우리들의 이야기를 하고자 한다.

게임을 통해 우리가 기대하는 것은 무엇인가? 반드시 이겨야 하고, 즐길 수 있어야 한다. 이때 이기는 것과 즐기는 것을 과정과 결과의 관점, 그리고 인간관계의 관점에서 살펴보는 것이 중요하며, 이 책에서 하려는 일도 바로 그것이다. 우리는 무한 경쟁의 사회를 살아가고 있다. 이러한 현실에서 물과 기름처럼 서로 상반된 속성을 지닌 이기는 것과 즐기는 것을 어떻게 하나의 과정으로 풀어낼 수 있을까? 예컨대 수학에서 실수 집합에는 유리수와 무리수가 있고, 복소수 집합에서는 실수와 허수가 있다. 이들은 어떠한 경우에도 하나가 될 수 없다. 이 원리가 무리수 상등 관계와 복소수 상등 관계라는 개념과 원리를 이끌어 낸다. 하지만 과학에서는 물과 기름처럼 하나가 될 수 없는 관계를 '계면활성제'로 연결하여 비누를 만들어 낸다.

그렇다면, 수학교과에서 계면활성제와 같은 역할을 하는 개념과 원리는 없을까? 수학에도 수많은 계면활성제가 있을 수 있다. 그것을 찾아내는 일이 바로 우리의 일이요, 이 책의 목표이기도 하다. 예컨대 실수의 세계에는 '누가 더 큰가?'라는 대소 관계를 구분하려는 특징이 있는 반면 복소수의 세계에서는 대소 관계를 구분할 수가 없는데, 이를 통해 우리는 실수의 세계에서는 서로를 이해하는 노력이 필요하고 복소수의 세계에서는 서로 다름을 인정하는 자세가 필요하다는 원리를 이끌어 낼 수 있다. 그리고 이러한 원리를 각자의 삶에 적용할 때 우리가 살아가는 공동체를 아름답게 만들어 갈 수 있다.

존 듀이는 "오늘의 아이들을 어제처럼 가르치면 아이들의 미래를 빼앗는 것이다"라고 말했다. 청소년들은 대학 진학에 꼭 필요한 과목이기 때문에 수학을 중요하게 생각하지만, 그래서 대학만 가면 끝이라고 생각하기도 한다. 수학 교육이 이 정도에 머물러서는 안 된다. 수학 속에는 인생의 가장 중요한 요소와 미래를 살아갈 수 있는 역량을 기르는 법이 담겨 있기 때문이다.

4차산업혁명 시대가 요구하는 사람은 '융합지식'과 '4C(비판적 사고력 Critical thinking, 소통 능력 Communication, 창의력 Creativity, 협업 능력 Collaboration)'를 갖춘 문제해결형 인재이다. 이러한 요구에 부응하여 2015 개정 교육과정은 4차산업혁명 시대에 필요한 역량을 키우는 데 중점을 두었고, 이를 '선택중심 교육과정'과 '역량중심 교육과정'으로 말할 수 있다.

교실은 학생과 교사의 희로애락(喜怒哀樂)이 공존하는 삶의 공간이다. 이곳에서 교사는 교육(敎育)을 하고 학생은 학습(學習)을 한다. 돌아보면, 그동안 교사는 지식을 가르치는 일에만 치중하고 학생들의 역량을 기르는 일에 많이 소홀했다. 이에 학생들 또한 배우는 일(學)에 집중하고 배운 지식을 자신의 언어로 바꾸는 자기 주도적 학습, 즉 '습(習)'에는 소홀했다.

교사는 수학교과를 통해 학생들에게 '참된 학력'을 길러 주어야 한다. 참된 학력이란 교육 목표 달성도로서 학습을 통해 습득한 교과 지식뿐만 아니라 사고력, 문제해결 능력, 창의력 등의 지적 능력과 성취동기, 호기심, 자기관리 능력, 민주적 시민가치 등의 정의적 능력까지 포함하는 포괄적이고 총체적인 역량을 말한다. 즉, 인지적 역량을 중심으로 6가지 핵심 역량인 문제해결, 추론, 창의융합, 의사소통, 정보처리, 태도 및 실천 역량을 길러 주어야 한다.

이제는 시대의 변화와 요구에 맞는 수학 교육이 전개되어야 한다. 공자는 '知之者는 不如好之者요, 好之者는 不如樂之者라', 즉 '아는 자는 좋아하는 자만 못하고 좋아하는 자는 즐기는 자만 못하다'고 했다. 《수학과 게임이 함께하는 생각여행》이 이를 실천하는 밑거름이 될 수 있었으면 한다. 이를 통해 수학교과의 개념과 원리를 정확히 알고, 게임과 놀이를 통해 앎에서 삶으로 연결되는 전인적인 교실수업이 운영되기를 기대해 본다.

2020년 3월

고양외고 수석교사 박성은

창의성 교육이란 무엇인가?

창의성이란 새로운 것인가? 모방을 통한 관점의 변화인가? 발명인가, 혹은 발견인가? 창의성을 정의하고, 이를 길러 주는 창의성 교육을 정의하기란 쉽지 않다. 하지만 우리는 언제나 그 답을 찾기 위해 노력해야 한다. 수학 교육에서 추구해야 하는 창의성이란 무엇인지 필자가 생각하는 창의성의 정의에 대해 제언하고자 한다.

1) 새로운 것을 만들어 내는 것이다

1등과 2등은 살아가는 방식이 다르다. 2등은 1등을 목표로 1등을 모방하며 살아가지만, 1등에게는 눈앞에 도달해야 할 주어진 목표가 없다. 그러므로 전혀 다른 새로운 목표를 스스로 만들어야 한다.

2) 방향을 바꾸어 주는 것이다

1등부터 꼴찌까지 순서를 매겨 일렬종대로 서 있는 상황에서 '좌우향우'를 한다면 모두가 1등이 될 수 있다. 창의성이란 이처럼 삶의 방향을 바꾸는 것이다.

3) 의미(意味)를 발견하고, 의미(意味)를 부여하는 것이다

지금 존재하는 모든 것들에는 만든 사람의 철학과 의미가 담겨 있다. 그 의미를 알고 습(習)을 통해 자신의 것으로 만드는 것, 더 나아가 거기에 의미를 부여하여 자신만의 언어로 재구성하는 것이 창의성이다.

4) 의미를 풀어내는 것이다 (수렴적 사고와 발산적 사고)

예를 들면, '진로(珍露)'라는 소주를 '참이슬'로 바꾸듯이, 압축된 언어를 풀어서 감성적으로 표현하는 것이다.

5) 서로 다른 것을 연결하는 것이다

직선과 원은 서로 전혀 다른 것이지만 직선인 막대와 원 모양의 굴렁쇠가 만나서 하나의 놀이가 되듯이, 서로 다른 것을 연결하여 아름다운 문화를 만들어 내는 것이다.

6) 역발상이다

세상 모든 일이 순리대로 되는 것만은 아니다. 순리를 소홀히 하라는 의미가 아니라, 최선을 다했는데도 벽에 부딪쳤을 때, 가끔은 역으로 생각해 볼 수 있는 마음의 여백이 필요하다는 것이다.

7) 어디로 갈 것인지 고민(생각)하게 하는 것이다

물이 반만 차 있는 컵을 보며 어떤 부자가 이런 대화를 나누었다.
"아버지, 이 컵은 반쯤 비어 있는 것인가요? 반쯤 차 있는 것인가요?"
"이 녀석아, 그것은 네가 지금 물을 따르고 있느냐 아니면 마시고 있느냐에 달렸지."

8) 유한으로 무한을 만드는 것이다

무지개가 몇 가지 색인지 물으면 대부분은 빨주노초파남보 일곱 가지 색이라고 답한다. 하지만 빨간색과 주황색 사이에는 그 중간값의 수없이 많은 색들이 있다. 따라서 무지개는 셀 수 없는 무한의 색을 가지고 있다고 말할 수도 있다. 내가 어떤 색인지 분명히 알고 있다면 누군가를 만날 때마다 그 사이에서 무한히 많은 색깔의 또 다른 내 모습을 발견할 수 있을 것이다.

9) 보이는 것과 보이지 않는 것을 동시에 관찰할 수 있는 안목을 가지는 것이다

동전의 양면을 동시에 볼 수 있는 방법은 무엇일까? 동전의 양면을 동시에 볼 수 있는 물리적인 방법은 없다. 그러나 현명한 사람은 '한 면은 눈으로 보고 다른 한 면은 마음속에 담아 둔다'고 답한다. 눈으로 보는 것과 마음으로 보는 것, 양쪽 모두를 볼 수 있는 균형 잡힌 관점이 중요하다는 의미다. 이러한 균형 잡힌 생각의 실천이 창의성이요 인성이다.

10) 연결고리를 지어 스토리를 만드는 것이다

내 인생에 사랑이 더해지면 행복하지만 내 인생에 사랑이 빠지면 슬프다. 내 안에는 행복과 슬픔이 동시에 있다. 여기서 슬픔만 지운다면 등식이 성립하지 않는다. 그러므로 지워 버려야 할 삶의 이야기는 없다. 이 같이 하나의 개념과 인문학적 스토리의 연결고리를 만들어 다양한 방식으로 표현하는 의사소통 역량을 기르는 것이 창의성과 인성을 동시에 실천하는 방안이다.

$$Life + Love = Happy$$
$$Life - Love = Sad$$
$$2\,Life = Happy + Sad$$
$$\therefore Life = \frac{Happy + Sad}{2}$$
$$\therefore Life = \tfrac{1}{2}\,Happy + \tfrac{1}{2}\,Sad$$

교육의 창의성은 90대 10법칙이다

교육을 새로운 것을 배우고 익히는 것이라고 정의한다면, 직접 경험해 보지 않은 모든 것은 새로운 것이다. 개개인의 삶의 경험은 모두 다르기 때문이다. 따라서 교육의 큰 축이 교과 과정에 나오는 기존의 지식과 그 안에 담긴 개념과 원리를 배우고 익히는 것이 90이라면, 나머지 10은 그 속에 자신이 추구하는 가치를 담아 의미를 부여할 수 있는 역량을 길러 주는 것이라고 할 수 있다. 이것이 바로 창의성 교육의 출발이다.

또한 창의성 교육에는 인성 교육이 뒤따라야 한다. 참된 학력의 인지적 언어와 정의적 언어를 균형 있게 담아내고, 질문과 발문, 토의와 토론이 있는 교실수업을 만들 때 진정한 창의인성 교육을 실현할 수 있을 것이다.

차례

🔭 첫 번째 생각여행
설탕이 꿀이 되게 하라

다항식	생애 최고의 생일	18
함수와 일대일 대응	시공을 초월하는 소리	23
등식	과정이 결과로 이어지는 균형 있는 삶	30
방정식과 항등식	세상은 나를 품고 나는 세상을 품는다	39
명제(비둘기집 원리)	경쟁을 넘어 경주의 삶을 디자인하라	47
부등식	진정한 승자는 승패를 조절할 줄 아는 사람	53

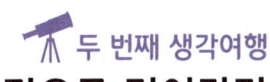 두 번째 생각여행
울림에서 어울림으로 걸어가라

소수	무질서 속에 질서를 찾아가는 삶의 원리	64
함수	일대일 대응의 원리가 적용되는 사회를 꿈꾸다	73
비례식	마음을 다스리는 사람	79
부정방정식	물이 깊어야 배를 띄울 수 있다	88
기수법	표현은 다르나, 본질이 같다	98
약수와 배수	나를 찾아 떠나는 삶의 이정표	108
다항식과 나머지 정리	나눔 뒤에 남는 행복	116

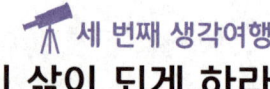
세 번째 생각여행
앎이 삶이 되게 하라

등차수열   생각하는 대로 살지 않으면, 사는 대로 생각하게 된다   126

등비수열   시작은 미미하나 끝은 창대하리라   136

시그마   인생은 내가 걸어온 만큼 쌓인 삶의 노래   147

피보나치수열 오늘은 아름다운 성장을 위한 징검다리   155

등차수열   균형 있는 삶이 아름다운 공동체를 만든다   165

순열과 조합 풍요 속에 빈곤을, 빈곤 속에 풍요를   174

수열의 귀납적 정의 나를 찾는 길이라면, 먼 시간이 지나도 좋다   179

네 번째 생각여행
구름에는 물이 있고 너머에는 태양이 있다

일차방정식   스펙과 스토리가 있는 삶   188

함수   행복은 내 안에 있다   195

함수   사랑은 고백(Go Back)이다   202

함수   삶의 여백이 창의성을 만든다   209

치환, 수학의 알레고리 비전 있는 삶이 세상을 변화시킨다   214

피타고라스학파 구름에는 물이 있고 너머에는 태양이 있다   222

부등식과 부등식의 영역 부분과 전체를 동시에 볼 수 있는 안목   230

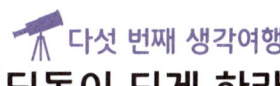
다섯 번째 생각여행
걸림돌을 디딤돌이 되게 하라

명제 진리가 너희를 자유케 하리라   242

명제와 퍼지 함수 다양성을 인정할 때 세상이 아름답다   254

함수의 그래프 하얀 백지에 무엇을 그릴 것인가?   260

실수의 완비성 부족함을 채워 주는 최고의 듀엣   268

0과 무한대 무한의 사고가 세상을 품는다   274

연산과 연립방정식 약속이 있는 삶의 철학 이야기   283

연산 둘이 될 순 없어   291

여섯 번째 생각여행
행복은 주어지는 것이 아니라 만들어 가는 것

도형 분할의 역설 보이는 것과 보이지 않는 것의 양면성   300

도함수 변화를 캐치하라   306

미분법 활용 그림자가 있는 곳에 삶의 노래가 있다   313

정적분 과정과 결과는 삶을 이해하는 소나기   318

경우의 수 시간을 위해 돈을 써라   327

수와 숫자 표현의 변화가 생각의 차이를 이끈다   335

이 책의 짜임새 엿보기

제시문
이 장의 수학 개념과 원리가 담긴 문제와 더불어 인문학적으로 생각할 거리를 안겨 주는 다양한 이야기들을 제시합니다.

GAME
혼자, 또는 여럿이 해 볼 수 있도록 수학의 개념과 원리가 담긴 게임을 제시합니다. 제시문뿐만 아니라 **생각 던지기**나 **생각 넓히기**, **생각 나누기**에서도 재미있는 게임을 찾아볼 수 있습니다.

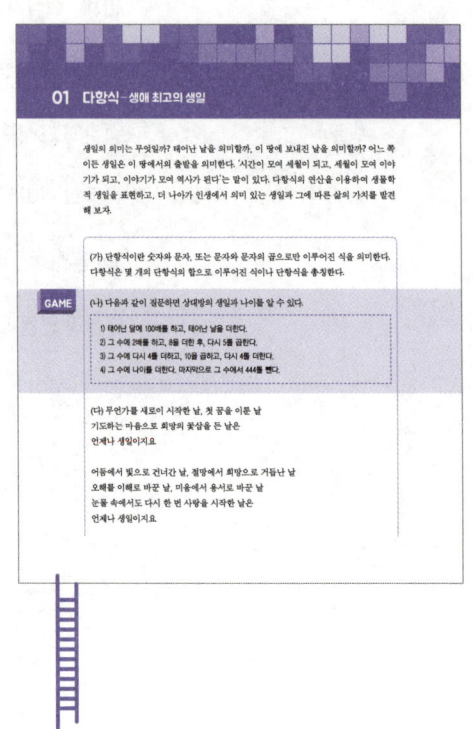

생각 던지기
제시문에 나타나는 객관적인 사실을 중심으로 질문을 던집니다. 인지적으로 제시문의 내용을 파악할 수 있도록 도와줍니다. 교사는 서술형 평가 문항으로 수업에 활용할 수 있습니다.

생각 넓히기

제시문에 인문학적으로 접근하여 더 깊이 생각해 볼 만한 질문을 던집니다. 정해진 정답이 있다기보다는 자신의 생각과 언어로 답하는 문제입니다. 교사는 논술형 평가문항으로 수업에 활용할 수 있습니다.

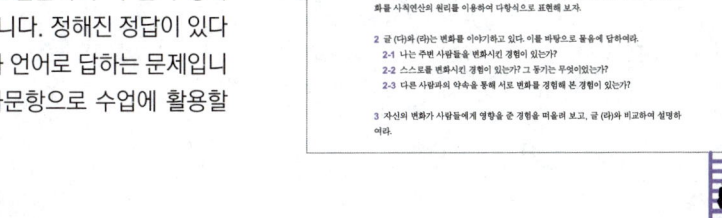

생각 나누기

'생각 던지기'와 '생각 넓히기'에서 던진 질문들 가운데 의견이 나뉠 수 있는 토론거리를 제시합니다. 친구들과 의견을 나누고 논리적으로 자신의 주장을 펼칠 수 있습니다. 교사는 수행평가와 구술면접형 평가문항으로 활용할 수 있습니다.

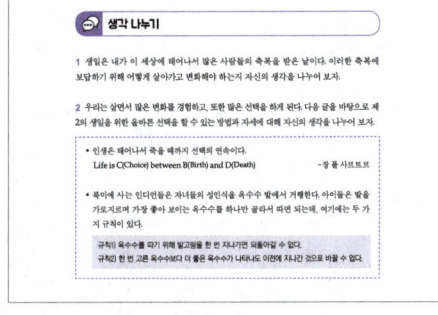

문제 풀이

이 장에 실린 문제들의 답과 풀이가 담겨 있습니다. 창의적으로 본인의 생각을 펼쳐야 하는 문제들은 제외하고, 수학적인 풀이 과정이 필요한 문제들의 답을 찾아볼 수 있습니다.

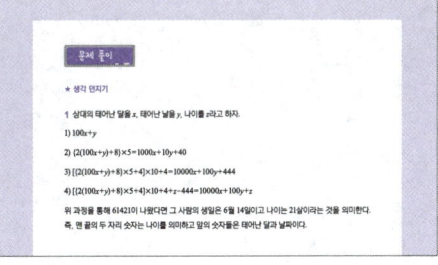

첫 번째 생각여행

다항식

함수와 일대일 대응

등식

방정식과 항등식

명제(비둘기집 원리)

부등식

설탕이 꿀이
되게 하라

01 다항식 – 생애 최고의 생일

생일의 의미는 무엇일까? 태어난 날을 의미할까, 이 땅에 보내진 날을 의미할까? 어느 쪽이든 생일은 이 땅에서의 출발을 의미한다. '시간이 모여 세월이 되고, 세월이 모여 이야기가 되고, 이야기가 모여 역사가 된다'는 말이 있다. 다항식의 연산을 이용하여 생물학적 생일을 표현하고, 더 나아가 인생에서 의미 있는 생일과 그에 따른 삶의 가치를 발견해 보자.

(가) 단항식이란 숫자와 문자, 또는 문자와 문자의 곱으로만 이루어진 식을 의미한다. 다항식은 몇 개의 단항식의 합으로 이루어진 식이나 단항식을 총칭한다.

GAME

(나) 다음과 같이 질문하면 상대방의 생일과 나이를 알 수 있다.

1) 태어난 달에 100배를 하고, 태어난 날을 더한다.
2) 그 수에 2배를 하고, 8을 더한 후, 다시 5를 곱한다.
3) 그 수에 다시 4를 더하고, 10을 곱하고, 다시 4를 더한다.
4) 그 수에 나이를 더한다. 마지막으로 그 수에서 444를 뺀다.

(다) 무언가를 새로이 시작한 날, 첫 꿈을 이룬 날
기도하는 마음으로 희망의 꽃삽을 든 날은
언제나 생일이지요

어둠에서 빛으로 건너간 날, 절망에서 희망으로 거듭난 날
오해를 이해로 바꾼 날, 미움에서 용서로 바꾼 날
눈물 속에서도 다시 한 번 사랑을 시작한 날은
언제나 생일이지요

아직 빛이 있는 동안에 우리 더 많은 생일을 만들어요
축하할 일을 많이 만들어요
기쁘게 기쁘게 가까이 더 가까이
서로를 바라보고 섬세하게 읽어 주는 책이 되어요
마침내는 사랑 안에서 꽃보다 아름다운 선물이 되어요
늘 새로운 시작이 되고 희망이 되어요, 서로에게…

— 이해인, 〈생일을 만들어요 우리〉

(라) 누군가를 마음껏 축하해 주고픈 그런 날이면
하나의 케이크로 나는 새롭게 태어난다
생일을 맞이한 가족을 위해, 친구를 위해, 그대를 위해
내가 사랑하는 모두를 위해 나는 케이크가 된다
오늘 하루만큼은 세상에서 가장 예쁜
생일 케이크가 되어 너에게 가고 싶다

— 김병훈, 〈생일 케이크〉

생각 던지기

1 글 (가)의 개념을 이용하여 글 (나)의 활동을 통해 나온 값으로 상대의 생일과 나이를 정확하게 맞출 수 있다. 여기에 숨겨진 수학적 원리를 논리적으로 설명하여라.

2 인간은 두 번 태어나는데, 한 번은 생존을 위하여 태어나고, 또 한 번은 생활을 위해 태어난다고 한다. 이는 육체의 탄생과 그 이후에 오는 자각하는 정신의 탄생을 의미한다. 태어난다는 것은 새로운 시작을 의미한다고 할 때, 글 (다)의 핵심어를 제시하고 이를 근거로 글 (다)에서 추구하는 '생일'이 무엇인지 설명하여라.

3 톨스토이는 "모든 사람은 세상을 변화시키는 것을 생각하지만 누구도 자신을 변화시키는 것은 생각하지 않는다"라고 하였다. 이를 글 (라)와 관련지어 스스로 변하는 것의 중요성에 대해 논리적으로 설명하여라.

생각 넓히기

1 인간은 살면서 많은 변화를 겪는다. 내 인생에 있어서 가장 좋았던 변화와 나빴던 변화를 사칙연산의 원리를 이용하여 다항식으로 표현해 보자.

2 글 (다)와 (라)는 변화를 이야기하고 있다. 이를 바탕으로 물음에 답하여라.
  2-1 나는 주변 사람들을 변화시킨 경험이 있는가?
  2-2 스스로를 변화시킨 경험이 있는가? 그 동기는 무엇이었는가?
  2-3 다른 사람과의 약속을 통해 서로 변화를 경험해 본 적이 있는가?

3 자신의 변화가 사람들에게 영향을 준 경험을 떠올려 보고, 글 (라)와 비교하여 설명하여라.

4 지구상의 존재는 크게 생물과 무생물로 나뉜다. 생물은 식물과 동물로 나뉘고, 동물은 인간과 짐승으로 나뉜다. 인간과 짐승의 공통점은 본능대로 살아간다는 점이다. 차이점이 있다면 짐승은 처음부터 끝까지 본능대로 살아가지만 인간은 자신이 추구하는 가치를 위해 계획하고 노력하며 살아간다는 것이다. 이와 관련하여 한국이는 '생물학적 생일'과 '삶에 의미를 부여하는 제2의 생일'이 있다고 전제하고, 자신은 '모든 사람의 생물학적 생일은 100% 맞출 수 있지만, 추구하고자 하는 가치를 발견하는 제2의 생일은 맞출 수 없다'고 주장한다. 글 (다)를 근거로 한국이의 주장을 설명하여라.

💬 생각 나누기

1 생일은 내가 이 세상에 태어나서 많은 사람들의 축복을 받은 날이다. 이러한 축복에 보답하기 위해 어떻게 살아가고 변화해야 하는지 자신의 생각을 나누어 보자.

2 우리는 살면서 많은 변화를 경험하고, 또한 많은 선택을 하게 된다. 다음 글을 바탕으로 제2의 생일을 위한 올바른 선택을 할 수 있는 방법과 자세에 대해 자신의 생각을 나누어 보자.

- 인생은 태어나서 죽을 때까지 선택의 연속이다.
  Life is C(Choice) between B(Birth) and D(Death) 　　　　　　－장 폴 사르트르

- 북미에 사는 인디언들은 자녀들의 성인식을 옥수수 밭에서 거행한다. 아이들은 밭을 가로지르며 가장 좋아 보이는 옥수수를 하나만 골라서 따면 되는데, 여기에는 두 가지 규칙이 있다.

  > 규칙 1) 옥수수를 따기 위해 밭고랑을 한 번 지나가면 되돌아갈 수 없다.
  > 규칙 2) 한 번 고른 옥수수보다 더 좋은 옥수수가 나타나도 이전에 골랐던 옥수수를 바꿀 수 없다.

★ 생각 던지기

1 상대의 태어난 달을 x, 태어난 날을 y, 나이를 z라고 하자.

1) $100x+y$

2) $\{2(100x+y)+8\}\times 5 = 1000x+10y+40$

3) $[\{2(100x+y)+8\}\times 5+4]\times 10+4 = 10000x+100y+444$

4) $[\{2(100x+y)+8\}\times 5+4]\times 10+4+z-444 = 10000x+100y+z$

위 과정을 통해 614210 나왔다면 그 사람의 생일은 6월 14일이고 나이는 21살이라는 것을 의미한다. 즉, 맨 끝의 두 자리 숫자는 나이를 의미하고 앞의 숫자들은 태어난 달과 날짜이다.

★ 생각 나누기

2 아이들이 선택한 옥수수는 대부분 별로 좋은 것이 아니었다. 아이들이 좋은 옥수수를 발견하고서도 좀 더 가면 더 좋은 옥수수가 있을 것이라고 기대해서 그냥 지나쳐 버렸기 때문이다. 이러한 인디언들의 성년식 통과 의례는 더 좋은 것을 찾으려고 욕심을 부려서 현재의 좋은 것을 놓쳐서는 안 된다는 것을 깨우쳐 준다. 오늘을 사는 우리에게도 인디언들의 옥수수 따기 체험은 지나간 세월을 아쉬워하는 것보다 매일을 충실하게 살아가는 것이 중요하다는 사실을 일깨워 준다. 여기서 한 발짝 더 나아가 가장 중요한 것은 옥수수 밭 전체를 볼 수 있는 안목이 아닐까 생각해 본다.

02 함수와 일대일 대응 — 시공을 초월하는 소리

일대일 대응의 개념과 원리를 통해 험한 세상에 다리가 되어 줄 소중한 친구의 전화번호를 알 수 있다. 이를 통해 언제나 함께하는 소통의 공간을 만드는 방법을 발견할 수 있다.

(가) '일대일 대응'이란 두 집합 A, B의 원소를 서로 대응시킬 때, A 집합의 하나의 원소에 B 집합의 단 하나의 원소가 대응하고, B의 또 다른 임의의 한 원소에 A의 단 하나의 다른 원소가 대응한다는 개념이다. 칸토어가 무한의 문제를 해결하기 위해 1900년경 최초로 수학에서 기본 개념으로 사용하였다. '일대일 함수'는 정의역의 서로 다른 원소를 공역의 서로 다른 원소로 대응시키는 함수이다.

GAME

(나) 상대방에게 다음을 따라 질문하면 상대방의 전화번호를 알 수 있다.

1) 전화번호의 앞 번호에 80을 곱한다.
2) 상대방의 영어 이름 첫 글자 알파벳을 옆의 표와 대응시켜 숫자로 바꾼다.
3) 1)의 결과에 그 숫자를 더한다.
4) 3)의 계산 결과에 250을 곱한다.
5) 4)의 결과 값에 전화번호 뒷부분을 두 번 더한다.
6) 2)에서 대응된 수에 250을 곱한다.
7) 5)에서 나온 수에 6)에서 나온 수를 뺀다.
8) 7)에서 나온 값을 2로 나누어 준다.

A	1	N	14
B	2	O	15
C	3	P	16
D	4	Q	17
E	5	R	18
F	6	S	19
G	7	T	20
H	8	U	21
I	9	V	22
J	10	W	23
K	11	X	24
L	12	Y	25
M	13	Z	26

(다) 이스라엘의 베긴 수상이 레이건 대통령의 초청을 받아 미국에 갔다. 대통령의 집무실을 살펴보니 붉은색 전화기, 은색 전화기, 금색 전화기가 각각 한 대씩 있어서 수상이 물었다. "각하! 전화기가 각각 다른 색깔인데 특별한 뜻이라도 있는 건가요?" "예, 붉은색은 소련(러시아)과 전화할 때, 은색은 일반적인 통화를 할 때, 그리고 금색은 하나님과 대화할 때 쓰는 전화기입니다." 수상이 다시 물었다. "하나님과 통화하려면 전화비가 많이 나오겠네요?" 그러자 레이건 대통령은 답했다. "그렇지요, 한 통화에 1만 달러 정도는 될 것입니다."

얼마 후 베긴 수상이 레이건을 이스라엘로 초청했다. 베긴 수상 집무실에도 색깔이 다른 세 대의 전화기가 있었다. 베긴 수상은 붉은색은 공산 국가와 통화할 때, 은색은 우방이나 업무 관계로 통화할 때, 금색은 하나님과 통화할 때 쓰는 전화기라고 했다. 그러자 레이건이 "여기서 하나님과 통화하려면 요금이 얼마나 됩니까?"라고 물었다. 수상은 웃으면서 답했다. "여기서 전화하면 미국 돈으로 1센트 정도 나옵니다." "왜 그렇게 요금이 싸지요?" 레이건이 의아해하며 물었다. "미국의 하나님은 장거리에 계시기 때문에 한 통화에 1만 달러씩 나오지만 이스라엘의 하나님은 가까운 곳에 계시기에 요금이 아주 쌉니다."

(라) '지랄 총량의 법칙'이란 사람은 누구나 저마다의 타고난 지랄의 총량이 있게 마련이라는 것이다. 이 '지랄'이라는 것은 대개 생애 주기상 사춘기 때 폭발적으로 발현되는 법이어서 아이들이 사춘기에 지랄 좀 떨기로서니 너무 슬퍼하거나 낙심하거나 분노할 일은 아니다. 지금 내가 행복하다면 그것은 곧 내게 주어진 행복 총량의 감소를 뜻하므로 이제 다가오는 고통에 예비할 필요가 있다는 것이고, 반대로 지금 너무 고통스럽다면 그 고통의 강도만큼이나 나에게 주어진 고통 총량의 소진을 의미하는 것이니 이제 곧 행복해질 징조일 것이다.

— 김두식, 《불편해도 괜찮아》

📖 생각 던지기

1 글 (가)에 나오는 일대일 대응과 일대일 함수를 구분하여 설명하여라.

2 글 (나)에서 제시하는 방법을 따라 하면 상대의 전화번호를 알 수 있다. 그 이유를 글 (가)에 근거하여 설명하여라.

 3 다음과 같이 따라 해 보면, 상대의 집 전화번호를 맞출 수 있다.

> 1) 집 전화번호 중 앞의 세 자리 수에 80을 곱한다.
> 2) 1을 더한다.
> 3) 250을 곱한다.
> 4) 뒤의 네 자리 수를 두 번 더한다.
> 5) 250을 뺀다.
> 6) 2로 나눈다.

10진법의 전개식, 식의 계산 및 항등식과 계수비교법을 이용하여 전화번호를 알아내는 것이다. 이를 다음과 같은 진법의 원리를 이용하여 설명하여라.

> 진법: 수를 표기하는 방법으로 실생활에서는 다양한 진법이 활용된다.
> p진법: $a_n a_{n-1} \cdots a_2 a_1 = a_n p^{n-1} + a_{n-1} p^{n-2} + \cdots + a_2 p + a_1$

4 누구나 자신의 말에 귀 기울여 주는 친구가 있으면 좋겠다는 생각을 가질 것이다. 글 (라)의 '지랄 총량의 법칙'을 글 (가)에 근거하여 설명하여라.

🔍 생각 넓히기

1 인생은 뜻하는 대로 이루어지는 경우도 있지만 뜻하는 대로 되지 않는 경우도 있다. 그 원인과 대안을 일대일 대응의 원리와 관련지어 다음 물음에 답하여라.

  1-1 자신이 걸어온 삶에서 일대일 대응의 원리가 작동한 사례를 들고, 그 원인이 무엇인지 설명하여라.

  1-2 자신이 걸어온 삶에서 일대일 대응의 원리가 작동되지 않은 사례를 들고, 그 원인과 대안을 제시하여라.

  1-3 이를 근거로 어떤 삶을 살아갈 것인지 핵심어를 제시하여 자신의 생각을 표현하여라.

2 글 (다)에 나오는 두 사람은 전화 통화료에 대한 이야기를 나누고 있다. 나는 누구와 어떤 통화를 하고 있으며, 그에 따른 대가(代價)를 얼마나 지불하고 있을까? 다음과 같은 여러 주장과 해석을 보고 자신의 생각을 나누어 보자.

> 대한: 1만 달러 - 장거리에 있기 때문에 비용이 많이 든다.
> 민국: 1센트 - 가까이에 있기 때문에 비용이 적게 든다.
> 만세: 무료 - 부모님이 지불해 주셔서 내가 지불하지 않아도 된다.

3 심리학자인 필 맥그로(Phil McGraw) 박사는 오늘의 나는 '무엇을 경험했는가, 무엇을 선택했는가, 누구를 만났는가'에 따라 형성된다고 말한다. 인간은 사회적 동물이기에 관계가 중요하다. 지금 내가 전화번호를 가지고 있는 사람들은 그동안 나와 만나서 무엇인가를 함께한 사람들일 것이다. 그 전화번호들에 얼마나 많은 이야기가 담겨 있는지 나누어 보자.

  3-1 내게 다가와 감동을 준 사람과 상처를 준 사람의 전화번호가 있는가?
  3-2 상대에게 내가 먼저 다가가서 관계를 맺게 된 사람의 전화번호가 있는가?
  3-3 앞으로 내가 기대하고 있는 사람의 전화번호를 가지려면 어떻게 해야 할까?

💬 생각 나누기

1 우리 생각을 복잡하게 하는 것은 무엇일까? 내 삶에 집중하지 못하게 하는 다양한 일들은 외적 요인과 내적 요인으로 나뉜다. 행복은 어디에나 있지만 그것을 알지 못하거나, 알면서도 누리지 못하는 경우가 있다. 그 이유는 무엇인가?

GAME

2 다음과 같이 따라 해 보면, 상대의 전화번호와 나이를 맞출 수 있다.

> 1) 전화번호 끝 네 자리 숫자에 2를 곱하라.
> 2) 그 결과에 5를 더하라.
> 3) 그 결과에 50을 곱하라
> 4) 그 결과에 1771을 더하라.
> 5) 그 결과에서 태어난 연도를 빼라.

2-1 위 질문으로 전화번호와 나이를 맞출 수 있는 원리를 설명하여라.
2-2 지금 가장 기억나는 사람의 전화번호와 나이를 맞추어 보자.
2-3 나는 누구에게 관심이 있는지 이야기해 보자.

3 힘든 상황에 있는 친구에게 해줄 수 있는 것은 친구와 함께 있으면서 마음속 이야기를 들어 주는 것과 마음이 담긴 편지를 써 주는 것, 그리고 전화 통화로 친구의 말에 귀 기울여 주는 것 등이다. 글 (다)와 (라)를 근거로 이에 대한 이야기를 나누어 보자.

문제 풀이

★ 생각 던지기

2 전화번호 맞추기

예시 번호: 010-4720-8430 / 예시 이름: Park Sung Eun

1) 4720×80=377660

2) Park Sung Eun에서 P에 대응하는 숫자는 16이다.

3) 377660+16=377616

4) 377716×250=94404000

5) 94404000+8430+8430=94420860

6) 16×250=4000

7) 94420860-4000=94416860

8) 94416860÷2=47208430

(또는)

$[(abcd \times 80 + x) \times 250] + 2efgh - 250x = (abcd \times 80) \times 250 + 2efgh = 20000 \times abcd + 2efgh$,

2로 나누면, $10000 \times abcd + efgh$, 즉 상대방의 전화번호는 $abcd - efgh$가 된다.

3 집 전화번호 맞추기

10진법의 전개식, 식의 계산 항등식과 계수비교법을 이용한 방법

앞의 세 자릿수: $100a + 10b + c$

뒤의 네 자릿수: $1000d + 100e + 10f + g$

1) $(100a + 10b + c) \times 80 = 8000a + 800b + 80c$

2) $8000a + 800b + 80c + 1$

3) $(8000a + 800b + 80c + 1) \times 250 = 2000000a + 200000b + 20000c + 250$

4) $2000000a + 200000b + 20000c + 250 + 2(1000d + 100e + 10f + g)$

5) $2000000a + 200000b + 20000c + 2000d + 200e + 20f + 2g$

6) $1000000a + 100000b + 10000c + 1000d + 100e + 10f + g$

★ 생각 넓히기

2 나와 상대의 '마음의 거리'가 어느 정도 되는지 생각해 보아야 한다.

1만 달러 – 부모님(상대)과 장거리에 있기에 비싸다.

1센트 – 부모님(상대)과 가까이 있기에 싸다.

수억 달러 – 내가 비용을 지불해야 하지만 부모님이 지불해 주셨기에 그 은혜에 힘입어 사용하고 있다.

전화 요금이 의미하는 것은 나의 바람과 정성, 마음의 열심의 정도이다. 따라서 내가 부모님의 은혜로 살고 있음을 알고 주어진 모든 것에 감사하는 자세가 필요하다.

★ 생각 나누기

2 전화번호와 나이 맞추기

1) 전화번호 네 자리 숫자를 $abcd = 1000a + 100b + 10c + d$라 놓으면,

2) $2 \times (1000a + 100b + 10c + d)$

3) $2 \times (1000a + 100b + 10c + d) + 5$

4) $\{2 \times (1000a + 100b + 10c + d) + 5\} \times 50$

5) $\{2 \times (1000a + 100b + 10c + d) + 5\} \times 50 - 1771$

6) $[\{2 \times (1000a + 100b + 10c + d) + 5\} \times 50 - 1771] -$ 출생년도

03 등식 – 과정이 결과로 이어지는 균형 있는 삶

등식의 개념과 원리를 통해 과정과 결과의 상관관계를 이해하고, 이를 통해 과정의 아름다움이 열매로 드러나도록 하기 위한 삶의 자세와 그에 따른 의미를 발견할 수 있다.

(가) 단항식이란 숫자와 문자, 또는 문자와 문자의 곱으로만 이루어진 식을 의미한다. 다항식은 몇 개의 단항식의 합으로 이루어진 등식을 총칭한다. 등식에는 방정식과 항등식이 있다. 방정식이란 식에 있는 특정 문자의 값에 따라 참과 거짓이 결정되는 등식을 말한다. 항등식이란 식에 포함된 미지수가 어떠한 값이 되더라도 그 식이 참이 되는 식을 말한다. 예컨대, 문자 x에 관한 등식 $ax=b$를 만족하는 값을 해, 또는 근이라고 한다.

GAME

(나) 다음 순서를 따라 해 보자. 상대가 마음속으로 선택한 카드를 맞출 수 있다.

1) 트럼프 카드 한 벌 중 한 장을 골라 떠올려 보라.
   (단, K, Q, J, A를 제외한 숫자 카드만 사용한다.)
2) 고른 카드의 숫자에 4를 곱하여라.
3) 그다음 3을 더하여라.
4) 다시 5를 곱하여라.
5) 15를 빼라.
6) 선택한 카드의 무늬에 해당하는 숫자를 더하여라.
   (스페이드: 1, 다이아몬드: 2, 하트: 3, 클로버: 4)
7) 계산 결과는 얼마인가?

(다) 경비권즉니 권비경즉패(經非權則泥 權非經則悖). '원칙을 알되 변통을 모르면 고착되고, 변통을 알되 원칙을 모르면 일그러진다'는 뜻이다. 당나라의 유종원(柳宗元)이 지은 《단형론(斷刑論)》 하편에 나오는 구절이다. '경(經)'은 원리 원칙을 가리키고, '권(權)'은 변화에 따른 적절한 대처를 말한다. 어떤 제도나 법을 시행할 때 원칙을 제대로 알고 지키는 것은 매우 중요하다. 그러나 원칙에만 매몰돼 융통성 없이 행동하면 현실과는 괴리된 낡은 제도나 법이 되고 만다. 반대로 원칙을 소홀히 하면 국가의 기강이 흔들리게 된다. 경과 권을 모두 겸비할 때 비로소 좋은 제도를 시행할 수 있음을 강조한 말이다.

(라)
• 달란트의 비유
어떤 사람이 타국으로 가면서 세 명의 종을 불러 각각 그 재능대로 금 다섯 달란트, 두 달란트, 한 달란트를 맡겼다. 다섯 달란트를 받은 종은 장사를 하여 다섯 달란트를 남겼고, 두 달란트를 받은 종도 그렇게 해서 두 달란트를 남겼지만 한 달란트를 받은 종은 그걸 그냥 땅에 묻어 두었다. 나중에 주인이 돌아와 결산을 하는데 다섯 달란트 받은 종과 두 달란트 받은 종은 착하고 충성된 종이라고 칭찬을 받았지만, 한 달란트 받은 종은 악하고 게으른 종이라고 책망 받을 뿐만 아니라 그 한 달란트마저 빼앗기고 말았다.

- 〈마태복음〉 25:14~30

• 므나의 비유
어떤 귀인이 왕위를 받기 위해 먼 나라로 떠나면서 열 명의 종을 불러 각각 은화 한 므나씩을 나눠 주었다. 나중에 귀인이 왕위를 받고 돌아온 뒤 종들의 장사를 결산했는데 첫 번째 종은 한 므나로 열 므나를 남겨 착하고 충성된 종이라고 칭찬을 받고 상급으로 열 고을을 다스리는 권세를 받았다. 두 번째 종은 다섯 므나를 만들어 다섯 고을을 다스리는 권세를 받았다. 그러나 어떤 종은 한 므나를 수건에 싸두었다가 그대로 돌려주었다. 주인은 그를 악한 종이라고 질책하며 그 한 므나마저 빼앗아 열 므나를 가진 종에게 주었다.

- 〈누가복음〉 19:12~27

생각 던지기

1 글 (가)의 등식 $ax=b$의 해를 구하고, 방정식과 항등식의 의미를 설명하여라.

2 글 (나)에 제시된 게임 과정을 순서대로 진행하면 상대가 고른 카드의 무늬와 숫자, 색깔을 맞출 수 있다. 글 (가)를 이용하여 그 방법과 원리를 설명하여라.

GAME

3 다음과 같은 순서를 따라 해 보면 처음에 마음속으로 생각한 숫자를 맞출 수 있다. 그 원리가 무엇인지 설명하여라.

> 1) 숫자 하나를 떠올려 보자.
> 2) 2를 더하라.
> 3) 5를 곱하라.
> 4) 15를 더하라.
> 5) 2를 곱하라.
> 6) 계산 결과는 얼마인가?

4 다음 글을 보면, 과정을 소중히 하면 꿈꾸는 세상이 다가온다고 한다. 자신이 꿈꾸는 세상은 어떤 것인지 의견을 나누어 보자.

> 산꼭대기에 올라가는 것이 중요하면
> 케이블카를 타고 올라가면 된다
> 그런데 등산하는 재미를 느끼려면
> 산을 걸어 올라가야 한다
>
> 인생의 과정을 무시하지 마라
> 결과는 두 번째 문제이다
> 남이 어떻게 평가하든
> 그것은 그들의 문제이다
>
> 있는 그대로, 지금의 생활을
> 내 삶의 소중한 부분으로 받아들이면
> 꿈꾸는 세상이 내게로 온다

5 [보기]의 대화를 참고하여 '과정이 좋아야 결과도 좋다'는 말과 관련된 사례를 나누어 보자.

> **보기**
>
> 공부를 열심히 하지 않는 아들에게 아버지가 약속을 했습니다.
> "시험에서 평균 70점 이상을 맞으면 100만 원을 주마. 네가 원하는 컴퓨터를 사라."
> 시험을 보고 아들이 와서 말했다.
> "아버지 좋은 소식이 있어요."
> "그게 뭔데?"
> "지난번에 시험에서 70점 이상 맞으면 100만 원을 주신다고 하셨죠? 그 돈 그냥 아버지가 쓰세요."

5-1 평가에는 과정 중심 평가와 결과 중심 평가가 있다. 두 가지 평가의 사례를 각각 제시하고, [보기]에서 아버지의 의도를 파악하여 어떠한 평가를 기대한 것인지 이야기해 보자.

5-2 [보기]에 나타난 아버지와 아들의 대화에 어떤 문제가 있는지 밝히고 대안을 제시하여라.

6 글 (라)의 달란트 비유와 므나의 비유를 읽고 물음에 답하여라.

6-1 두 비유의 공통점과 차이점을 제시하고, 두 일화를 통해 배울 수 있는 삶의 자세는 무엇인지 이야기해 보자.

6-2 성경에서는 "무릇 있는 자는 받겠고 없는 자는 그 있는 것도 빼앗기리라(누가복음 19:26)"라고 말한다. 이를 근거로 제시된 세 명의 종 가운데 나는 어떤 삶을 살아갈 것인지, 그렇게 생각한 이유는 무엇인지 말해 보자.

6-3 "나는 심었고 아볼로는 물을 주었으되 오직 하나님께서 자라나게 하셨나니 그런 즉 심는 이나 물 주는 이는 아무것도 아니로되 오직 자라게 하시는 이는 하나님뿐이니라 심는 이와 물 주는 이는 한가지이나 각각 자기가 일한 대로 자기의 상을 받으리라(고린도전서 3:6~8)"라는 구절에 근거하여 두 비유에서 얻을 수 있는 과정에 따른 결과를 받아들이는 자세에 대하여 말해 보자.

🔍 생각 넓히기

GAME **1** 카드 한 벌을 가지고 다음과 같은 순서를 따라 해 보자. 정해진 순서를 따라가다 보면 상대가 고른 카드가 무엇인지 맞출 수 있다. 그 원리를 설명하여라.

> 1) 상대에게 한 장의 카드를 뽑게 한다(단, 조커는 제외한다).
> 2) 그 카드에 적힌 수에 5를 곱한다(J=11, Q=12, K=13).
> 3) 카드가 빨간색이면 20을 더하고, 검은색이면 21을 더한다.
> 4) 다시 2를 곱한다.
> 5) 카드 무늬가 하트나 스페이드이면 1을 더한다.

2 카드놀이에서는 과정을 성실히 이행하였기 때문에 결과도 그만큼 빨리 얻을 수 있었다. 과정과 결과가 비례하는 경우라고 할 수 있다. 그렇다면, 삶에서 게임과 달리 과정과 결과가 비례하지 않는 경우에는 어떤 것이 있는가?

3 사람들은 과정도 중요하다고 하지만 결과를 중시하는 경우가 많다. 우리 사회도 결과로 사람을 평가하는 경향이 있다. 만약 삶에서 과정과 결과가 반비례하는 경우가 있다면 어떤 선택을 할 것인가? 그 이유를 서술하라.

4 과정에 비해 결과가 따라주지 않을 때 그 실망감은 이루 말할 수 없다. 이를 극복하기 위해서는 어떠한 삶의 태도를 가져야 하는가?

5 글 (나)에서 제시한 카드놀이처럼 인생에서 복잡한 갈등을 마주했을 때 해결 방안을 찾기 위해서는 어떤 태도를 가져야 하는가?

6 [보기]는 공부를 열심히 해서 시험에서 100점을 받은 철수와 부모님의 대화이다. 대화에서 아버지와 어머니, 할머니의 과정과 결과에 대한 생각의 차이가 드러난다. 철수가 좋은 성적을 얻을 수 있었던 원동력은 무엇인가?

> **보기**
> 아버지: 시험에서 100점을 맞았다니, 잘했다.
> 어머니: 그렇게 열심히 공부하더니 100점을 맞았구나! 잘했다.
> 철수: 지난번에 할머니께서 점수가 생각만큼 나오지 않았는데도 "열심히 했으니 다음에는 더 좋은 점수가 나올 거야!"라고 격려해 주셔서 열심히 할 수 있었어요.

생각 나누기

1 다음은 위대한 방정식의 조건에 관한 글이다. 다음 글에 근거하여 위대한 방정식의 조건을 충족하는 사례를 제시하고 그 이유를 설명하여라.

> 수학에서 방정식은 그림을 그려 내는 붓질이자 자연에 담긴 관념을 표현하는 핵심적인 코드이다. 그렇다고 해서 방정식이 수학자가 사용하는 유일한 수단이라는 뜻은 아니다. 수학자 역시 글도 쓰고 그림도 그린다. 그럼에도 불구하고, 여전히 방정식은 어려운 문제를 풀 때 문장이 따라올 수 없는 효율적이며 정확한 정보를 실어 나르는 주요 수단이 된다. 그렇다면, 어떤 방정식이 훌륭하고, 세상을 바꾸고, 역사에 커다란 획을 그은 것인지 선택하는 것이 문제가 된다. 위대한 방정식의 조건은 첫째로 경이로움이다. 위대한 방정식은 우리가 이전에는 모르던 새로운 사실을 말해 줘야 한다는 것이다. 둘째로는 간결함이다. 위대한 방정식은 군더더기 없이 본질만을 담고 있으며, 간결하면서도 강렬한 무언가를 설명하는 미학적 아름다움이 있어야 한다. 셋째로 중요성이다. 위대한 방정식은 감동이 있어야 하며, 감동을 주는 방정식이란 우리가 세상을 보는 눈, 혹은 우리 삶의 중요한 가능성을 바꾸고 우리 삶을 혁신적으로 바꾸어 준다. 넷째로 보편성이나. 수학의 가장 큰 매력 중 하나는 일단 참으로 판명된 사실은 영원토록 변치 않는다는 점이다. 유행처럼 변덕스럽지 않고, 세상 어느 곳에서나 동일하며 검열되거나 법에 따라 달라지지도 않는 방정식이 곧 위대하다.
>
> － 다나 매켄지, 《세상을 바꾼 방정식 이야기》

2 글 (나)의 게임에서 과정과 결과의 핵심어를 찾아낼 수 있다. 과정이 좋을 때, 결과가 좋은 경우와 안 좋은 경우가 있다. 또한, 과정이 불성실한데 결과가 좋은 경우와 결과마저도 안 좋은 경우가 있다. 각각의 경우에 대한 원인과 대안을 토론해 보자.

3 꿈이 있는 사람은 삶의 자세가 다르다. 우리는 '열심히, 잘' 해야 한다. 열심히 하는 것은 성실한 것으로 과정이 좋은 것이고, 잘하는 것은 지혜 있는 행동으로 결과가 좋은 것이라고 할 때, 다음의 각 상황에 맞는 사례를 들어 보고 그에 따른 대처 방안을 이야기해 보자.

   3-1 열심히 했더니 좋은 결과로 나타날 때

   3-2 열심히 했는데 결과는 썩 좋지 않을 때

   3-3 열심히 하지 않았는데도 좋은 결과가 나왔을 때

   3-4 열심히 하지 않았고 그에 따른 결과도 좋지 않을 때

4 글 (다)를 근거로 할 때 과정과 결과가 균형 잡힌 삶의 가치는 무엇인가? 과정과 결과의 균형을 위해 개인이 해야 할 노력은 무엇인지 이야기해 보자.

5 남이 만들어 놓은 시나리오를 따라 살아가는 사람의 인생과 삶의 원리와 의미를 이해하고 스스로 적용할 줄 아는 사람의 인생은 어떤 차이가 있을지 생각을 나누어 보자.

6 다음 글은 '공리주의'와 '의무론'에 관한 글이다. 각 이론은 과정과 결과 중 무엇을 추구하는가? 각 이론의 강점과 한계점을 설명하고, 이와 관련한 자신의 성향을 제시하여 어떻게 살아갈 것인지 이야기 나누어 보자.

> 행동의 과정과 결과의 윤리에 대해서 공리주의와 의무론은 서로 다른 관점을 취한다. 공리주의는 행동의 결과를 중요시하는 이론이다. 이 이론은 최대 다수의 최대 행복을 추구하므로 행동의 과정이 어떠한지는 고려하지 않는다. 그러나 이러한 관점이라면 만약 죄 없는 사람이 처벌받는 것이 많은 이들에게 행복을 가져다준다면 이 형벌을 집행해야 하므로 인간의 기본적 인권을 보장하지 못한다는 한계가 있다. 이에 대하여 존 스튜어트 밀은 "배부른 돼지가 되는 것보다는 배고픈 인간이 되는 것이 낫다"고 말했다. 의무론은 행동의 동기를 중요시한다. 모든 행동은 그 행동의 동기와 원인이 선할 때 윤리적이라고 할 수 있으며, 행동 후에 나타나는 결과는 고려하지 않는다. 하지만 모든 선한 동기의 행동이 윤리적인 결과를 만들어 내는 것은 아니며, 결과를 고려할 필요가 없다는 결론을 내리기 위해 먼저 결과를 고려해 보아야 한다는 모순점이 있다. 이에 대하여 임마누엘 칸트는 "마치 당신의 모든 행동이 보편적 법칙이 되는 것처럼 행동하라"는 말을 남겼다.

문제 풀이

★ 생각 던지기

1 방정식 $ax=b$의 해는 $a \neq 0$일 때와 $a=0$일 때로 나누어 구한다.
첫째, $a \neq 0$일 때, 해는 $x = \dfrac{b}{a}$이다. (방정식)
둘째, $a=0$일 때, $a=b=0$일 때, 해는 무수히 많다. (항등식)
$\qquad\qquad\quad a=0$이고 $b \neq 0$일 때, 해는 없다.

2 선택한 카드를 맞추는 방법은 다음과 같다. 상대방이 선택한 카드의 숫자를 x라 하고, 계산해서 나온 총합에서 무늬 값을 뺀 수를 y라 한다면, $(x \times 4 + 3) \times 5 - 15 = y$이다. 이를 간단하게 정리하면 $20x = y$, $x = \dfrac{y}{20}$이다. 따라서 상대가 말한 숫자를 20으로 나누면 상대가 선택한 숫자를 맞출 수 있다. 앞서 나온 수가 10의 배수이기 때문에 총합 숫자의 일의 자리 숫자로 무늬와 색을 알 수 있다. 예컨대, 상대가 62라고 말했다면 $62 = 20 \times 3 + 2$이므로 선택한 카드의 숫자는 3이고, 일의 자리가 2이므로 카드 무늬는 빨간색 다이아몬드가 된다.

3 처음 생각한 수를 x라고 하면,
$[\{(x+2) \times 5\} + 15] \times 2 = 10x + 50$
여기서 10으로 나누고 5를 빼주면 x값을 구할 수 있다.

★ 생각 넓히기

1 계산 결과 나온 수의 마지막 자릿수를 확인하면 카드 무늬를 알 수 있다.
0=다이아몬드, 1=하트, 2=클로버, 3=스페이드
카드의 숫자는 마지막 수를 버리고 4를 빼면 알 수 있다.

예컨대, 빨간색 하트 7 카드인 경우,
$\{7 \times 5 + 20) \times 2\} + 1 = 111$
마지막 수가 1이므로 카드 무늬는 하트이고,
$11 - 4 = 7$이므로 카드 숫자는 7인 것을 알 수 있다.

- 게임의 원리
카드의 수에 10을 곱하고 40을 더해서 만드는 것이므로, 나온 답의 마지막 자릿수는 카드의 숫자와는 아무런 상관이 없다.

빨간색이면 20을 더하고 검은색이면 21을 더하라 ⇨ 마지막 자릿수가 0이면 빨간색, 1이면 검은색이다.
2를 곱하라 ⇨ 마지막 자릿수가 0이면 빨간색 다이아몬드나 하트, 2이면 검은색 클로버나 스페이드가 된다.
스페이드나 하트면 1을 더하라 ⇨ 결국 마지막 자릿수를 볼 때 빨간색 다이아몬드는 0이고 빨간색 하트는 1이 된다. 검은색 클로버는 2가 되고 검은색 스페이드는 3이 된다.

6 아버지는 결과를, 어머니는 과정을 칭찬하셨다. 반면, 할머니는 과정을 중시하면서 최선을 다하는 노력 그 자체를 인정해 주셨다는 데 차이가 있다.

04 방정식과 항등식 – 세상은 나를 품고 나는 세상을 품는다

등식의 개념과 원리를 이용하여 조건적인 삶과 무조건적인 삶의 균형을 찾고, 이를 통해 세상을 품을 수 있는 삶의 지혜를 발견한다.

(가) 등식에는 방정식과 항등식이 있다. ⓐ방정식이란 특정한 수에 대하여 성립하는 식이며, ⓑ항등식이란 어떠한 수에 대하여도 항상 성립하는 식을 말한다. 예컨대, x에 대한 등식 $ax=b$를 만족하는 해는 세 가지로 생각해 볼 수 있다.

$ax=b$의 해를 구해보자.
$5x=3$: 오직 한 개의 근
$0x=3$: 해가 존재 않는다
$0x=0$: 무수히 많은 해

(나) 이른 아침, 학교에 등교했지만 교실 문이 잠겨 있어 들어갈 수가 없었다. 열쇠가 없어서 다른 친구가 올 때까지 기다렸지만, 다음에 도착한 친구도 열쇠를 가지고 있지 않았다. 열쇠를 가진 친구가 올 때까지 계속 기다리는 수밖에 없겠구나 싶을 때 곁에 있던 친구가 행정실에 가면 열쇠가 있을 것이라고 말해 주었다. 그 말을 듣고 행정실에 가서 상황을 말씀드렸더니 행정실 선생님께서 마스터키를 가지고 문을 열어 주셨다.

GAME

(다) 처음의 나는 미지수에 불과하지만 인생을 살아가면서 더하고, 빼고, 곱하고, 나누다 보면 마침내 나를 찾을 수 있다. 다음과 같이 따라 해 보자.

1) 임의의 수 하나를 떠올린다.
2) 2를 더한다.
3) 2를 곱한다.
4) 2를 뺀다.
5) 2로 나눈다.

(라) 일직선상에 숫자 0, 1, 2의 개념을 표현하려고 한다. 선생님은 칠판에 일직선을 그어 놓고 대한, 민국, 만세에게 순서대로 표시하도록 하였다. 세 사람의 반응은 전혀 달랐다. 그 이유는 무엇이었을까?

(마) 내가 당신을 사랑하는 것은 까닭이 없는 것이 아닙니다
다른 사람들은 나의 홍안만을 사랑하지마는
당신은 나의 백발도 사랑하는 까닭입니다
내가 당신을 그리워하는 것은 까닭이 없는 것이 아닙니다
다른 사람들은 나의 미소만을 사랑하지마는
당신은 나의 눈물도 사랑하는 까닭입니다
내가 당신을 기다리는 것은 까닭이 없는 것이 아닙니다
다른 사람들은 나의 건강만을 사랑하지마는
당신은 나의 주검도 사랑하는 까닭입니다

– 한용운, 〈사랑하는 까닭〉

 생각 던지기

1 글 (가)에서 설명하는 등식의 개념과 원리를 이용하여 x에 대한 등식 $a^2x-1=(a+2)x+a$를 만족하는 해를 구하고, 방정식과 항등식의 의미를 설명하여라.

2 글 (가)의 밑줄 친 ⓐ, ⓑ의 방정식과 항등식에 상응하는 단어를 글 (마)에서 각각 찾고, 그 이유를 간략히 서술하여라.

(가)	등식	방정식	항등식
(마)	사랑하는 까닭		
	그리워하는 까닭		
	기다리는 까닭		

3 글 (가)를 논리적으로 설명할 수 있는 단어를 글 (나), (라)에서 제시하고 설명하여라.

(가)	등식	방정식	항등식
(나)	자물쇠		
(라)	수직선		

4 대한이는 글 (다)를 따라 하면 상대가 마음속으로 생각하고 있는 숫자를 항상 맞출 수 있다고 주장한다. 대한이의 주장을 글 (가)에 근거하여 논리적으로 설명하여라.

생각 넓히기

1 다음은 성경에 나오는 하박국 선지자의 신앙 고백이다.

> 비록 무화과나무가 무성하지 못하며 포도나무에 열매가 없으며 감람나무에 소출이 없으며 밭에 먹을 것이 없으며 우리에 양이 없으며 외양간에 소가 없을지라도 나는 여호와로 말미암아 즐거워하며 나의 구원의 하나님으로 말미암아 기뻐하리로다.
> – 〈하박국〉 3:17~18

1-1 글 (가)의 밑줄 친 ⓐ, ⓑ의 방정식과 항등식의 개념에 상응하는 내용을 근거로 윗글의 의미를 설명하여라.

1-2 하박국이 위와 같은 고백을 하게 된 삶의 과정에 대해 생각을 나누어 보자.

2 다음은 심리학자가 정의한 여섯 가지 사랑이다. 글 (가)에 근거하여 사랑을 구분하고 우리 사회가 아름다운 공동체가 되기 위한 방안에 대해 이야기 나누어 보자.

> 열정적인 사랑 에로스(eros), 유희적인 사랑 루두스(ludus), 친구 같은 사랑 스토르게(storge), 소유적인 사랑 마니아(mania), 실용적인 사랑 프라그마(pragma), 헌신적인 사랑 아가페(agape), 이 외에도 사랑을 다양하게 정의하고 있다.

GAME

3 [보기]와 같이 따라 해 보면, 상대방이 선택한 3개의 숫자가 무엇이든 상관없이 항상 22라는 결과가 나온다. 그 이유를 논리적으로 설명하여라.

> **보기**
> 1) 1부터 9까지의 숫자 중 임의의 숫자 3개를 선택한다.
> 2) 그 숫자들로 만들 수 있는 두 자릿수 6개를 적는다.
> 3) 6개의 숫자를 모두 더한다.
> 4) 처음 선택한 3개의 숫자를 더한다.
> 5) 그것으로 앞에서 더한 수를 나눈다.

3-1 [보기]에 나오는 게임의 개념과 원리를 통해 배울 수 있는 교훈을 다음과 같이 말해 보자.

> - 처음에는 서로 다른 생각들이었으나 주어진 규칙을 따르면 모두가 같은 결과를 가져온다.
> - 공동체란 서로 다른 생각을 가진 사람들이 함께 모여 살아가는 것이다. 공동의 규칙을 세우고 서로 지켜 나갈 때, 더불어 살아가는 아름다운 소통의 공동체를 만들 수 있다.

4 글 (가)에서 밑줄 친 ⓐ, ⓑ의 방정식과 항등식의 개념을 다음 글을 근거로 논리적으로 설명하여라.

> 한 수도원장이 모든 제자들에게 예쁜 새를 한 마리씩 나눠 주면서 말했다. "아무도 없는 곳에서 각자 손에 든 새를 죽여서 가져오너라." 얼마 후 제자들은 스승의 말대로 죽은 새를 가지고 돌아왔다. 그런데 수도원장이 가장 아끼는 제자는 새를 죽이지 못하고 산 채로 가져왔다. "너는 왜 새를 죽여 오지 않았느냐?" 제자가 대답했다. "선생님, 아무도 저를 보지 않는 곳을 찾을 수가 없었습니다. 어디를 가든지 하나님께서는 저를 보고 계셔서 새를 죽일 수 있는 장소를 찾지 못했습니다."

5 다음 글을 읽고 글 (가)의 방정식과 항등식의 개념을 이용하여 그 의미를 설명하여라.

> 2007년 〈오프라윈프리 쇼〉에서 '꿈은 이루어진다'는 주제로 특별한 이벤트가 있었다. 형편이 어려워 낡은 차를 바꾸지 못하는 사람들에게 새 차를 선물하는 이벤트였다. 제작진은 미국 전역에서 새 차가 꼭 필요한 사람들의 사연을 받아 방청객으로 276명을 초청했다. 그중 11명에게 고급 승용차를 선물로 주기로 했고, 11명에 해당하는 사람들은 이름이 불릴 때마다 감격했다. 이를 지켜보는 나머지 265명의 마음속에는 부러움과 아쉬움이 가득했다. 사회자는 11번째 사람까지 호명한 후에 마지막 12번째 자동차 열쇠가 남아 있다고 말했다. 그리고 모든 사람들에게 상자를 하나씩 나누어 준 다음 그 안에 12번째 주인공이 있다고 했다. 각자의 상자를 열어 보고 사람들은 깜짝 놀랐다. 사회자는 "당신도 주인공!"이라고 외쳤다. 모든 상자에 새 자동차 열쇠가 들어 있었던 것이다. 12번째 열쇠의 주인공은 한 사람이 아니라 그 자리에 있는 모든 사람들이었다.

생각 나누기

1 인간의 삶을 방정식의 관점과 항등식의 관점에서 바라볼 때, 장점과 단점을 서술하여라.

  1-1 인간의 삶에는 정답이 없다. 각자의 상황과 여건에 따라 전혀 달라지기 때문이다. 이와 같은 사례를 들고, 등식의 관점을 이용하여 대안을 제시해 보자.

2 성경에 나오는 다니엘과 세 친구는 느부갓네살 왕이 만든 금 신상에 절하지 않아서 왕 앞에 끌려와 풀무 불에 던져질 위기 상황에 놓였다.

> 사드락과 메삭과 아벳느고가 왕에게 대답하여 이르되 느부갓네살이여, 우리가 이 일에 대하여 왕에게 대답할 필요가 없나이다. 왕이여, 우리가 섬기는 하나님이 계시다면 우리를 맹렬히 타는 풀무 불 가운데에서 능히 건져 내시겠고 왕의 손에서도 건져 내시리이다. 그렇게 하지 아니하실지라도 왕이여 우리가 왕의 신들을 섬기지도 아니하고 왕이 세우신 금 신상에게 절하지도 아니할 줄을 아옵소서.
>   - 〈다니엘〉 3:16~18

2-1 윗글을 통해 글 (가)의 개념을 설명하고, 나에게 이러한 상황이 닥친다면 어떻게 할 것인지 이야기해 보자.

2-2 윗글에서처럼 자신의 소신을 지키는 것은 쉽지 않다. 내가 지켜야 할 가치는 무엇인가?

3 다음은 어느 회사의 입사 시험에서 지원자들에게 낸 문제이다. 자신이 지원자라면 어떻게 답했을지 생각해 보고, 글 (가)의 방정식과 항등식의 개념의 관점에서 이야기 나누어 보자.

> 당신은 비바람이 몰아치는 한밤중에 차를 몰고 버스 정거장을 지나치게 되었습니다. 정거장에는 아래와 같이 세 사람이 서 있습니다. 당신 차에 오직 한 사람만 태울 수 있다면 세 사람 중 누구를 태울 것입니까?
>
> • 죽기 직전으로 보이는 극도로 쇠약한 할머니
> • 과거에 내 목숨을 구해 준 의사 선생님
> • 지금까지 꿈속에서 그려온 완벽한 이상형의 여인

GAME

4 손가락에 번호를 매겨서 아래 그림과 같은 규칙에 따라 오른쪽, 왼쪽으로 움직인다고 하자. 그러면 현재 어떤 손가락을 생각하고 있는지 맞출 수 있다.

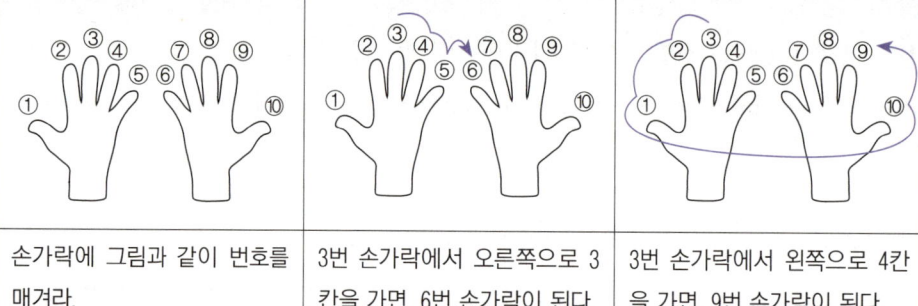

| 손가락에 그림과 같이 번호를 매겨라. | 3번 손가락에서 오른쪽으로 3칸을 가면, 6번 손가락이 된다. | 3번 손가락에서 왼쪽으로 4칸을 가면, 9번 손가락이 된다. |

1) 손가락 하나를 생각하라.
2) 오른쪽으로 2칸을 가라.
3) 왼쪽으로 3칸을 가라.
4) 현재 도착한 손가락의 숫자에 2를 더하여 그 숫자만큼 오른쪽으로 가라.
5) 현재 도착한 손가락의 숫자에 1을 더하여 그 숫자만큼 왼쪽으로 가라.
6) 왼쪽으로 3칸을 가라.
7) 현재 여러분은 6번 손가락에 와 있다. 이를 알 수 있는 이유를 말해 보자.

문제 풀이

★ 생각 던지기

1 $a^2x-1=(a+2)x+a$
$(a^2-a-2)x=a+1 \Rightarrow (a-2)(a+1)x=a+1$

ⅰ) $(a-2)(a+1) \neq 0$일 때, $x=\dfrac{1}{a-2}$ 이다. (방정식 개념)
ⅱ) $a=2$일 때, 해가 없다.
　　$a=-1$이면, 해는 무수히 많다. (항등식 개념)

2

(가)	등식	방정식	항등식
(마)	사랑하는 까닭	나의 홍안만을	나의 백발도
	그리워하는 까닭	나의 미소만을	나의 눈물도
	기다리는 까닭	나의 건강만을	나의 주검도

⇨ 사람들은 자신의 조건만을 보고 사랑하지만, '당신(절대자 또는 부모님)'은 조건 없는 사랑, 대상을 그대로 받아들이는 진정한 사랑을 전해 준다고 강조하는 시(詩)이기 때문이다.

3

(가)	등식	방정식	항등식
(나)	자물쇠	열쇠	마스터키
(라)	수직선	1(민국) 또는 2(만세)	0(대한)

⇨ 대한: '0'은 모든 자유가 허용된 것이기에 항등식이 개념이 적용된다.
　민국: '1'은 절반의 자유가 허용된 것이기에 방정식 또는 부등식의 개념이 적용된다.
　만세: '2'는 앞의 규칙에 따라 그대로 따라가야 하기에 방정식의 개념이 적용된다.

4 마음속으로 생각한 임의의 수를 x라 하자.
순서를 따라 계산해 보면, $[(x+2)\times 2-2] \div 2 = x+1$
예컨대, 계산 결과가 60이면 마음속으로 생각한 숫자는 59임을 알 수 있다.

★ 생각 넓히기

1 하박국 선지자는 이전에는 자신이 요구하는 조건이 이루어질 때만 감사했다면(방정식개념), 이제는 하나님의 존재 자체에 대하여 감사하고 있다(항등식 개념).

2 아가페는 항등식 개념이 적용되는 개념이지만 그 외의 사랑은 방정식 개념이 적용된다.

3 i) 9개의 숫자 중 임의의 수 a, b, c를 선택했다고 가정하자.
만들 수 있는 숫자들은 ab, ac, ba, bc, ca, cb가 된다.
$\{ab, ba, bc, cb, ac, ca\} = \{10a+b, 10b+a, 10b+c, 10c+b, 10a+c, 10c+a\}$

ii) 모든 수의 합
$(10a+b)+(10a+c)+(10b+a)+(10b+c)+(10c+a)+(10c+b)=22(a+b+c)$

iii) 3개 수의 합을 $(a+b+c)$로 나누면
$22(a+b+c) \div (a+b+c) = 22$
따라서, 상대가 어떤 수를 선택하든지 항상 22가 나오게 된다.

★ 생각 나누기

3 방정식의 관점에서는 오직 한 사람을 고르기 위해 고민하겠지만 항등식의 관점으로 보면 모든 사람을 만족시킬 수 있다. 문제를 낸 회사에서는 다음과 같이 답한 사람을 채용했다고 한다.

"나는 내 자동차를 의사 선생님에게 주어 할머니를 병원에 모셔다 드리도록 하겠다. 그리고 나는 꿈에 그리던 이상형의 여인과 함께 버스를 기다리겠다."

05 명제(비둘기집 원리) – 경쟁을 넘어 경주의 삶을 디자인하라

비둘기집 원리를 통해 '경쟁'의 삶과 '경주'의 삶은 어떤 차이가 있는지 알아보고, 우리에게 미치는 영향을 살펴보자. 이를 통해 더불어 살아가는 경주의 삶을 배울 수 있다.

(가) n개의 비둘기 집에 $n+1$마리의 비둘기가 살면, 적어도 한 집에는 두 마리 이상의 비둘기가 살게 된다는 것이 바로 비둘기집 원리(pigeonhole principle)이다. 이 원리는 '디리클레의 서랍 원리'라고도 알려져 있다.

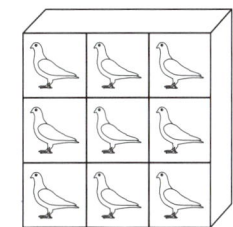

(나) 학생 수 40명인 반에서 생일을 조사했더니 다음과 같은 두 가지 사실을 알게 되었다. 첫째, 4명 이상의 생일이 있는 달이 반드시 있다. 둘째, 6명 이상의 생일이 있는 요일이 반드시 있다. 이것이 우연의 일치가 아님을 비둘기집의 원리를 이용하면 알 수 있다.

GAME

(다) '의자 앉기'라는 게임이 있다. 의자 n개와 참가자 $n+1$명이 노래에 맞추어 놀다가 휘슬이 울리면 의자에 앉는 게임으로, 매 라운드 의자에 앉지 못하는 사람이 분명히 생긴다. 게임을 계속하면 마지막에는 의자에 앉지 못하는 사람이 한 명만 남게 된다.

(라) 서 있는 사람은 오시오 나는 빈 의자
당신의 자리가 돼 드리리다
피곤한 사람은 오시오 나는 빈 의자
당신을 편히 쉬게 하리라
두 사람이 와도 괜찮소, 세 사람이 와도 괜찮소
외로움에 지친 모든 사람들 무더기로 와도 괜찮소
서 있는 사람은 오시오 나는 빈 의자
당신의 자리가 돼 드리리다

— 장재남, 〈빈 의자〉

생각 던지기

1 글 (가)의 '비둘기집 원리'를 귀류법을 이용하여 증명하라. 그리고 이 원리를 이용하여 한 변의 길이가 2인 정사각형의 내부에 5개의 점을 임의로 찍을 때, 두 점 사이의 거리가 $\sqrt{2}$ 보다 작은 경우가 반드시 존재함을 증명하여라.

2 글 (가)의 원리를 이용하여 글 (나)를 설명하여라.

3 글 (다)에 나오는 놀이를 통해 비둘기집 원리를 익혀 보자.

4 글 (가)의 비둘기집 원리는 경쟁을 유도한다. 이 원리가 우리 사회에 끼치는 부정적인 영향에 대하여 글 (라)를 참고하여 생각해 보고, 대안을 찾아보자.

5 1960년 어느 날 파울 에르도쉬는 12세 소년 포사와 함께 점심 식사를 하고 있었다. 그는 포사에게 1부터 $2n$까지의 정수 중에서 임의로 $(n+1)$개를 뽑았을 때, 그중에 최대공약수를 1로 갖는 두 정수가 존재함을 증명하라는 매우 까다로운 문제를 냈다. 포사는 식사를 멈추고 잠깐 생각하더니 간단하게 멋들어진 증명을 해냈다고 한다. 포사가 증명한 방법을 추측해 보고 논리적으로 설명하여라.

- 최수일·박성은,《수학 교과서 속의 테마별 고난도 수학》

🔍 생각 넓히기

1 '비둘기집 원리'를 설명할 수 있는 사회 현상에는 무엇이 있는가? 그리고 그 현상을 해결하기 위한 방안은 무엇인가?

2 '의자 앉기 게임'은 어린 시절에 한 번쯤은 해 보았을 것이다. 사람 수보다 의자를 하나 적게 두고 손을 잡고 돌다가 음악이 멈추면 각각 빈 의자에 앉는다. 의자 개수는 언제나 사람 수보다 하나 부족하기 때문에 게임을 할수록 1명씩 탈락자가 생긴다. 우리 사회가 이와 비슷하다면, 우리는 어떻게 살아가야 하는가?

   2-1 어느 위치에 서야 내가 '의자'에 앉을 수 있는가?

   2-2 내가 의자에 앉기 위해서는 다른 사람들을 배려하지 못하는 경쟁 사회에 대해서 어떻게 생각하는가?

3 게임을 즐기는 것과 게임에서 승리하는 것, 두 종류의 가치 중 내가 중요하게 생각하는 것은 무엇인가?

4 책상과 의자는 한 쌍의 조화를 이루는 도구이다. 오늘날의 나는 자신의 자리를 내어 준 누군가의 삶 위에 있다. 이제는 나도 누군가에게 의자가 되어 주는 삶을 살아야 한다면, 이를 위해 내가 해야 할 일은 무엇인가? 다음에 나오는 오병이어의 기적을 근거로 대안을 제시하여라.

> 예수께서 들으시고 배를 타고 떠나사 따로 빈 들에 가시니 무리가 듣고 여러 고을로부터 걸어서 따라간지라. 예수께서 나오사 큰 무리를 보시고 불쌍히 여기사 그중에 있는 병자를 고쳐 주시니라. 저녁이 되매 제자들이 나아와 이르되, 이곳은 빈 들이요 때도 저물었으니 무리를 보내어 마을에 들어가 먹을 것을 사 먹게 하소서. 예수께서 이르시되, 갈 것 없다. 너희가 먹을 것을 주라. 제자들이 이르되, 여기 우리에게 있는 것은 떡 다섯 개와 물고기 두 마리뿐이니이다. 이르시되, 그것을 내게 가져오라 하시고 무리를 명하여 잔디 위에 앉히시고 떡 다섯 개와 물고기 두 마리를 가지사 하늘을 우러러 축사하시고 떡을 떼어 제자들에게 주시매 제자들이 무리에게 주니 다 배불리 먹고 남은 조각을 열두 바구니에 차게 거두었으며 먹은 사람은 여자와 어린이 외에 오천 명이나 되었더라.
>
> – 〈마태복음〉 14:13~21

💬 생각 나누기

1 우리 사회에서는 '일대일 대응'의 원리가 적용되는 것이 아니라 '비둘기집 원리'가 적용되어 경쟁을 유도한다. 그 이유는 무엇인가?

2 우리는 경쟁이 만연한 사회 속에서 살아가고 있다. 더불어 살아가는 공존의 가치와 개인의 이해관계 사이에서 어떻게 균형을 잡을 것인가?

3 살아가면서 의자를 지킬 때도 있고 내어 줄 때도 있다. 그렇다면 행복하게 의자를 내어 주기 위해서는 어떤 마음가짐을 가져야 하는가?

4 대한, 민국, 만세는 '의자 앉기 게임'과 '비둘기집 원리'에 비추어 내가 반드시 성공해야 하는 이유를 다음과 같이 주장했다. 이에 대한 자신의 생각을 나누어 보자.

> 대한: 비둘기집 원리가 아닌 일대일 대응이 작동되도록 잘못된 제도를 고치기 위하여 성공해야 해.
> 민국: 나의 의자, 나의 삶의 공간인 집에서 그 사람과 공존하기 위하여 성공해야 해.
> 만세: 다른 사람보다 더 잘되기 위하여 성공해야 해.

5 다음은 붓다가 전생에 보살로 인욕수행에 정진하고 있을 때의 일화이다. 이야기 속의 붓다는 과연 어떻게 행동했을까?

> 어느 날 저녁 무렵 보살은 큰 나무 아래 앉아서 조용히 명상에 잠겨 있었다. 그때 갑자기 비둘기 한 마리가 매에게 쫓겨 보살의 품속으로 뛰어들었다. 잠시 후 매가 날아와 나무 위에 앉아서 보살에게 말했다. "비둘기를 나에게 주세요. 그 비둘기는 나의 저녁거리입니다. 며칠을 굶은 터라 비둘기를 먹지 못하면 죽을지도 모릅니다." 보살이 말했다. "비둘기를 내어 줄 수 없다. 보살은 모든 중생을 보호하겠다고 서원한 사람이다." 매가 다시 말했다. "그대가 모든 중생을 보호한다면 나는 왜 거기에 포함되지 않습니까? 비둘기는 나의 저녁거리입니다." 보살은 난처해졌다. 매의 말이 틀리지 않았기 때문이다. 매는 비둘기를 먹지 않는 조건으로 비둘기 무게만큼의 살아 있는 살코기를 요구했다. 이에 보살은 비둘기를 살리고 매도 살리는 방안을 생각하였다.

문제 풀이

★ 생각 던지기

1

• n개의 비둘기집과 n+1마리의 비둘기가 있다고 가정한다.

만약 각 비둘기집에 한 마리 이하의 비둘기만 들어 있다면, 모든 비둘기집에는 많아야 n마리의 비둘기가 존재해야 한다. 그런데 비둘기는 모두 n+1마리라고 했으므로, 이것은 모순이다. 따라서 어떤 비둘기집에는 무조건 두 마리 이상의 비둘기가 있다.

• 주어진 정사각형의 각 변에 중점을 잡아 이으면 한 변의 길이가 1인 정사각형 4개가 생기고, 그 대각선의 길이는 $\sqrt{2}$가 된다. 여기에 5개의 점을 찍으면 4개의 정사각형 중 어느 하나에는 적어도 2개의 점을 찍어야 한다. 왜냐하면 각 정사각형마다 한 점씩 고르게 찍는다고 해도 한 점이 남기 때문이다.

2

• 1년은 12달이고 1달에 3명씩 골고루 채워도 3×12=36명만 채워진다. 40은 36보다 4가 많으니 나머지 4명은 3명이 생일인 달에 들어가야 한다. 그러므로 생일인 사람이 4명 이상 있는 달이 반드시 생기게 된다.

• 요일 종류는 7가지이다. 40명의 생일을 7개 요일로 골고루 나누어도 5×7=35이므로 5명이 남는다. 남은 이들은 이미 5명씩 들어 있는 요일에 들어가야 한다. 그러므로 6명 이상의 생일이 있는 요일이 있을 수밖에 없다.

5 최대공약수를 1로 갖는 두 정수는 서로소이다. 서로소가 존재함을 증명하기 위해 서로소가 안 나오도록 하려면 최대한 몇 개까지 뽑을 수 있을까를 생각해 보자. 1부터 2n까지 총 2n개의 정수 중에서 2, 4, ⋯, 2n, 즉 짝수만 뽑으면 모두 n개의 정수이고 이들은 모두 2를 공약수로 갖고 있으므로 서로소가 아니며 이때가 최대로 뽑는 경우이다. 여기에서 1개만 더 뽑으면 홀수를 뽑게 될 것이고 그 수는 2, 4, ⋯, 2n 중 어떤 짝수와 반드시 서로소가 된다. 따라서 1부터 2n까지 총 2n개의 정수 중에서 적어도 (n+1)개의 정수를 임의로 뽑으면 그중에 최대공약수를 1로 갖는 두 정수가 반드시 존재한다.

★ 생각 넓히기

2-1 전략적 포지셔닝의 관점에서 접근하면, 비교적 약한 사람 주변에 있는 것이 유리하다. 사회생활을 예로 들면, 지원율이 떨어지는 회사를 찾아보거나 블루오션 시장을 노리는 것이라고 할 수 있다. 혹은, 전략적 제휴의 관점에서 다른 사람과 협력해서 탈락시킬 한 명을 철저히 마크하여 서로 win-win 할 수도 있다. 이 외에 또 어떤 방법들이 있을까?

★ 생각 나누기

5 보살은 비둘기를 살리고 매도 살리는 방안을 생각하여 매에게 비둘기 무게만큼 자신의 살을 떼어 주겠다고 약속했다. 즉 육신은 사대가 잠시 인연으로 화합해서 이루어진 것이고 무상해서 언젠가는 자연으로 돌아갈 것이니 이 몸을 보시해서 비둘기를 구해 주자고 생각한 것이다. 보살은 저울 한쪽에 비둘기를 올려놓고 자신의 넓적다리 살을 비둘기 무게만큼 베어서 다른 쪽에 올려놓았다. 그런데 어찌 된 일인지 저울은 비둘기 쪽으로 기울었다. 보살이 여러 군데 살을 베어서 저울에 더 올려도 저울은 계속 비둘기 쪽으로 기울어졌다. 하는 수 없이 보살이 자신의 몸 전체를 저울에 올리자 비로소 비둘기와 수평이 되었다.

이 이야기는 '생명의 저울'이라는 비유를 통해 생명의 존귀함과 평등함을 보여 준다. 즉 동물과 인간이 다름없이 생명의 무게는 모두 같다는 생명윤리 의식을 드러내고 있다. 이야기에서 보살은 처음에는 작고 가벼운 비둘기 무게만큼의 고깃덩어리는 얼마든지 떼어 줄 수 있다고 생각했다. 그러나 생명의 저울로 달아 본 결과, 자신의 목숨을 다 내놓아야 비둘기의 생명의 무게와 같아짐을 깨달았다. 아무리 작은 미물이라도 생명의 값어치는 동일하다는 것이다.

06 부등식 – 진정한 승자는 승패를 조절할 줄 아는 사람

부등식의 개념과 원리를 통해 경쟁의 시대를 살아가는 우리가 진정한 승자로 살아갈 수 있는 아름다운 방법을 발견할 수 있다.

(가) '< = >'는 건축가 미스 반데어로에(Mies Van Der Rohn, L.)가 이야기한 "Less is More"라는 말을 기호로 나타낸 것이다. "욕심을 버리면 더 많은 것을 얻는다" 또는 "비우면 더 많이 담을 수 있다"라는 의미의 격언으로 해석할 수 있다. 단 3개의 기호로 이렇게 아름다운 말을 전할 수 있는 것이 수학의 또 다른 매력이다.

(나) 실수의 세계에는 대소 관계가 있지만, 복소수(허수)의 세계에서는 대소 관계를 규정지을 수 없다. 이처럼 서로 다름을 인정하며 살아가는 복소수의 세계관은 참 아름답다. 하지만 우리는 서로를 비교하는 실수의 세계관에서 벗어날 수 없다.

GAME

(다) 고대 시라쿠사의 아르키메데스는 지렛대의 원리를 알아낸 것으로 유명하다. 그는 "나에게 지렛대만 달라! 그럼 지구를 들어 보이겠다"고 말했다.
지렛대가 지면과 평행을 이루면, 지렛대의 양 끝에 작용하는 두 힘의 크기에 각각 받침점까지의 길이를 곱하였을 때 두 값은 서로 같다. 그림과 같이 지렛대의 한 끝에 무게가 90kg인 바위가 올려져 있을 때, 다른 한 끝에 몸무게가 60kg인 사람이 올라갔더니 지렛대가 지면과 평행을 이루었다. 지렛대의 받침점은 어디일까?

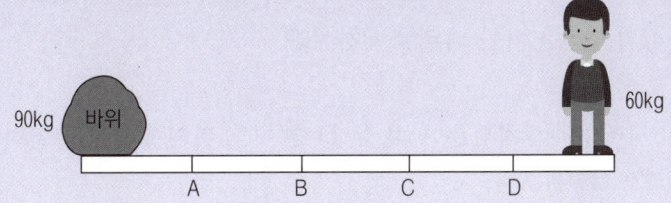

(라) 신은 우리 앞에 등식으로 존재한다지만
내 앞, 너와 네 앞
나는 부등호로 있고
이골 저골 패인 깊이만큼 다른 것이 평등인데
키가 다른 우리는
괄호 안팎에 어떤 기호로도 계산이 안 된다
화난 신(神)이 눈비로 달래 보고
아침저녁 다른 색을 선물해도
우리는 누구 그림자 길까
등 뒤만 기웃댄다

— 서순석, 〈부등식〉

(마) 모든 인간은 평등하게 태어났으나, 인간들은 스스로 불평등을 초래한다.
All men are created equal, but it is only men themselves who place themselves above equality

— 데이빗 앨런 코(David Allan Coe)

생각 던지기

1 글 (가)는 부등호의 의미를 설명하고 있으며, 글 (나)에서 실수는 대소 관계가 존재한다고 한다. 부등식의 성질을 아는 대로 소개하여라.

2 글 (다)에서 지렛대의 받침점은 A, B, C, D 중 어느 위치에 있는지 말하여라. (단, A, B, C, D는 같은 간격으로 놓여 있다.)

GAME

3 겉모양이 똑같은 금화 8개가 있다. 그중 1개는 중량이 다소 가벼운 가짜 금화이다. 수평 저울을 사용하여 가짜 금화를 가려내고자 할 때, 저울을 최소한 몇 번 달아 보아야 가짜 금화를 찾을 수 있을까?

3-1 겉모양이 똑같은 금화 9개 중 1개의 가짜 금화를 찾아내려면 저울을 최소한 몇 번 사용해야 할까?

4 글 (가)와 (나)를 읽고 다음의 빙탄불상용(氷炭不相容)이라는 표현을 근거로 들어 인간관계에서 서로 평가하고 평가받으면서 생기는 상처들을 어떻게 극복할 수 있을지 대안을 제시하여라.

> 빙탄불상용(氷炭不相容)은 얼음과 숯은 서로 용납하지 않는다는 뜻이다. 얼음은 숯 때문에 녹아 버릴 것이고, 숯은 얼음 때문에 식어 버릴 것이다. 이처럼 함께 있으면 서로에게 해만 될 뿐인 사이를 가리킬 때 사용하는 표현이다.

5 다음을 참고하여 유리계수인 두 다항식 $f(x)$와 $g(x)=x^2-2ax+b$가 [보기]의 조건을 만족할 때, $f(\sqrt{11+2\sqrt{18}})$의 값을 구하여라.

> 복소수는 실수와 허수로 구성되어 있다. 이를 통해 등식에서 복소수 상등 관계를 통해 미정계수를 구한다. 예컨대, $a+bi=0$(a, b 실수, $\sqrt{-1}=i$)이면, $a=b=0$이 된다.
> 실수는 유리수와 무리수로 구성되어 있다. 이를 통해 등식에서 무리수 상등 관계를 통해 미정계수를 구한다. 예컨대, $a+b\sqrt{2}=0$(a, b 유리수)이면, $a=b=0$이 된다.

보기
- $f(x)$를 $g(x)$로 나누면 나머지가 $x-30$이다.
- $g(x)=0$의 한 근은 $\sqrt{11-2\sqrt{18}}$이다.

🔍 생각 넓히기

1 부등식은 기준이 있을 때 비교할 수 있다. 기준이란 균형을 이루는 점이다. 우리 사회에는 법과 정의가 이 같은 역할을 한다. 글 (마)와 관련지어 이에 대한 자신의 생각을 나누어 보자.

2 글 (다)를 보면 시소 놀이가 떠오를 것이다. 마호메트는 "산이 오지 않으면 내가 산으로 가겠다. 상대가 오지 않는다면 내가 그에게로 가면 되는 것이다"라고 말했다. 이와 관련하여 다음 글을 읽고 시소와 관련된 추억을 나누어 보자.

> 시소는 균형이 중요하다. 양쪽의 무게가 같아야 균형이 유지된다. 하지만 무게가 서로 다를 경우 누군가는 중심을 향해 다가가야 균형이 유지된다. 그렇다면, 어떤 사람이 다가가야 하는가?

2-1 유치원생 아들과 아버지가 시소를 타고 있었다. 균형이 맞지 않아 아들이 시소 놀이를 재미없어 하자 아버지는 아들 쪽으로 더 움직였다. 이렇게 하니 균형이 맞아서 함께 즐겁게 시소 놀이를 할 수 있었다. 이런 경우를 '지고도 이긴 것'이라고 할 수 있다. 다음 글을 참고하여 이를 논리적으로 설명할 수 있는 사례를 들고 그 이유를 설명해 보자.

> 사랑은 등식이 아니다
> 똑같이 주고받는 것은 사랑이 아니다
>
> 사랑하면 부등식이 된다
> 서로 더 많이 사랑하려 하기 때문에
> 부등호의 방향이 자꾸만 바뀌는 부등식이 된다
>
> — 유예나, 〈사랑의 굴레〉

3 다음 글은 법과 정의에 관한 글이다. 글 (가)에 근거하여 글 (라)와 (마)에서 서로 상반된 단어를 제시하고 그 의미를 설명하여라.

> 어떤 이는 법이란 '기득권자들이 마련한 이기적 장치'라고 정의하고, 어떤 이는 '대중들이 합의한 최소한의 약속'이라고 정의한다. 어떤 이는 '법 앞에서 만인은 평등한 것이며 누구라도 법을 있는 그대로 존중해야 한다'고 한다. 어떤 이는 '법만이 정의를 실현하는 유일한 방법'이라고 하고, 어떤 이는 법이란 '결코 정의를 실현할 수 없는 것'이라고 말한다. 키케로(Marcus Tullius Cicero)와 울피아누스(Domitius Ulpianus)는 최고의 정의란 각자에게 그의 몫을 주는 것이라고 하였다. 같은 액수라도 거지와 재벌에게 각자의 수준에 맞게 차등(差等)하여 몫을 주는 것이 정의라는 아이러니가 성립되는 것이다.

4 글 (나)의 내용을 다음 사자성어의 의미와 관련하여 설명하여라.

> 치지도외(置之度外)란 한도를 벗어나는 곳에 둔다는 뜻으로 자신이 필요로 하는 것 외에는 쳐다보지 않는다는 말이다.

5 글 (다)에는 지렛대의 원리가 담겨 있다. 한 점 C에서 받쳐진 막대기의 B점에 하중(荷重) W가 정해지고, 다른 한 점 A에 힘 P를 가해서 막대기가 균형을 이루게 할 수 있을 때, W와 P 사이에는 W=P×(길이 AC)가 성립한다. 또한, 힘점의 힘을 f, 작용점의 힘을 F로 표시하면, F×d_1=f×d_2가 성립한다. 성경에 나오는 다음 내용을 지렛대의 원리를 이용하여 설명하여라.

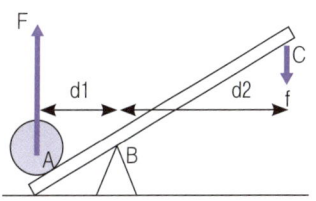

> 왼뺨을 때리면 오른뺨도 대주라고 하시고 (누가복음 6:29)
> 원수도 사랑하라고 하시고 (누가복음 6:27, 6:35)
> 가난한 과부에게 선지자를 보내 최후의 양식마저 빼앗아 먹으라 하신다. (열왕기상 17:8~24)
> 높고자 하면 낮아지라고 하시고 (누가복음 14:11)
> 핍박을 받는 자가 복되다고 하시며 (마태복음 5:10)
> 오른손이 한 일을 왼손이 모르게 하라고 하신다. (마태복음 6:3)

생각 나누기

1 지고도 이기는 게임이란 무엇일까? 다음 게임을 통해 그 의미를 나누어 보자.

> '한 박자 늦은 가위 바위 보' 게임에서 3번 연속으로 이기는 것은 아주 쉽다. 하지만, '한 박자 늦은 가위 바위 보' 게임에서 3번 연속으로 지는 것은 정말 어렵다. 왜 그럴까?

2 다음 글을 읽고 글 (다)를 인간의 삶과 연계하여 그 의미를 나누어 보자.

> 아르키메데스는 당대 최고의 수학자이자 물리학자였다. 왕관이 순금인지 아니면 다른 싸구려 금속을 섞어 만든 것인지 알아내라는 왕명을 받은 그는 목욕을 하다가 부력의 원리를 발견하고 '알아냈어'라는 뜻의 "유레카"를 외쳤다. 그는 "내게 무한히 긴 장대와 지구를 받칠 받침점만 주어진다면 나는 (손가락 하나만으로도) 지구를 들어 올릴 수 있다!"고 했다.

3 인간의 삶이 시소 게임과 같다고 할 때, 법과 정의는 항상 옳은가? 법은 범죄를 막기 위한 것이니 항상 옳다고 생각할 수 있겠지만, 정의(正義)를 어떻게 정의(定義)하느냐에 따라 다르게 생각할 수도 있을 것이다. 다음 글을 읽고 이에 대한 자신의 생각을 나누어 보자.

> 최고의 정의란 각자에게 그의 몫을 주는 것이라고 할 때, 같은 액수라도 거지와 재벌에게 각자의 수준에 맞게 차등(差等)하여 몫을 주는 것이 정의라는 아이러니가 성립된다. 이것은 아리스토텔레스의 정의를 평균적 정의와 배분적 정의로 구분한 것이다. 평균적 정의는 모두에게 같게 적용해야 한다는 것으로 절대적 평등을 주장한다. 배분적 정의는 같은 것은 같게, 다른 것은 다르게 취급하는 것을 원칙으로 하는 상대적 평등으로, 정당한 이유나 합리적 근거가 있는 경우에는 차별을 허용하는 것이다.

4 다음 글을 보고 인간이 경쟁의 삶을 벗어날 수 없다면 어떻게 해야 할 것인지 부등호의 개념과 의미를 이용하여 상반된 단어로 설명하여라.

> 삶의 작은 일에도 그 맘을 알기 원하네
> 그 길 그 좁은 길로 가기 원해
> 나의 작음을 알고 그분의 크심을 알며
> 소망 그 깊은 길로 가기 원하네
> 저 높이 솟은 산이 되기보다 여기 오름직한 동산이 되길
> 내 가는 길만 비추기보다는 누군가의 길을 비춰 준다면
>
> 내가 노래하듯이 또 내가 얘기하듯이 살길
> 난 그렇게 죽기 원하네
> 삶의 한 절이라도 그분을 닮기 원하네
> 사랑 그 높은 길로 가기 원하네
>
> 사랑 그 좁은 길로 가기 원하네
> 그 깊은 길로 가기 원하네
> 그 높은 길로 가기 원하네
>
> — 한웅재, 〈소원〉

5 다음은 독일의 철학자 쇼펜하우어가 이야기한 '고슴도치 딜레마'이다. 너무 멀어서 외롭지도, 너무 가까워서 상처 입지도 않는 거리를 찾는 방법에 대하여 글 (가)의 부등호 개념을 이용하여 답하여라.

> 추운 겨울, 두 마리의 고슴도치가 서로의 몸에 기대어 온기를 나누려고 서로에게 다가갔다. 하지만 너무 가까워지자 서로의 가시 때문에 몸에 상처가 났다. 아픔을 느낀 둘은 다시 멀어졌다가, 이내 추워진 날씨에 다시 가까워졌다가 하기를 반복했다. 고슴도치들은 서로 상처를 주고받기도 했지만 이러한 과정을 계속하며 결국 적당한 거리를 찾아서 함께 추위를 이겨 낼 수 있었다.

5-1 누군가가 좋아서 선뜻 다가서고 싶다가도, 동시에 적당한 거리를 두고 싶은 마음을 가진 적이 있는가?

5-2 다른 사람을 아프게 할 수 있는 나의 가시는 무엇인가?

5-3 김혜남의 《당신과 나 사이》를 읽고 인간관계에서 적당한 거리는 어느 정도인지 서로 생각을 나누어 보자.

6 글 (가)와 (나)의 개념을 이용하여 다음 글을 읽고 물음에 답하여라.

> 호주의 한 마을에 행동이 어리숙해서 동네 형들에게 바보라고 놀림 당하는 존이라는 소년이 있었다. 동네 형들은 존이 나타날 때마다 불러서는 양손에 1달러 동전과 2달러 동전을 올려놓고 말했다. "야, 네가 갖고 싶은 거 가져." 그러면 존은 항상 1달러 동전을 집었다. 형들은 1달러 동전이 2달러 동전보다 크기가 커서 존이 항상 1달러 동전만 고른다고 생각했기 때문에 낄낄거리며 "저런 바보"라고 존을 놀렸. 하루는 그 모습을 지켜보던 동네 할아버지가 존을 불러 말했다. "존, 너는 1달러 동전이 크니까 그게 좋다고 생각하겠지만 2달러 동전은 1달러 동전 2개랑 같은 거야. 작아 보여도 2달러 동전이 더 좋은 거야." 그러자 존은 이렇게 대답했다. "저도 알아요, 하지만 제가 2달러 동전을 선택하는 순간 용돈이 끊기거든요."
>
> – 박종하, 《수학, 생각의 기술》

6-1 존과 동네 형들 중에서 누가 바보이고, 누가 더 현명한가?

6-2 존과 동네 형들이 모두 바보이거나, 모두 현명한 사람이라고 한다면 그 근거는 무엇인가?

6-3 다음 글을 읽고 **6-1**, **6-2**의 질문처럼 생각해 보자.

> 조삼모사(朝三暮四)는 《열자-황제편》과 《장자-제물론》에 나오는 이야기다. 송나라에 저공이라는 사람이 원숭이들을 기르고 있었다. 어느 날 원숭이들에게 줄 도토리가 부족해져서 아침에 도토리를 3개를 주고 저녁에 4개를 주겠다고 했더니 원숭이들이 화를 내었다. 하지만 아침에 4개를 주고 저녁에 3개를 주겠다고 하였더니 원숭이들이 기뻐하였다.
>
> 원숭이들이 기뻐한 이유는 배가 고파도 자면 되지만 아침에 일어나면 하루 종일 움직여야 하니 아침에 4개를 먹고 저녁에 3개를 먹는 게 합리적이기 때문이었다. 바보 같은 인간은 그런 이치도 모르고 아침에 3개를 주겠다고 해서 처음에 원숭이들이 화를 낸 것이라고 한다.

문제 풀이

★ 생각 던지기

1 $a>b$이면, $a+c>b+c$, $a-c>b-c$

$a>b$, $c>0$이면, $ac>bc$, $\dfrac{a}{c}>\dfrac{b}{c}$

$a>b$, $c<0$이면, $ac<bc$, $\dfrac{a}{c}<\dfrac{b}{c}$

2 받침점을 기준으로 바위와 사람 사이 거리의 비를 $a:b$라고 하면,

$90a=60b$, $b=\dfrac{3}{2}a$

∴ $a:b=2:3$이므로 B 지점에 있다.

3 9개의 금화를 3개씩 세 묶음으로 나누고 양쪽 저울에 한 묶음씩 올려놓으면 어느 묶음에 가짜 금화가 있는지 알 수 있다. 두 묶음의 무게가 같다면 올려놓지 않은 묶음에 가짜 금화가 있는 것이고, 저울이 균형을 이루지 않는다면 가벼운 쪽에 가짜 금화가 있는 것이다. 다음으로 가짜 금화가 있는 묶음에서 동일한 방법으로 임의의 금화 2개를 저울 양쪽에 달아 보면 가짜 금화를 찾아낼 수 있다. 따라서 저울을 2번만 사용하면 가짜 금화를 가려낼 수 있다.

5 $f(\sqrt{11+2\sqrt{18}})=f(3+\sqrt{2})$의 값을 구하면 된다.

$f(x)$를 $g(x)$로 나눈 몫을 $Q(x)$라 하면 나머지가 $x-3$이므로

⇨ $f(x)=g(x)Q(x)+x-3$이 성립한다.

$f(3+\sqrt{2})=g(3+\sqrt{2})Q(3+\sqrt{2})+3+\sqrt{2}-3$

그런데, $g(x)=0$의 한 근이 $\sqrt{11-2\sqrt{18}}=3-\sqrt{2}$이고 두 함수 f, g의 계수가 유리수이므로 켤레근 $3+\sqrt{2}$도 방정식 $g(x)=0$의 근이 된다. 즉 $g(3+\sqrt{2})=0$

따라서, $f(\sqrt{11+2\sqrt{18}})=f(3+\sqrt{2})=\sqrt{2}$

★ 생각 나누기

1 우리는 항상 이기는 것에만 관심이 있다 보니 무의식 중에 상대를 이기는 손모양을 내게 되어 일부러 지는 것이 쉽지 않다.

두 번째 생각여행

소수

함수

비례식

부정방정식

기수법

약수와 배수

다항식과 나머지 정리

울림에서 어울림으로
걸어가라

07 소수 – 무질서 속에 질서를 찾아가는 삶의 원리

소수의 개념과 의미를 통해 삶의 지혜와 자연의 질서를 발견할 수 있다.

GAME

(가) 마술사가 쇼를 하는 중에 함께할 사람으로 영희를 관중 가운데서 불러냈다. 마술사는 주머니에서 7장의 카드를 꺼내어 잘 섞은 다음 "당신은 하트 에이스를 절대로 뽑지 못할 것"이라고 자신 있게 말하고는 영희에게 하나의 숫자를 선택하도록 했다. 영희가 선택한 숫자는 4였다. 마술사는 맨 위의 카드부터 3장의 카드를 한 번에 한 장씩, 들고 있는 카드 아래로 옮기게 했다. 그리고 네 번째 카드를 뒤집고, 뒤집었던 카드는 앞면이 위로 오도록 카드 아래에 놓았다. 이 과정을 똑같이 여섯 번 반복했는데 영희가 뒤집는 카드는 매번 하트 에이스가 아니었다. 여섯 번이 끝났을 때 남아 있는 카드는 단 1장이었는데 그것이 바로 하트 에이스였다. 어떻게 된 것일까?

(나) 매미는 식물의 조직 속에 알을 낳는데, 우리나라에서 잘 알려진 유지매미와 참매미는 산란한 해부터 치면 7년째에 성충이 된다. 또 늦털매미는 5년째에 성충이 된다고 알려져 있다. 매미탑이라고 불리는 북아메리카에 사는 매미는 산란에서부터 성충이 되기까지 13년이 걸리는 종과 17년이 걸리는 종으로 나뉘고, 그 형태나 울음소리에도 차이가 있는 것이 확인되었다. 이와 같이 위에서 소개한 여러 종류의 매미가 산란에서 성충이 되기까지 걸리는 시간은 보통 5년, 7년, 13년, 17년이다. 이와 같은 매미의 생활 주기에서 발견되는 공통점은 모두 소수라는 것이다. 매미는 왜 하필 소수 주기로 생활할까? 이에 대한 두 가지 유력한 학설이 있다. 하나는 주기가 천적과 겹치지 않도록 하여 쉽게 피하려고 그렇게 되었다는 것이고, 또 다른 학설은 동종 간의 경쟁을 피하기 위한 스스로의 조정이라고 알려져 있다.

(다) "박사님, 28의 약수를 더했더니 28이 됐어요."
"완전수로군. 제일 작은 완전수는 6이야. 6=1+2+3."
"아 정말이네요! 그렇게 드문 것이 아닌가 보죠?"
"천만의 말씀. 실로 완전의 의미를 체현하는 귀중한 숫자지. 28 다음은 496. 그다음은 8128. 그다음은 33550336. 또 그다음은 8589869056."

– 오카와 요코,《박사가 사랑한 수식》

(라) 영희는 일과 자기 자신밖에 모르는 이기적인 철수에게 다음과 같은 편지를 보냈다.

제발 진지하게 읽으세요 코끼리와 저는 힘들게 당신을 따뜻한 안식처로 옮겼어요 안 힘들었으니 좋아해요 힘을 많이 쓴 남자가 가만히 있어요 어머니가 당신을 좋아해서 내가 사마귀도 한 마리 잡았어요 힘들게 줬던 오버사이즈 옷은 고이 간직해요 마음도 지금 정상으로 돌려줘요 행복해요 당신 덕분에 그럼 영원히 안녕

생각 던지기

1 다음 글을 읽고 물음에 답하여라.

> - 고대 그리스인들은 어떤 숫자는 그보다 작은 숫자에 의해서 나뉠 수 있는 반면에 다른 숫자들은 이런 특성이 없다는 것을 발견했다. 자연수 중에서 1과 자신을 제외한 어떤 숫자로도 나뉠 수 없는 숫자를 소수(素數)라 부른다. 또한 소수가 아닌 자연수 중에서 1이 아닌 수를 합성수라 부른다.
> - 고대 그리스의 수학자 에라토스테네스가 만든 1부터 자연수 n까지 모든 소수를 찾는 방법이 있다. 이는 하나의 수가 소수인지 아닌지를 판정하는 것보다 일정 범위 내의 소수를 모두 찾아내는 데 이용하는 경우가 많다. 이 방법은 마치 체로 치듯이 수를 걸러낸다고 하여 '에라토스테네스의 체'라고 부른다.

1-1 자연수를 약수의 개수에 따라 세 가지로 구분하여 설명하여라.

1-2 상자 안에 1부터 100까지의 자연수가 각각 쓰인 100개의 공이 순서대로 놓여 있다. 다음과 같은 방법으로 공을 양쪽의 두 통에 집어넣는다고 하면, 상자 안의 공이 모두 없어졌을 때 마지막으로 오른쪽 통 안에 들어가는 공에 쓰인 숫자는 무엇인가?

> 1) 1은 오른쪽 통에 넣는다.
> 2) 남은 수 중 가장 작은 수를 왼쪽 통에 넣고 이 수의 배수는 모두 오른쪽 통에 넣는다.
> 3) 2)를 반복한다.

— 최수일·박성은, 《수학 교과서 속의 테마별 고난도 수학》

2 글 (가)를 읽고 다음에 답하여라.

2-1 마술사의 행위는 속임수인가, 수학적 논리인가?

2-2 마술사가 꺼낸 카드에는 어떤 의미가 담겨 있는가?

2-3 영희가 선택한 숫자에 따라 마술의 결과는 어떻게 달라지는가?

3 글 (나)는 매미가 소수(素數)를 주기로 생활하는 이유에 대하여 두 가지 학설을 소개하고 있다. 각각의 근거와 사례를 들어 그 의미를 논리적으로 설명하여라.

4 영화 〈박사가 사랑한 수식〉을 감상하고, 글 (다)에서 소개하는 완전수에 대하여 설명하여라.

5 글 (라)에서 철수가 받은 편지는 무슨 내용을 담고 있을까?

5-1 다음 조건을 이용하여 편지에 숨겨진 의미를 해석해 보자.

- 소수는 1과 자기 자신만으로 나누어떨어지는 1보다 큰 양의 정수이다. 이를테면, 2, 3, 5, 7, 11, 13, 17, 19, 23, 29, 31, … 등은 모두 소수이다. 모든 자연수는 유한 개의 소수의 곱으로 표현할 수 있다. 2개 이상의 소수의 곱으로 표현되는 수를 합성수라고 한다.
- 어떤 관계에 의하여 집합 X의 원소에 집합 Y의 원소를 짝지어 주는 것을 집합 X에서 Y로의 대응이라고 한다. 특히, 함수 $f: X \to Y$에서 X의 임의의 두 원소 x_1, x_2에 대하여 $x_1 \neq x_2$이면 $f(x_1) \neq f(x_2)$일 때, 함수 f를 일대일 함수라고 한다.

5-2 내가 철수의 입장이라면 편지 내용에 대해 어떤 반응과 태도를 보일까? 자신의 생각을 자유롭게 서술하여라.

5-3 일과 자신밖에 모르는 철수에게 들려주고 싶은 말을 글 (라)와 같은 형식으로 40~60단어 이내로 작성하여라.

생각 넓히기

1 마술사의 행위는 사람을 속이는 것인가, 즐거움을 나누기 위함인가?

  1-1 나는 즐거움을 주기 위해 한 행위였는데 오히려 오해가 생겼던 경우가 있는가?

  1-2 나를 속이기 위해 한 행위였는데 오히려 그것이 기쁨이 되었던 경우가 있는가?

2 글 (나)를 읽고 다음 물음에 답해 보자.

  2-1 주기매미의 생애는 긴 시간의 준비를 통해 성충에 도달하는 과정이다. 오늘의 나는 얼마나 많은 시간과 열정을 가지고 준비하고 있는가?

  2-2 학자들은 소수 단위로 이루어지는 매미의 생애 주기가 천적을 피하고 동종 간 경쟁을 줄이기 위해서일 것이라고 추정한다. 그렇다면 내 삶의 천적을 피하기 위한 방안은 무엇인가?

3 영화〈페르마의 밀실〉을 감상하고 소수와 관련된 '골드바흐 추측'에 대하여 알아보자.

> 골드바흐의 추측은 1742년 골드바흐가 소수에 대한 연구를 하던 중 나왔다. 그는 '5보다 큰 정수는 3개의 소수의 합으로 쓸 수 있다'는 추측을 내놓았고, 오일러와의 토론 후에 ⓐ'2보다 큰 짝수는 두 소수의 합으로 쓸 수 있다'는 추측도 내놓았다.

  3-1 밑줄 친 ⓐ에 대하여 1부터 50까지의 짝수에 대한 골드바흐 수를 찾아보라.

  3-2 소수와 관련된 추측들에 대하여 알아보자.

생각 나누기

1 마술사들의 행위는 분명 눈속임이지만, 우리는 마술사의 행위를 받아들이고 함께 즐긴다. 하지만 실제 삶에서 누군가 우리를 속이려 한다면 용납하지 못한다. 이 같은 사례를 찾아보고, 서로 다르게 느껴지는 이유에 대해 생각해 보자.

2 어떤 사람들은 매미가 운다고 하지만 어떤 사람들은 노래한다고 표현한다. 매미는 한여름에 울기 위해서 태어난 것일까, 아니면 노래하기 위해서 태어난 것일까? 이처럼 관점에 따라 다르게 해석할 수 있는 답에 대해, 매미의 입장과 우리의 입장에 따라 설명해 보자.

   2-1 그렇다면, 우리는 무엇을 위해 이 세상에 보내진 존재인가?

3 다음 성경 구절에서 글 (가)~(다)를 근거로 '보이는 것'과 '보이지 않는 것'에 대한 핵심어를 찾고, 그에 따른 우리 삶의 방향성에 대해 이야기 나누어 보자.

> 우리가 주목하는 것은 보이는 것이 아니요 보이지 않는 것이니 보이는 것은 잠깐이요 보이지 않는 것은 영원함이라.
>
> – 〈고린도후서〉 4:14

GAME

4 화장실이 너무 급한데 잠겨 있는 화장실의 비밀번호를 모른다. 그런데 키패드 옆에 알 수 없는 숫자들이 쓰여 있다. 과연 비밀번호는 무엇일까? 단, 비밀번호를 누르는 순서는 상관없다.

4-40-40   7-22-22
2-44-59   9-16-31

– tvN, 〈문제적 남자〉

5 소수는 영어로 prime number라고 하는데, prime에는 '중요한'이라는 뜻이 있다. 이는 유명 스포츠 선수들의 등번호에서도 발견할 수 있다. 박지성 13번, 안정환 19번, 마이클 조던 23번, 박찬호 61번 등, 소수 등번호를 가진 prime player는 경기에서 중요한 역할을 하는 선수를 의미한다. 우리 생활 속에서도 소수의 개념을 이용하는 경우가 많다. 예컨대 소주 1병을 소주잔에 찰랑거리게 따르면 7잔이 나온다. 소수의 성질을 이용한 소주의 판매 전략은 무엇인지 설명하여라.

문제 풀이

★ 생각 던지기

1-1
• 약수의 개수가 1개인 자연수는 1뿐이다.
• 약수의 개수가 2개인 것은 소수이다.
• 약수의 개수가 3개 이상인 수를 합성수라고 한다.

1-2 주어진 조건에 따라 공을 통에 집어넣으면 왼쪽 통에는 소수가 쓰인 공이, 오른쪽 통에는 1을 포함한 합성수가 쓰인 공이 들어가게 된다. $\sqrt{100}=10$이므로 소수 판정법에 의해 100 이하의 수는 10 이하의 소수 2, 3, 5, 7의 배수가 아니면 소수이다. 따라서 1을 포함한 2, 3, 5, 7의 배수가 쓰인 공은 모두 오른쪽 통에 들어가게 된다. 100 이하의 7의 배수 중에 마지막으로 오른쪽 통 안에 들어가는 공에 쓰인 수를 구해 보자. $7 \times 14 = 98$이 쓰인 공은 2의 배수를 오른쪽 통에 넣을 때 이미 넣었으므로 마지막으로 오른쪽 통 안에 들어가는 공에 쓰인 수는 $7 \times 13 = 91$이다.

2 이 마술에서 중요한 것은 몇 장의 카드를 가지고 있는가이다. 글 (가)의 경우에는 7장이었지만 3, 5, 11장의 카드로도 가능하다. 이 숫자들의 공통점은 바로 소수라는 것이다. 이 카드 마술에서는 52장 중 뽑아낸 카드가 N장이라면 상대방에게 숫자를 선택할 때 1과 $N-1$ 사이에서 하나를 선택하라고 한다. 카드 개수가 소수(P)이면, 선택된 숫자(Q)와 소수의 최소공배수는 $P \times Q$밖에 없기 때문에 가장 아래 있던 카드를 맞추기 위해서는 카드를 아래로 옮기는 일을 P번 반복하면 된다. 즉, P번째가 끝날 때 마지막으로 뒤집어지는 카드가 가장 아래 있던 카드이다.

3 매미가 소수를 주기로 생활하는 이유에는 두 가지 학설이 있다.

첫 번째 학설은 생존을 위한 수단으로 천적을 피하기 위해서라는 것이다. 매미의 천적으로는 거미, 사마귀, 매미충, 노린재 등이 있다. T_1을 매미의 주기라고 하고, T_2를 천적의 주기(단위는 년)라고 하자. 만일 $T_1=6$, $T_2=4$라고 하면 이 둘은 6과 4의 최소공배수인 12년마다 만나게 될 것이다. 하지만 $T_1=5$, $T_2=4$가 되어 매미의 주기가 소수가 되면 이 둘은 5와 4의 곱인 20년마다 만나게 되어 만나지 않는 기간이 훨씬 늘어날 것이다.

두 번째 학설은 동종 간의 경쟁을 피하기 위한 스스로의 조정이라는 것이다. 북아메리카에 사는 매미 탑은 산란에서부터 성충이 되기까지 13년이 걸리는 종과 17년이 걸리는 종으로 나뉜다고 한다. 이 두 종이 같은 시기에 성충이 되려면 13, 17이 모두 소수이므로 13×17=221년이 걸린다. 매년 먹이가 한정된 상태에서 두 종이 성충이 되는 시기가 겹치면 그만큼 먹이가 줄어들어 경쟁할 수밖에 없다. 실제로 2004년 미국에서는 매미탑 두 종의 성충이 되는 시기가 겹쳐서 관련 기사가 많이 났다고 한다. 이 두 종의 매미탑은 1773년 미국 독립전쟁 당시에 같이 성충이 된 이후로 2004년에 다시 겹치는 시기를 맞았고, 이후 2225년에 다시 먹이를 두고 경쟁을 하게 될 것이다.

5-1 일과 자기 자신밖에 모르는 이기적인 철수는 1과 자기 자신 이외의 약수를 갖지 않는 소수를 의미한다. 이를 힌트 삼아 제시문의 어절을 소수의 숫자(1, 2, 3, 5, 7, 11, 13, 17, 19, 23, 29, 31, 37, 41, 43, …)대로 연결해 보자.

> 제발(1) 진지하게(2) 읽으세요(3) 코끼리와(4) 저는(5) 힘들게(6) 당신을(7)
> 따뜻한(8) 안식처로(9) 옮겼어요(10) 안(11) 힘들었으니(12) 좋아해요(13)
> 힘을(14) 많이(15) 쓴(16) 남자가(17) 가만히(18) 있어요(19) 어머니가(20)
> 당신을(21) 좋아해서(22) 내가(23) 사마귀도(24) 한(25) 마리(26) 잡았어요(27)
> 힘들게(28) 줬던(29) 오버사이즈(30) 옷은(31) 고이(32) 간직해요(33)
> 마음도(34) 지금(35) 정상으로(36) 돌려줘요(37) 행복해요(38) 당신(39)
> 덕분에(40) 그럼(41) 영원히(42) 안녕(43)

이렇게 편지의 내용을 해석하면 다음과 같은 문장이 된다.
"제발 진지하게 읽으세요. 저는 당신을 안 좋아해요. 남자가 있어요. 내가 줬던 옷은 돌려줘요. 그럼 안녕."

★ 생각 넓히기

3 골드바흐 추측에는 약한 골드바흐 추측과 강한 골드바흐 추측이 있다. 최근에 약한 골드바흐의 추측은 참이라고 증명이 되었으나 강한 골드바흐의 추측은 아직 풀어낸 사람이 아무도 없다.

3-1 4=2+2, 6=3+3, 8=3+5, 10=3+7=5+5, 12=5+7,
14=3+11=7+7, 16=3+13=5+11, 18=5+13=7+11,
20=3+17=7+13, 22=3+19=5+17=11+11,
24=5+19=7+17=11+13, 26=3+23=7+19=13+13,
28=5+23=11+17, 30=7+23=11+19=13+17, 32=3+29=13+19, 34=3+31=5+29=11+23=17+17,

$36=5+31=7+29=13+23=17+19$,　$38=7+31=19+19$,
$40=3+37=11+29=17+23$,　$42=5+37=11+31=13+29=19+23$,
$44=3+41=7+37=13+31$,　$46=3+43=5+41=17+29=23+23$,
$48=5+43=7+41=11+37=17+31=19+29$,
$50=3+47=7+43=13+37=19+31$

위와 같이 2개의 소수의 합으로 표현할 수 있다. 그러나 모든 짝수에서 가능한지는 아직까지 해결하지 못하고 있다.

3-2 다음은 소수와 관련된 추측들이다.

- 모든 짝수는 소수와 소수의 거듭제곱의 차로 쓸 수 있다.
- 모든 짝수 2n에 대해서 차이가 2n이 되는 소수는 무수히 많다.
- 쌍둥이 소수 추측: 차이가 2가 되는 소수는 무수히 많다.
- n^2+1 꼴의 소수는 무수히 많다.
- 페르마 소수 $2^{2^n}+1$ 꼴의 소수는 유한하다.
- n^2과 $(n+1)^2$ 사이에는 항상 소수가 있다.

★ 생각 나누기

4 각 숫자들은 시계의 바늘 위치를 표시한 것이다. 시계의 시침과 분침, 초침의 모양을 조합해 보면 '소수'라는 문자 모양이 나타난다. 따라서 비밀번호는 키패드의 숫자 중 소수인 2, 3, 5 ,7이다.

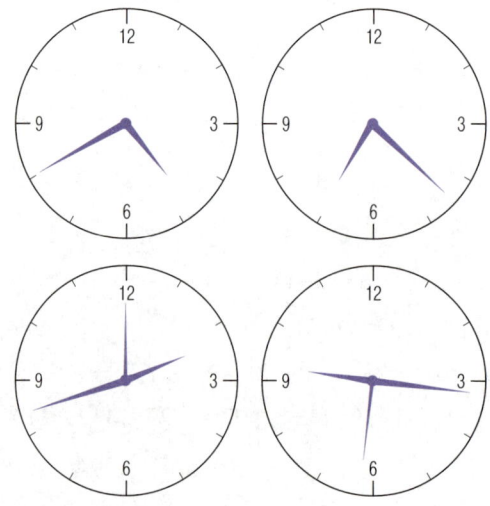

08 함수 – 일대일 대응의 원리가 적용되는 사회를 꿈꾸다

함수의 일대일 대응의 개념과 원리를 이용하여 삶에 있어서 공평과 불공평의 기준이 무엇인지 발견하고 삶의 지혜를 디자인할 수 있다.

(가) 함수(function)란 특정한 입력이 주어지면, 그에 따른 출력이 나오는 입력-출력 기계로 볼 수 있다. x를 $f(x)$로 대응(mapping)시킬 때 $f(x)$를 x에서의 함숫값이라 하고, 이 입력 값의 집합을 f의 정의역(domain), 출력 값의 집합을 치역(range)이라 한다. 함수는 하나의 입력에 대하여 하나의 출력만을 가진다. 함수에는 일대일 함수, 일대일 대응, 항등함수, 상수함수 등이 있다. 함수 $f: X \to Y$에서 집합 X의 임의의 원소 x_1, x_2에 대하여 $x_1 \neq x_2$일 때, $f(x_1) \neq f(x_2)$가 성립하는 함수 f를 일대일 함수라 하고, 일대일 함수이면서 공역과 치역이 일치하는 함수 f를 일대일 대응이라고 한다.

GAME

(나) 주말에 대한, 민국, 만세, 성은 네 사람은 야영을 갔다. 네 사람은 식사 준비, 텐트 설치 등 역할을 나누기 위해 그림과 같이 사다리 타기 게임을 하였다.

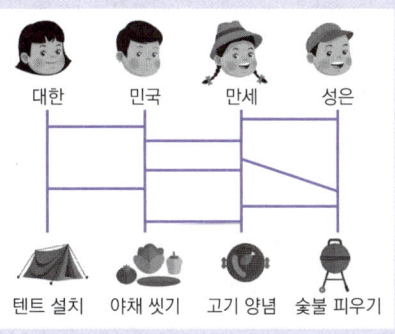

GAME

(다) 다음 그림에 가로줄을 추가하여 {수박, 오렌지, 포도, 파인애플, 바나나, 사과, 체리}가 각각 아래쪽의 같은 과일에 대응되도록 사다리 타기를 만들려고 한다. 최소 몇 개의 가로줄이 필요할까?

(라) 혼인 제도에 있어 일부일처제를 실시하는 나라와 일부다처제를 실시하는 나라가 있다. 일부다처제 국가 중에는 이를 법적으로 허용하는 국가들도 있고, 관습적, 암묵적으로 허용하는 국가(지역)들도 있다. 2017년 기준으로 세계 58개국에서 일부다처제가 가능하다고 한다. 대부분 중앙아시아(이슬람) 지역과 아프리카 지역의 국가이다.

(마) 可憐江浦望 (가련강포망)
강에 나와 그 경치를 살펴보니
明沙十里連 (명사십리련)
유리알 같은 모래가 십 리에 걸쳐 있구나
令人個個拾 (영인개개습)
모래알을 일일이 세어 보니
共數父母年 (기수부모년)
그 수가 부모님의 연세와 같구나

― 김삿갓

생각 던지기

1 글 (나)의 사다리 타기 게임에서 각자 맡게 되는 역할은 무엇인가?

1-1 두 사람이 같은 역할을 맡게 되는 경우가 있는지 판별하고, 그 이유를 글 (가)에 근거하여 설명하여라.

1-2 사다리 타기 게임으로 역할을 정하는 것은 공정한 방법인가?

2 글 (가)를 글 (라)의 일부일처제와 연결 지어 설명하여라.

2-1 글 (가)의 내용으로 일부다처제를 논리적으로 설명할 수 없다면 그 이유는 무엇인가?

2-2 일부일처제와 일부다처제를 실시하고 있는 나라의 특징에 대해 이야기해 보자.

3 글 (가)로 설명할 수 있는 것과 설명할 수 없는 것을 글 (나)~(마)에서 핵심어로 제시하고 그 이유를 설명하여라.

4 글 (가)에서 제시한 개념과 원리를 다음과 같이 설명하고자 한다. 물음에 답하여라.

4-1 공집합이 아닌 두 집합 X, Y가 있어서 X의 각 원소에 Y의 원소가 하나씩 대응할 때, 이 대응을 X에서 Y로의 함수라 한다. 다음 대응 중 X에서 Y로의 함수인 것은 무엇인가?

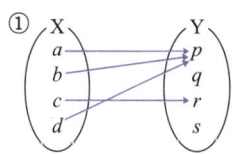 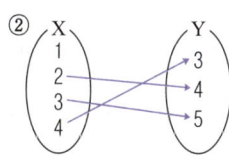 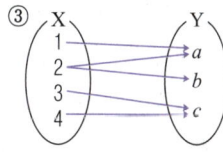

4-2 채소와 과일은 일년생 식물과 다년생 식물로 구분한다. 주로 일년생 초본식물의 먹을 수 있는 부분을 채소라 하고, 다년생 목본식물의 열매를 과일이라고 한다. 두 집합 X={과일, 채소}, Y={사과, 수박, 포도, 배추, 토마토}에 대하여 다음 물음에 답하여라.

   4-2-1 X에서 Y로의 함수 관계를 만들 수 있는지 판별하고, 그 이유를 설명하여라.

   4-2-2 Y에서 X로의 함수 관계를 만들 수 있는지 판별하고, 대응 관계를 설명하여라.

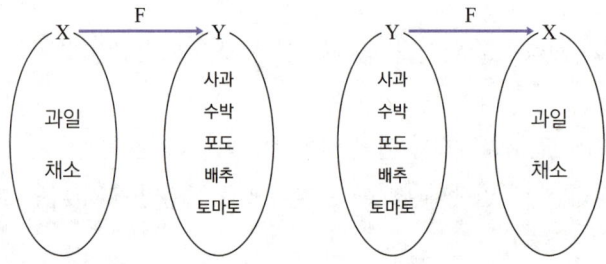

생각 넓히기

1 우리의 삶에서 일대일 대응의 원리가 적용되는 사례에 대해 이야기 나누어 보자.
  1-1 일대일 대응의 원리가 적용되어 좋은 점과 나쁜 점은 무엇일까?
  1-2 일대일 대응의 원리가 적용되지 않아서 좋은 점과 나쁜 점은 무엇일까?

2 글 (다)에서 제시하는 문제를 해결하여라.
  2-1 내가 꿈꾸는 직업, 또는 내가 만나고 싶은 사람을 글 (다)의 그림과 같이 나열하고 사다리 타기를 하려고 한다. 이때 우선순위를 정하려면 어떻게 선택해야 하는지 설명하여라.
  2-2 이를 실현하기 위한 로드맵을 작성하여라.

3 다음 글을 읽고 역지사지(易地思之)의 관점에서 볼 때 어떻게 대응하는 것이 바람직한지 생각을 나누어 보자.

> 숙종 때 칠원 현감을 지낸 주의식은 말하기의 어려움에 대해 이렇게 피력했다.
> "말하면 잡류라 하고, 말 안 하면 어리다 하네. 그렇다면 도대체 어쩌란 말인가."

4 글 (마)는 어떤 사람의 회갑을 축하하기 위한 김삿갓의 글로, 만수무강을 기원하는 내용을 담고 있다.

4-1 방랑 시인 김삿갓으로 알려진 김병연은 세상의 모든 모래알의 수를 무한으로 보고, 그 개수를 세는 방법을 칸토어가 무한집합의 개념을 만들 때 사용한 일대일 대응의 원리로 설명하고 있다. 그 원리는 무엇인가?

4-2 일대일 대응의 원리가 무한의 개념과 만날 때 일어나는 시너지 효과에 대해 사례를 들어 설명하여라.

 생각 나누기

1 다음 글을 읽고 일대일 대응의 개념과 원리를 설명하고, 그에 따른 삶의 교훈을 나누어 보자.

> 공자의 제자인 안회(顏回)는 누추한 골목 안에 살면서 한 그릇의 밥, 한 표주박의 물만으로도 만족하며 자신이 선택한 길을 즐겁게 걸었다. 또 상고시대의 성인으로 추앙받는 하우(夏禹)는 세상 사람들 중에 물에 빠진 이가 있으면 자기가 치수(治水)를 잘못하여 그렇다며 스스로를 탓했고, 후직(后稷)은 천하에 굶주리는 사람이 있으면 자신이 일을 잘못하여 그들을 배고프게 했다면서 자책했다.
> 맹자는 이 세 사람이 같은 도(道)를 지향하고 있음으로 서로의 위치를 바꾼다고 해도 달라질 것이 없다고 생각하였다. 그것이 역지즉개연(易地則皆然)의 경지다. 그러나 그들은 성인이었고 깨우친 사람들이다. 따라서 걸핏하면 실수를 저질러 남의 가슴을 아프게 하는 장삼이사들과는 비교가 되지 않는다. 그렇다면 역지사지는 그런 장삼이사들에게 던지는 경고요 가르침이 아닐까.

2 우리 사회는 공정과 공평을 중시한다. 하지만 우리의 현실은 그렇지 못하다. 관련 사례를 들고, 그 대안을 제시하여라.

문제 풀이

★ 생각 던지기

4-1 정답: ①번

4-2-1 함수가 될 수 없다.

4-2-2 채소={수박, 배추, 토마토}, 과일={사과, 포도}

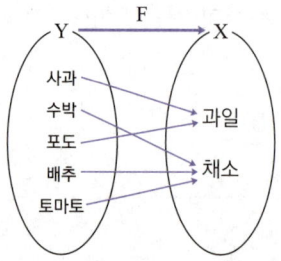

★ 생각 넓히기

2 정답: 18개

사다리 타기는 일대일 대응이고 가로줄에 의해 대응하는 것이 서로 바뀔 뿐이다. {수박, 오렌지, 포도, 파인애플, 바나나, 사과, 체리} = {1, 2, 3, 4, 5, 6, 7}이라고 하면, {1, 2, 3, 4, 5, 6, 7}이 각각 {7, 5, 6, 3, 4, 1, 2}에 순서대로 일대일 대응한다.

{1, 2, 3, 4, 5, 6, 7}에서 7이 앞으로 6번 이동 ⇨ {7, 1, 2, 3, 4, 5, 6}

5와 6이 각각 앞으로 4번씩 이동 ⇨ {7, 5, 6, 1, 2, 3, 4}

3과 4가 각각 앞으로 2번씩 이동 ⇨ {7, 5, 6, 3, 4, 1, 2}

따라서, 6+4+4+2+2=18

09 비례식 - 마음을 다스리는 사람

인생이 게임이라면, 어떠한 게임을 어떻게 할 것인지, 그 게임의 과정과 결과를 어떻게 받아들일 것인지를 비례식의 개념과 원리를 통해 탐구해 보자.

GAME

(가) 갑, 을, 병 세 어린이가 구슬치기를 하였다. 세 어린이가 처음에 가진 구슬의 비는 7 : 10 : 13이었고, 놀이가 끝난 후 구슬의 비는 3 : 4 : 5가 되었다. 구슬이 가장 많이 늘어난 어린이는 누구인가?

(나) 평등은 인간의 존엄, 권리, 인격, 가치, 행복의 추구 등에 있어서 차별이 없는 상태를 말한다. 평등은 다양한 의미를 내포하고 있어 사용하는 사람의 사상과 철학에 따라 중층적 의미를 띤다. 평등에는 절대적 평등과 상대적 평등이 있다. 절대적 평등이란 어떠한 조건에 관계없이 모든 사람에게 동등한 자격을 주는 것이라면, 상대적 평등은 어떠한 조건에 따라 모든 사람에게 동등한 자격을 주는 것을 말한다. (중략) 따라서 ㉠절대적 평등이 기회의 평등이라면, 상대적 평등은 결과의 평등이라 할 수 있다.

(다) 예수께서 헌금함을 대하여 앉으사 무리가 어떻게 헌금함에 돈 넣는가를 보실새 여러 부자는 많이 넣는데 한 가난한 과부는 와서 두 렙돈 곧 한 고드란트를 넣는지라. 예수께서 제자들을 불러다가 이르시되, 내가 진실로 너희에게 이르노니 이 가난한 과부는 헌금함에 넣는 모든 사람보다 많이 넣었도다. 그들은 다 그 풍족한 중에서 넣었거니와 이 과부는 그 가난함 중에서 자기의 모든 소유 곧 생활비 전부를 넣었느니라 하시니라.

― 〈마가복음〉 12:41~44

(라) 국회의원은 지역구의원과 비례대표로 나뉜다. 지역구의원은 각 지역에서 공천을 받아 선거를 통해 당선된 국회의원을 말하며, 비례대표는 현재 선거제도의 문제점을 보완하기 위해 만들어진 제도로 국회의원 선거 시 정당에 투표한 정당 득표율에 따라 배분되는 국회의원을 말한다. 즉, 각 정당에서 사전에 권역별, 직능별로 후보자를 선출하여 기호순으로 선거관리위원회에 등록하고 국민이 정당명부제(1인2투표제)로 1표는 지역구의원에게, 다른 1표는 선호하는 정당에게 투표하여, 전국 득표율 3% 이상을 획득한 정당에게 득표율에 따라 사전에 등록된 후보자를 당선시키는 제도이다.

(마) 하나와 두나는 같은 반 학생이다. 어느 날 수업을 듣다가 각자에게 보이는 학생들의 수를 먼저 세는 사람이 이기는 게임을 하였다. 하나는 '우리 반의 $\frac{6}{11}$ 은 여자'라고 했고, 두나는 '우리 반 학생의 $\frac{5}{9}$ 가 여자'라고 했다. 그런데 두 사람 모두 숫자를 제대로 세었다고 한다.

📖 생각 던지기

1 글 (가)에서 제시한 게임 결과를 예측하고 그 이유를 논리적으로 설명하여라. 게임을 하기 전과 게임을 마친 후에 마음 상태의 변화에 대하여 생각을 나누어 보자.
   1-1 게임 전의 상태는 어떠한가?
   1-2 게임 후에 구슬을 딴 사람과 본전인 사람, 잃은 사람의 마음은 각각 어떨까?

2 누구나 평등한 사회를 꿈꾼다. 글 (나)를 읽고 물음에 답하여라.
   2-1 절대적 평등과 상대적 평등의 장단점은 무엇인가?
   2-2 절대적 평등과 상대적 평등의 균형을 이루는 방안을 생각해 보자.

3 세상에는 부자의 삶과 가난한 자의 삶이 존재한다. 글 (다)를 읽고 물음에 답하여라.

　3-1 예수의 말을 들은 부자와 가난한 자는 각각 어떤 생각이 들까?

　3-2 부자와 가난한 자의 헌금에 대한 예수의 평가는 사람들의 평가와 반대였다. 그 의미는 무엇인가?

4 [보기]와 같이 숫자가 적혀 있는 5개의 공이 있다. A, B 두 사람이 각각 2개씩 공을 가져간 후 각 사람의 공에 적혀 있는 수를 합해 보니 그 비가 3 : 2였다. 이때 남아 있는 공에 적힌 수는 무엇인가?

5 글 (라)를 읽고 20대 국회에서 비례대표제가 어떻게 배분되었는지 확인하고, 21대 국회에는 비례대표제가 어떻게 변화되었는지 비교하여 설명하여라.

　5-1 만약 정당 투표를 한 2천만 명 중에 1천만 명이 1번 당, 4백만 명이 2번 당, 6백만 명이 3번 당을 찍었다고 하면, 47명의 비례대표 자리는 각 정당별로 어떻게 배분되는가? 아래 글을 참고하여 물음에 답하여라.

> 국회의원 선거 전에 총 국회의원 300명 중 지역구 국회의원은 253명, 비례대표 의원은 47명으로 나눴다. 지역구 국회의원은 각 지역구에 출마하여 해당 지역구에서 1등을 한 사람이 된다. 비례대표 국회의원은 각 정당의 득표율에 따라 47명에게 나누어 준다.

　5-2 비례대표제를 도입한 이유와 그에 따른 장단점을 제시하여라.

6 글 (마)에서 하나와 두나가 둘 다 제대로 세었다고 한다면 학급의 학생 수는 몇 명인가?

🔍 생각 넓히기

1 우리 인생을 게임이라고 한다면, 나와 함께하고 있는 사람은 누구인가?
　1-1 나는 어떤 게임을 하고 있는가?
　1-2 그 게임의 과정과 결과는 어떠한가?
　1-3 과정과 결과에 따른 심리 상태는 어떠한가? 〈잠언〉(4:23)과 〈빌립보서〉(4:6~7)에 비추어 답해 보자.

2 평등한 대우를 받고 싶은 만큼 상대에게 평등한 대우를 하고 있는가?

3 부자와 가난한 자를 나누는 이분법적인 기준은 무엇인가?
　3-1 무엇이 가난하고, 무엇이 부유하다고 말할 수 있는가?
　3-2 나의 생각과는 다른 상대방의 평가에 따라서 마음 상태가 달라지는가?

4 어느 설문조사 기관에서 세 제품 A, B, C에 대한 광고 전과 후의 고객 선호도 변화를 조사하였다. 광고 전과 후의 세 제품 A, B, C의 선호도 비는 그림과 같고, 선호도 조사에 참여한 고객 수는 변함이 없다. (단, 조사에 참여한 고객은 세 제품 A, B, C 중 반드시 하나의 제품만 선택하도록 한다.)

광고 전과 후 고객의 선호도 변화 조사

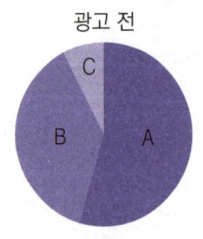
광고 전
세 제품 A, B, C의 선호도의 비
13 : 9 : 2

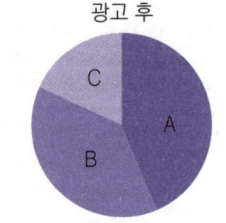
광고 후
세 제품 A, B, C의 선호도의 비
9 : 7 : 4

　4-1 제품 A, B, C 중 광고 효과를 본 제품은 무엇인가?
　4-2 요즘은 자기 PR 시대라고 하지만 자칫 역효과가 생길 수도 있다. 그 이유는 무엇인지 생각해 보자.

생각 나누기

1 다음 글을 읽고 물음에 답하여라.

> 글 (나)에서 밑줄 친 ㉠의 '절대적 평등'과 '상대적 평등'의 개념을 수능시험을 예로 들어 설명해 보자. 남자든 여자든 장애인이든, 상관없이 모두에게 동일하게 입학 자격을 주는 것이 절대적 평등이다. 반면, 점수가 같아도 농어촌 특례 등 특정 기준에 부합하는 이들에게 특혜를 주어 대학 입학을 결정하는 것이 상대적 평등이다. 이러한 제도는 서울에 거주하는 사람보다 농어촌에 거주하는 사람이 상대적으로 교육의 혜택을 적게 받을 수밖에 없다는 가정하에 상대적 평등을 적용한 예라 할 수 있다.

1-1 상대적 평등의 긍정적인 면과 부정적인 면에 대하여 자신의 생각을 나누어 보자.

1-2 이와 비슷한 또 다른 사례를 제시하고 그에 따른 자신의 생각을 나누어 보자.

2 게임의 목적은 승리인가, 즐기는 것인가? 게임의 과정과 결과 모두가 아름다울 수 있는 방법은 무엇일지 생각해 보자.

3 인간이 살아가면서 진정으로 지켜야 할 것이 무엇인지 ㄱ, ㄴ, ㄷ에서 공통으로 나타나는 단어를 제시하고 그에 따른 실천 방안을 서술하여라.

> ㄱ. 돈을 잃으면 조금 잃은 것이요, 명예를 잃으면 반을 잃은 것이요, 건강을 잃으면 전부를 잃은 것이다. 건강은 최상의 이익이요, 만족은 최상의 재산이요, 신뢰는 최상의 인연이다. 그러나 마음의 평안보다 더 행복한 것은 없다.
> — 〈법구경〉
>
> ㄴ. 모든 지킬 만한 것 중에 더욱 네 마음을 지키라. 생명의 근원이 이에서 남이니라. 구부러진 말을 네 입에서 버리며 비뚤어진 말을 네 입술에서 멀리 하라. 네 눈은 바로 보며 네 눈꺼풀은 네 앞을 곧게 살펴 네 발이 행할 길을 평탄하게 하며 네 모든 길을 든든히 하라. 좌로나 우로나 치우치지 말고 네 발을 악에서 떠나게 하라.
> — 〈잠언〉 4:23~27
>
> ㄷ. 아무것도 염려하지 말고 다만 모든 일에 기도와 간구로 너희 구할 것을 감사함으로 하나님께 아뢰라. 그리하면 모든 지각에 뛰어난 하나님의 평강이 그리스도 예수 안에서 너희 마음과 생각을 지키시리라.
> — 〈빌립보서〉 4:6~7

4 인간은 누구나 영향력을 가지고자 한다. 다음 문제를 통해 우리가 선한 영향력을 가지기 위한 방안에 대하여 함께 생각해 보자.

> 주주 총회에서 어떤 결정을 하기 위해서는 $x\%$ 이상의 찬성이 있어야 한다. 생각여행 주식회사에 주주가 3명 있는데 강대포가 40%, 무배짱이 30%, 노패배가 30%의 주식을 가지고 있다.

4-1 주주 총회에서 어떤 결정을 하기 위해서는 50% 이상의 찬성이 있어야 한다고 할 때, 강대포와 무배짱의 영향력은 어느 정도인지 비교하여 설명하라.

4-2 주주 총회에서 어떤 결정을 하기 위해서는 70% 이상의 찬성이 있어야 한다고 정관을 고치면 강대포와 무배짱의 영향력은 어떻게 달라지는지 비교하여 설명하라.

4-3 내가 영향력을 발휘하기 위해서 가지고 있는 것은 무엇이며, 최대의 영향력을 발휘하기 위해서는 어떻게 해야 하는가? 그리고 그 영향력을 어떻게 사용하겠는가?

문제 풀이

★ 생각 던지기

1

	갑	을	병
게임 전	$\frac{7}{30}$ ($\frac{14}{60}$)	$\frac{10}{30}$ ($\frac{20}{60}$)	$\frac{13}{30}$ ($\frac{26}{60}$)
게임 후	$\frac{3}{12}$ ($\frac{15}{60}$)	$\frac{4}{12}$ ($\frac{20}{60}$)	$\frac{5}{12}$ ($\frac{25}{60}$)

4 $a=14$라고 가정하면, [보기]의 수들을 $a, a+3, a+6, 2a, 2a+6$으로 나타낼 수 있다.
이때, A가 가져간 수가 $a+3, 2a+6$이면 그 합은 $3a+9$가 된다.
B가 가져간 수가 $a, a+6$이면 그 합은 $2a+6$이 된다.
따라서 두 사람이 가져간 공의 비가 $3(a+3) : 2(a+3)$이므로 $3 : 2$의 비가 성립한다. 그러면 남는 수는 $2a$이므로 28이 쓰인 공이 남는다.

• 다른 풀이
두 사람이 가져간 공의 합의 비가 $3 : 2$이므로 4개의 합은 5의 배수가 된다. 5개의 공에 적힌 수들의 합은 ⑭ + ⑰ + ⑳ + ㉘ + ㉞ = 113이다. 따라서 5로 나눈 나머지가 3이 되는 숫자, 즉 28이 쓰인 공이 남는다.

5-1 2천만 명이 정당 투표를 했을 때, 1천만 명이 1번 당(50%), 4백만 명이 2번 당(20%), 6백만 명이 3번 당(30%)을 찍었다면, 47명의 50%인 23.5명을 1번 당, 20%인 9.4명을 2번 당, 30%인 14.1명을 3번 당에 배분한다.

5-2 비례대표는 다수대표제(소선거구제)나 지역구 위주의 선거제도의 단점을 보완하는 제도다. 다수대표제는 하나의 선거구에서 가장 많은 표를 얻은 후보가 당선된다. 예컨대, A지역구에서 가 후보가 득표율 30%로 당선되면 나머지 70%는 사표(死票)가 된다. 또한 지역구 위주의 선거제도는 여성, 장애인 등 소수자의 당선 가능성이 떨어진다. 비례대표제는 이 같이 사표를 방지하고, 소수 정당에 대한 대표성을 보장하고, 소수자의 정치 참여를 장려하여 거대 정당의 독점을 방지하는 역할을 한다.

비례대표제로 뽑힌 의원은 본인의 지역구가 없기 때문에 자유롭다. 눈치를 볼 필요가 없기 때문에 일을 제대로 할 때는 장점이지만, 잘못 일하거나 놀 때에도 견제를 받지 않는다는 것이 단점이다. 또한 유권자는 단지 정당에만 투표할 수 있기 때문에 비례대표 후보 중에 마음에 들지 않는 후보가 있더라도 당선이 될 수 있다. 따라서 비례대표 정치인은 무엇보다 도덕성이 매우 중요하다.

6 하나와 두나 모두 숫자를 제대로 세었다는 것이 중요하다. 6/11과 5/9를 통분하면 각각 54/99, 55/99가 된다. 정확한 비율은 다르지만 실제 학생 수는 같으며, 하나가 센 여학생의 수가 한 명 적다. 여기서 하나가 여자이고 두나가 남자라면 앞의 조건이 성립된다. 자기 자신에게 보이는 학생 수를 세었으니 자신은 제외되었기 때문이다. 따라서 이 학급의 학생 수는 100명이고 여자는 55명이다.

★ 생각 넓히기

4-1 광고 전 제품의 선호도의 비율을 r_1, 광고 후 제품의 선호도 비율을 r_2라고 하자. 광고 전 세 제품 A, B, C의 선호도의 비가 13 : 9 : 2이므로 비례상수 $k_1(k_1 \neq 0)$이라 하면 각 제품을 선호하는 고객의 수는 $13k_1, 9k_1, 2k_1$이므로,

A제품: $r_1 = \dfrac{13k_1}{13k_1 + 9k_1 + 2k_1} = \dfrac{13}{24}$, B제품: $r_1 = \dfrac{9k_1}{13k_1 + 9k_1 + 2k_1} = \dfrac{9}{24}$, C제품: $r_1 = \dfrac{2k_1}{13k_1 + 9k_1 + 2k_1} = \dfrac{2}{24}$

광고 후 세 제품 A, B, C의 선호도 비가 9 : 7 : 4이므로 비례상수 $k_2(k_2 \neq 0)$이라 하면 각 제품을 선호하는 고객의 수는 $9k_2, 7k_2, 4k_2$이므로,

A제품: $r_2 = \dfrac{9k_2}{9k_2 + 7k_2 + 4k_2} = \dfrac{9}{20}$, B제품: $r_2 = \dfrac{7k_2}{9k_2 + 7k_2 + 4k_2} = \dfrac{7}{20}$, C제품: $r_2 = \dfrac{4k_2}{9k_2 + 7k_2 + 4k_2} = \dfrac{4}{20}$

따라서 광고 전과 광고 후 제품 선호도의 변화율을 계산하면

A: $r_2 - r_1 = \dfrac{9}{20} - \dfrac{13}{24} = -\dfrac{11}{120}$, B: $r_2 - r_1 = \dfrac{7}{20} - \dfrac{9}{24} = -\dfrac{3}{120}$, C: $r_2 - r_1 = \dfrac{4}{20} - \dfrac{2}{24} = \dfrac{14}{120}$ 이므로,

제품 C만 광고 효과를 본 것이다.

★ 생각 나누기

4-1 주주 총회에서 50%가 넘는 방법은 다음 네 가지다.
① 강대포(40)+무배짱(30), ② 무배짱(30)+노패배(30),
③ 노패배(30)+강대포(40), ④ 강대포(40)+무배짱(30)+노패배(30)
여기서 강대포가 빠지면 50%를 못 넘는 경우는 ①, ③번으로 두 가지이고,
무배짱이 빠지면 50%를 못 넘는 경우는 ①, ②번으로 두 가지이다.
따라서 강대포나 무배짱은 영향력에서 차이가 없다. 즉 보다 더 많은 주식을 보유하고 있어도 그 영향력에는 차이가 없다.

4-2 주주총회에서 70%가 넘는 방법은 다음 세 가지다.

① 강대포(40)+무배짱(30), ② 강대포(40)+노패배(30),

③ 강대포(40)+무배짱(30)+노패배(30)

강대포가 빠지면 70%를 못 넘는 경우는 ①, ②, ③번으로 세 가지이고,

무배짱이 빠지면 70%를 못 넘는 경우는 ①번으로 한 가지이다.

따라서 강대포의 영향력이 무배짱의 영향력보다 무려 3배나 높다.

이처럼 일상생활의 주어진 조건 안에서 의사 결정을 할 때, 찬성에 필요한 비율을 높이면 내가 적은 비율의 영향력을 가지고 있어도 상대적으로 더 큰 영향력을 발휘할 수 있음을 알 수 있다.

10 부정방정식 – 물이 깊어야 배를 띄울 수 있다

세상을 살아가다 보면 수많은 삶의 걸림돌을 만나게 된다. 걸림돌을 디딤돌로 만들기 위해 가장 중요한 것은 두려움을 극복하고 도전하는 일이다. 부정방정식의 개념과 원리를 통해 문제를 해결하는 역량을 기르고 결정되지 않은 삶의 소중함을 발견할 수 있다.

(가) 부정방정식(不定方程式)이란 미지수의 수보다 방정식의 수가 적을 때 일정한 근이 아닌 무한히 많은 근을 가지는 방정식을 말한다. 근에 대하여 정수 조건이나 실수 조건 등이 주어지면 그 근이 확정될 수도 있다.

GAME

(나) 준호는 친구들과 방탈출 게임을 하고 있었다. 마지막 방을 나가기 위해서는 자물쇠의 비밀번호를 알아내야 했는데, 자물쇠에는 다음과 같은 조건이 있었다.

> "방정식 $2x+9y+8z=25$를 풀어라. $2x-3y$가 자물쇠의 비밀번호이다. 단, x, y, z는 음이 아닌 정수이다"라는 말과 함께 "$x+y+4z=9$이다"라는 힌트가 적혀 있었다.

준호는 방에 숨겨진 다른 힌트를 찾아내지 못해 직원에게 힌트를 요청하였다. 직원은 "가장 작은 값을 가지는 문자는 z입니다"라는 힌트를 주었다. 자물쇠의 비밀번호는 무엇인가?

(다) 정해져 있는 것은 하나도 없다
아니 너무 정해진 것들이 많아
일정한 틀을 벗어나고 싶은지도 모른다
꼭 이 길을 가야만 하는 게 아닌데
사람들은 이 길을 가야만이
인생이 성공하는 것처럼 말한다
사랑도 인생도 모든 게 틀이 있는 것은 아닌데
마치 짜맞추기 시합이라도 벌이는 듯
하나를 향하여 달리기 경주를 하는 것 같다

인생은 퍼즐과도 같은데
순간순간이 소중한 퍼즐 한 조각인데
한 조각이라도 빠지면 퍼즐은 미완성이 되고 말지만
꼭 인생이 완성되어야 할 퍼즐 게임도 아니지 않은가
시간과 경주를 벌이고 더 많은 것을
소유하기 위해 자신을 내어던진다
인생은 그게 아닌데
조금 늦게 가면 어떠랴
가다가 들꽃 향기도 맡아 보고
가다가 파아란 하늘에 양떼구름도 보고
서녘 바람 냄새도 맡아 보는 거지

— 루이제 린저, 〈생의 한 가운데〉 중

GAME

(라) 다음 순서에 따라 월급과 세금을 결정해 보자. 당신이 시민이고 세금보다 많은 월급을 받으려면 월급을 어떻게 선택해야 하는가?

1	2	3	4	5
6	7	8	9	10
11	12	13	14	15
16	17	18	19	20
21	22	23	24	25
26	27	28	29	30

1) 다음 세금 표에서 시민이 먼저 월급으로 받을 수를 선택한다.
2) 세무사는 표 안에 남아 있는 수 중 시민이 고른 수의 모든 약수를 세금으로 걷는다.
3) 표에서 월급으로 받을 수와 세금이 되는 모든 수는 삭제된다. 이 과정을 반복한다.
4) 시민은 세금이 없는 수를 월급으로 선택할 수 없다.
5) 더 이상 선택할 수 없으면 표에 남아 있는 모든 수가 세금이 된다.

(마) 세 명의 친구가 한 명당 관람료가 10000원인 연극을 보러갔다. 각자 10000원씩 냈는데 매표원이 5000원을 할인해 주었다. 세 사람은 각각 1000원씩 돌려받고 남은 돈 2000원으로 팝콘을 샀다. 잠시 후 계산을 해 보았다. 각각 1000원씩 돌려받았으므로 결과적으로는 9000원을 낸 것과 같으므로 지불한 돈은 총 27000원이 되고, 여기에 팝콘 값 2000원을 더하면 29000원이 된다. 그렇다면 1000원은 어디로 간 것인가?

생각 던지기

1 글 (가)를 근거로 글 (나)에 제시된 문제를 해결하여라.

1-1 방정식 $x^2-4xy+5y^2-10y+25=0$을 만족시키는 실수 x, y의 값을 구하여라.

1-2 분수 $\frac{1}{5}$을 $\frac{1}{5}=\frac{1}{6}+\frac{1}{30}=\frac{1}{10}+\frac{1}{10}$과 같이 나타낸 것처럼, 분수는 분자가 1이고 분모가 자연수인 두 분수의 합으로 나타낼 수 있다. $\frac{1}{5}$은 두 가지 방법이 있는데 $\frac{1}{6}$은 몇 가지 방법이 있는가?

2 다음은 영화 〈다이하드3〉에 나오는 문제다. 글 (가)를 근거로 다음 문제를 해결하여라.

> 맥클레인은 사이먼의 폭탄 테러를 막기 위해 사이먼과 '사이먼 가라사대' 수수께끼를 진행한다. 사이먼은 분수대 앞에 폭탄이 설치되어 있고 그 위에 정확한 양의 물을 올려놓아야 폭탄이 멈출 것이라고 한다.
> 분수대에는 3l짜리와 5l짜리의 빈 물통 2개가 있는데, 4l의 물을 정확하게 담아서 폭탄 저울 위에 올려놓으면 타이머가 멈춘다. 조금이라도 틀리면 폭발하니까 정확해야 한다. 2분 안에 문제를 해결하지 않으면 폭탄이 터진다.

3 글 (가)를 근거로 글 (라)와 (마)에 제시된 문제를 해결하여라.

3-1 글 (라)에 나타난 월급과 세금의 관계에 대하여 대한이는 다음과 같이 주장한다. 이에 대해 자신이 생각하는 의미를 나누어 보자.

> 노동에 대한 대가(代價)의 의미는 두 가지다. '봉급(俸給)'은 자신에게 맡겨진 일을 감사와 기쁨으로 최선을 다한 데 대한 결과로 주어진 것으로 섬김이 우선순위이다. 반면 '월급(月給)'은 노동의 대가가 우선이다. 이러한 차이에 따라 세금의 의미도 달라야 한다.

3-2 글 (마)는 일상생활에서 충분히 있을 수 있는 일이다. 이에 대한이는 1000원의 행방에 대하여 '잃어버린 것이 아니라 발견하는 것'이라고 주장한다. 이런 상황에서 발생할 수 있는 인간관계의 문제에 대하여 이야기해 보자.

4 다음 시를 읽고 글 (가)에서 설명하고 있는 부정방정식의 개념을 글 (다)와 연결하여 설명하여라.

> 길이 끝나는 곳에 산이 있었다
> 산이 끝나는 곳에 길이 있었다
> 다시 길이 끝나는 곳에 산이 있었다
> 산이 끝나는 곳에 네가 있었다
> 무릎과 무릎 사이에 얼굴을 묻고 울고 있었다
> 미안하다 너를 사랑해서 미안하다
>
> — 정호승, 〈미안하다〉

 생각 넓히기

1 글 (다)를 읽고, 다음 상황과 관련하여 물음에 답하여라.

> 선생님께서 10000원을 주면서 다음과 같이 심부름을 시키셨다.
> - 5000원짜리 물건을 구입해 오라.
> - 20000원짜리 물건을 구입해 오라.

1-1 위에서 연립방정식과 부정방정식의 개념과 관련된 상황은 무엇인가?

1-2 내가 심부름을 해야 하는 입장이라면 긍정적인 관점과 부정적인 관점에서 어떻게 대처할 것인지 각각의 상황에 대한 자신의 생각을 나누어 보자.

2 다음은 장자(莊子)의 말이다. 우리는 꿈을 가지고 살아가는 존재이다. 지금 부정방정식의 상황에 있다면, 그 꿈을 이루기 위해 어떻게 살아갈 것인지 말하고 자신의 꿈을 향한 로드맵을 생각해 보자.

> 水之積也不厚 則其負大舟也無力 (수지적야불후 즉기부대주야무력)
> 風之積也不厚 則其負大翼也無力也 (풍지적야불후 즉기부대익야무력야)

3 다음 글에서 말하는 '문제 해결'과 '절박한 상황'을 글 (가)의 수학적 개념에 빗대어 설명하여라.

> 심적으로 부담을 주는 어떤 문제나 장애물은 오히려 최고의 정신 상태에서 목표 달성을 위해 노력하게 만드는 동기부여가 된다. 또한 삶의 불가피한 문제와 어려움을 해결함으로써 더욱 강인해지고 현명해지기 위해 능력을 최대로 발휘하게 된다. (중략) 문제가 절박하면 절박할수록, 문제를 해결하기 위해 투자하는 감정이 많아지면 많아질수록 오히려 창조적이 된다.
>
> — 브라이언 트레이시, 《백만장자 코드》

4 차량을 운전하다 보면 아무리 교통 법규를 지키며 안전 운전을 하더라도 예기치 않게 사고가 일어날 수 있다. 문제는 그다음이다. 교통사고가 일어났을 경우 어떻게 대처해야 하는가?

4-1 뺑소니 사고란 무엇이며, 뺑소니 사고가 범죄인 이유는 무엇인가?

4-2 대한, 민국, 만세가 길을 걷다가 우연히 뺑소니 차량을 목격했다. 그러나 그 누구도 네 자리의 차량번호를 정확히 기억하지 못했다. 다행히도 셋은 저마다 차량번호의 특징을 기억했다. 조건에 맞는 뺑소니 차량의 번호는 무엇인가?

> - 대한이는 번호판의 앞자리 두 숫자가 같음을 기억했다.
> - 민국이는 뒤에 두 자리 숫자가 같음을 기억했다.
> - 만세는 네 자릿수가 한 숫자의 제곱과 같음을 기억했다.

— tvN, 〈문제적 남자〉

💬 생각 나누기

1 다음 글을 읽고 부정방정식의 개념과 원리에 근거하여 설명하여라.

> 스승의 날에 제자들이 교수님을 찾아왔다. 교수님은 제자들에게 미션을 주었다. 바로 김포공항에 있는 비행기를 들어 보고 와서 소감을 이야기해 보라는 것이었다. 이에 대한 제자들의 반응은 다음과 같이 갈렸다.
> 제자 A: "교수님! 말도 안 됩니다"라며 손사래를 쳤다.
> 제자 B: "예"라고 답했지만, 가 보지 않고 불가능하다고 보고했다.
> 제자 C: 불가능하다고 생각은 했지만 교수님이 말씀하셨으니 공항에 가서 비행기를 들려고 노력해 본 다음 보고했다.
> 제자 D: 교수님의 깊은 뜻이 있을 것이라고 생각하고 공항에 가서 최선을 다해 고민해 본 다음, 힘으로는 불가능하고 비행기에 탑승하여 비행하는 방법을 배우면 된다고 보고했다.

1-1 교수님은 어떤 제자의 행동 방식을 기대하였을까?

1-2 그 이유를 부정방정식의 개념과 원리에 근거하여 설명하여라.

2 우리는 세상을 살아가며 수많은 걸림돌을 만나게 된다. 이러한 걸림돌을 디딤돌로 만들어 가며 문제를 해결하는 데 가장 중요한 것은 두려움을 극복하고 도전하는 일이다. 다음 두 사자성어를 이용하여 방정식과 부정방정식의 관점에서 삶의 지혜를 발견해 보자.

> - 명목장담(明目張膽): 두려워하지 아니하고 용기를 내어 일을 한다.
> - 이란투석(以卵投石): 계란으로 돌을 치다. 약한 것으로 강한 것에게 덤비다. 무모하고 어리석은 행동을 의미한다.

3 부정방정식의 개념과 원리를 통해 배울 수 있는 교훈을 다음과 같이 나누어 보자.

- 우리 인생은 부정방정식과 같이 하나로 정할 수 없다.
- 인생의 목표를 이루는 방법은 다양하다.
- 인생의 목표를 분명히 하자.
- 자신만의 색깔을 가지고 살아가는 것이 중요하다.

4 철수는 과일 파는 일을 한다. 그는 오전에는 과일 30개를 1000원에 2개씩 팔고, 오후에는 과일 30개를 1000원에 3개씩 팔아 하루에 과일 60개씩을 팔았다. 1000원에 2개씩 판 과일 30개의 금액은 15000원이고, 1000원에 3개씩 판 과일 30개의 금액은 10000원이므로 과일의 하루 판매 금액의 총액은 25000원이었다. 다음날 철수는 60개의 과일을 내놓으면서 어제처럼 오전에는 1000원에 2개, 오후에는 3개씩 나누어 팔게 아니라 오전 오후에 관계없이 5개에 2000원씩 받고 팔기로 하였다. 저녁이 되자 과일은 2000원에 5개씩 전부 다 팔렸는데 돈을 세어 보니 24000원밖에 되지 않았다. 왜 1000원이 모자라는 것일까?

5 부정방정식은 연립방정식의 하위 개념이다. 다음 글을 읽고 연립방정식과 부정방정식의 관계를 설명해 보자.

당신은 거센 폭풍우가 몰아치는 밤길에 운전을 하고 있습니다. 마침 버스 정류장을 지나는데 세 사람이 버스를 기다리고 있습니다.

- 죽기 직전으로 보이는 쇠약한 할머니
- 당신의 생명을 구해 주었던 의사 선생님
- 당신이 꿈에 그리던 이상형

세 사람 중에 한 명만 차에 태울 수 있다면, 누구를 태우겠습니까?

5-1 연립방정식의 관점에서 자신의 생각을 서술하여라.
5-2 부정방정식의 관점에서 자신의 생각을 서술하여라.

문제 풀이

★ 생각 던지기

1 (나) $x+y+4z=9$라는 조건이 주어졌으므로 $2x+9y+8z=25$와 연립하면 $y=1$이다. y를 $x+y+4z=9$에 대입하면 $x+4z=8$이다.
준호가 다른 힌트를 찾지 못해 직원에게 힌트를 요청한 것은 일정한 근을 구하기 위한 조건이 부족한 부정방정식의 상황이다.
x, y, z는 음이 아닌 정수이기 때문에 $x+4z=8$을 만족하는 순서쌍$(x, z)=(0, 2), (4, 1), (8, 0)$으로 3개이다. 여기서 z가 가장 작은 값을 가지기 때문에 $(8, 0)$이 방정식을 만족한다. $x=8, y=1, z=0$이다.
따라서, 자물쇠의 비밀번호 $2x-3y$는 13이 된다.

1-1 $x^2-4xy+5y^2-10y+25=0$, $(x-2y)^2+(y-5)^2=0$에서
$x-y, y-5$는 실수이므로 $x=y=5$이다.

1-2 $\dfrac{1}{6}=\dfrac{1}{a}+\dfrac{1}{b}$ (a, b는 자연수, $a \leq b$)
$ab=6a+6b$ ∴ $(a-6)(b-6)=36$
$36=1×36=2×18=3×12=4×9=6×6$이므로
$(a-6, b-6)=(1, 36), (2, 18), (3, 12), (4, 9), (6, 6)$
∴ $(a, b)=(7, 42), (8, 24), (9, 18), (10, 15), (12, 12)$
따라서 5가지 방법이 있다.

2 이 문제는 $3x+5y=4$, x, y는 정수일 때, 순서쌍(x, y)을 모두 구하라는 의미와 같다.
$(x, y)=(-2, 2)$를 사용
$\begin{cases} 3x+5y=4 \\ 3×(-2)+5×(2)=4 \end{cases}$ ⇨ $3(x+2)+5(y-2)=0$ ⇨ $3(x+2)=5(2-y)$
여기서 x, y는 정수이므로 $x+2, 2-y$ 또한 정수이고, 3과 5는 서로소이므로
$x=5k-2, y=-3k+2$
따라서, 임의의 정수 k값에 따라 무수히 많은 해를 구할 수 있다.

또는, 처음에 $5l$ 물통에 물을 가득 부어서 옆의 $3l$ 물통을 채운다. 그러면 $5l$ 물통에는 물 $2l$가 남는다. $3l$ 물통의 물을 다 따라 버려 빈 통을 만든 후에 $5l$ 물통에 있는 물 $2l$를 다시 $3l$ 물통에 붓는다. 마지막으로 $5l$ 물통을 다시 가득 채운 후에 $3l$ 물통을 마저 채워 놓으면 $5l$ 물통에는 $4l$의 물이 남는다.

3 (라) 해설

이 문제에는 무수히 많은 풀이가 존재한다.

〈가능한 해답〉

시민	29	25	15	21	27	26
세금	1	5	3	7	9	2, 13

시민	18	22	30	20	16	24	28
세금	6	11	10	4	8	12	14

시민이 표에서 색칠한 칸에 적힌 숫자를 선택하면, 납부해야 하는 세금은 표 아래 칸과 같다.

이때, 시민이 받는 월급은 29+25+15+21+27+26+18+22+30+20+16+24+28=301이다.

세금은 월급과 함께 계산된 1+5+3+7+9+2+13+6+11+10+4+8+12+14=105에,

선택되지 못하고 남은 숫자 17, 19, 23을 더하여 총 164이다.

이렇게 하면 월급이 세금보다 많으므로 해답이 된다.

(마) 해설

이 문제는 계산 방식이 잘못되었다. 일단 세 사람이 지불한 30000원 중에 5000원을 돌려받았으므로 매표원이 받은 돈은 25000원이다. 그래서 25000원+1000원+1000원+1000원+2000원=30000원이 되는 것이다. 세 사람이 각각 지불한 돈을 따져 보면 9000원이 아니라 25000/3=8333.33333…원이다. 여기서 1000원씩 돌려받았으므로 각각 9333.33333…원씩 낸 것이다. 따라서 9333.33333…원에 3을 곱하면 28000원이 되고 여기에 팝콘 값 2000원을 더하면 30000원이 된다. 즉, 세 사람이 각각 9000원을 냈다는 문장에 모순이 숨어 있던 것이다.

★ 생각 넓히기

4-2 AABB=1100A+11B=11(100A+B)

A, B는 0에서 9 사이의 한 자리 숫자여야 한다.

100A+B=A0B 꼴로 표현된다.

A0B는 11로 나누어떨어져야 한다. 그리고 완전제곱수이어야 하므로

A0B=C^2×11=704(C에 8을 대입)

AABB=1100A+11B=11(100A+B)=11^2×8^2=88^2

★ 생각 나누기

5 방정식의 관점에서는 오직 한 사람을 태우기 위해 고민하겠지만 항등식의 관점에서 보면 모든 사람을 만족시킬 수 있다. 항등식의 관점에서는 다음과 같이 답할 수 있다. "나는 내 자동차를 의사 선생님에게 주어 할머니를 병원에 모셔다 드리도록 하겠다. 그리고 나는 꿈에 그리던 이상형의 여인과 함께 버스를 기다리겠다."

11 기수법 – 표현은 다르나, 본질이 같다

기수법의 개념과 원리를 통해, 자신만의 문화를 이해하고 각자의 문화에 대한 이해와 인정의 자세가 필연적임을 발견할 수 있다.

(가) 무인도에 표류한 로빈슨 크루소는 섬에 갇힌 기간이 점점 늘어남에 따라 세야 할 날짜의 수도 그만큼 늘어났다. 매일 하나씩 선을 그어서 날짜를 세는 것은 불편할 뿐만 아니라 부정확했다. 결국 로빈슨 크루소는 선을 제대로 긋지 못해 날짜 계산에서 하루가 빠져 버렸다는 것을 나중에 알게 되었다. 이 문제를 해결하기 위해 로빈슨 크루소는 어떠한 방법을 사용했을까?

(나) 다음과 같이 일부분이 훼손된 보물지도가 있다.

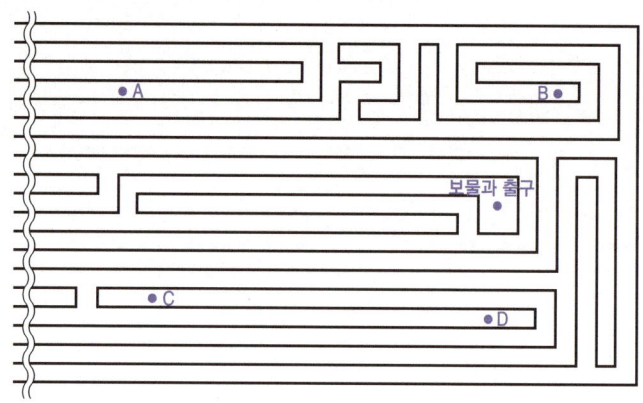

보물지도의 미로를 만드는 선은 아래와 같이 원에서 변형된 것이다.

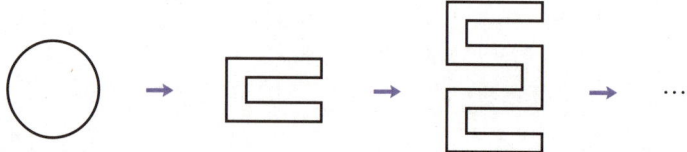

미로에는 보물이 있는 곳에서 외부로 바로 통하는 지하 통로가 있다. A, B, C, D 네 곳 중 어디에서 출발해야 보물을 찾아 빠져나갈 수 있을까?

GAME

(다) 다음 테이블 A~E는 기수법의 원리에 의해 작성된 것이다.

A			
1	3	5	7
9	11	13	15
17	19	21	23
25	27	29	31

B			
2	3	6	7
10	11	14	15
18	19	22	23
26	27	30	31

C			
4	5	6	7
12	13	14	15
20	21	22	23
28	29	30	31

D			
8	9	10	11
12	13	14	15
24	25	26	27
28	29	30	31

E			
16	17	18	19
20	21	22	23
24	25	26	27
28	29	30	31

기억된 숫자
?

다음과 같이 게임을 해 보자.

1) 마음속으로 숫자를 정한다.
2) 그 숫자가 적힌 카드가 어디에 있는지 말한다.
3) 다른 사람들은 출제자가 생각한 숫자를 맞춘다.

(라) 이제 어디를 가나 아리바바의 참깨
주문 없이도 저절로 열리는 자동문 세상이다
(중략)
그때마다 우리의 손은 조금씩 퇴화하여 간다
하늘을 멀뚱멀뚱 쳐다만 봐야 하는 날개 없는 키위새
머지않아 우리들은 두 손을 잃고 말 것이다
정작, 두 손으로 힘겹게 열어야 하는 그, 어떤, 문 앞에서는
키위 키위 울고만 있을 것이다

- 유하, 〈자동문 앞에서〉

📖 생각 던지기

1 글 (가)에서 로빈슨 크루소가 사용했던 방법은 무엇이었을까?

2 [보기]와 같이 어떤 규칙에 의해 숫자들이 나열되어 있을 때, A00A−1010의 값과 같은 것은 무엇인가?

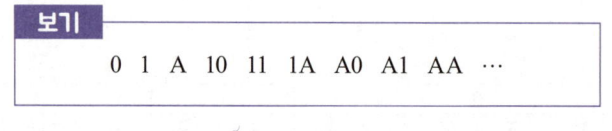

① AAA　② A0A　③ AA0　④ AA1　⑤ A1A

3 어떤 수 $\frac{a_1}{3}+\frac{a_2}{3^2}+\frac{a_3}{3^3}+\cdots+\frac{a_n}{3^n}=0.a_1a_2a_3\cdots a_{n(3)}$ 이 있다.
수직선 위의 폐구간 [0, 1]을 삼등분하여 중간의 개구간을 버리고, 남은 각 구간들을 각각 삼등분하여 중간의 개구간들을 버리는 과정을 3회 반복했을 때, 다음 중 남은 구간에 속하는 수는 무엇인가?

① $0.1021_{(3)}$　② $0.2102_{(3)}$　③ $0.0122_{(3)}$　④ $0.2212_{(3)}$　⑤ $0.2021_{(3)}$

4 우리가 주로 사용하는 수는 10진법의 수이다. 하지만 세상에는 10진법 외에도 수많은 진법들이 사용되고 있다. 어떤 것들이 있는지 말해 보자.

5 글 (라)는 2진법의 원리가 상용화된 컴퓨터의 발달로 인하여 일어날 수 있는 사회현상을 표현한 시(詩)이다.

5-1 4차산업혁명 시대의 특징을 설명하고 그에 따른 우리의 자세를 생각해 보자.

5-2 영화 〈스니커즈〉에 나오는 비숍과 코스모의 대화에서 코스모는 "세상은 더이상 무기나 에너지, 돈으로 움직일 수 없게 됐어. 이젠 0과 1, 그리고 자료의 조각들에 의해 세상은 좌지우지돼. 모든 게 전자 세상이야"라고 말한다. 이 영화를 감상하고 그 의미에 대해 생각을 나누어 보자.

6 글 (나)와 (라)의 공통점은 2진법 원리가 적용되었다는 것이다.

  6-1 글 (나)의 물음에 답하여라.

  6-2 세상을 살다 보면 그림과 같이 삶의 미로에 빠질 수 있다. 삶의 미로가 생기는 원인은 무엇이며, 그 상황을 어떻게 극복할 것인지 글 (나)와 (다)에 근거하여 설명하여라.

생각 넓히기

1 다음 글에서도 기수법의 원리를 찾을 수 있다. 물음에 답하여라.

> ⓐ 어느 날 피보나치는 아버지가 양팔저울과 1g짜리 추 40개를 이용하여 무게가 1~40g까지인 물건들의 무게를 하나하나 재는 모습을 보았다. 피보나치는 호기심을 가지고 좀 더 효율적으로 무게를 잴 수 없을까 궁리했다. 생각 끝에 피보나치는 무게가 서로 다른 추 4개와 양팔저울만을 이용해 1~40g까지의 물건들의 무게를 모두 잴 수 있었다.

  1-1 피보나치가 사용한 네 가지 추의 무게는 각각 몇 그램이었을까?

  1-2 밑줄 친 ⓐ에서 아버지의 모습을 지켜본 피보나치가 호기심을 가지고 접근하는지, 답답한 마음으로 접근하는지에 따라 상황은 전혀 다르게 받아들여질 것이다. 이에 대한 자신의 생각을 나누어 보자.

2 다음은 《이상한 나라의 앨리스》 제2장 '눈물 연못'에 나오는 앨리스의 독백이다.

> Let me see: Four times five is twelve, and four times six is thirteen, and four times seven is … oh dear! Shall never get to twenty at that rate!

  2-1 앨리스의 곱셈은 영원히 20에 도달하지 못한다고 한다. 그 이유를 설명하여라.

  2-2 윗글에 나온 내용은 우리가 흔히 생각하는 방식에 따르면 틀린 수식이지만, 관점을 바꾸어 생각하면 수학적으로도 옳은 설명이다. 나는 평소에 어떤 관점으로 사람을 평가하는지 생각해 보자.

GAME 3 아래 그림과 같은 테이블에서 다음과 같은 순서에 따라 움직여 보자.

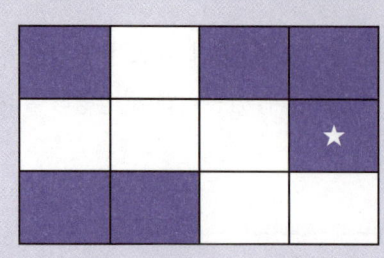

1) 색칠된 타일에 손가락을 올린다.
2) 오른쪽이나 왼쪽 중 가장 가까운 흰색 타일로 이동
3) 위아래 중 가장 가까이에 있는 색칠된 타일로 이동
4) 대각선으로 가장 가까이에 있는 흰색 타일로 이동
5) 오른쪽이나 왼쪽 중 가장 가까운 색칠된 타일로 이동

정해진 순서를 따라가다 보면 출발은 다르지만 결과는 늘 동일하게 ★에 도착한다. 그 원리가 무엇인지 설명하여라.

GAME 4 글 (다)에 제시된 게임의 방법과 원리를 생각해 보고, 3진법의 원리로 게임 테이블을 만들어 보자.

생각 나누기

1 '무지개 색은 몇 가지일까?'라는 질문에 대한이는 빨, 주, 노, 초, 파, 남, 보, 7가지라고 답했고, 민국이는 빨간색과 주황색 사이에는 경계 지을 수 없는 무한한 색들이 있기 때문에 무한 가지라고 답했다. 다음 글의 밑줄 친 ⓐ의 관점에서 대한이와 민국이의 주장에 대한 자신의 생각을 나누어 보자.

> 우리는 4/3이라는 숫자를 알고 있습니다. 1.333…이라는 숫자로 표현할 수 있죠. 하지만 이것은 10진법일 때입니다. 2개의 숫자만 사용하여 나타낸다면 1.010101010이 되는데 이것을 2진법이라고 합니다. 이처럼 몇 가지 숫자를 사용하느냐에 따라 ⓐ<u>본질은 같으나 현상은 다양하게 표현될 수 있습니다.</u>
>
> - 〈테드(TED)〉 강연 '수학은 세상을 이해하는 비밀입니다'

2 세상에는 수많은 진법들이 있다. 그 원리를 이해할 수 없다면 어떻게 될까? 다음 글을 읽고 물음에 답하여라.

> 발로 차도 그 보람이 없는 걸 보자, 남편은 아내의 머리맡으로 달겨들어, 그야말로 까치집 같은 환자의 머리를 꺼들어 흔들며,
> "이년아, 말을 해, 말을! 입이 붙었어, 이 오라질 년!" "……"
> "으응, 이것 봐, 아모 말이 없네." "……"
> "이년아, 죽었단 말이냐, 왜 말이 없어?" "……"
> "으응, 또 대답이 없네. 정말 죽었나 버이."
> 이러다가, 누운 이의 흰 창이 검은 창을 덮은, 위로 치뜬 눈을 알아보자마자,
> "이 눈깔! 이 눈깔! 왜 나를 바루 보지 못하고 천정만 보느냐, 응?"
> 하는 말끝엔 목이 메이었다. 그러자, 산 사람의 눈에서 떨어진 닭의 똥 같은 눈물이 죽은 이의 뻣뻣한 얼굴을 어룽어룽 적시었다. 문득 김 첨지는 미친 듯이 제 얼굴을 죽은 이의 얼굴에 한데 부벼대며 중얼거렸다.
> "설렁탕을 사다 놓았는데 왜 먹지를 못하니, 왜 먹지를 못하니… 괴상하게도 오늘은 운수가 좋더니만…"
>
> – 현진건, 〈운수 좋은 날〉

2-1 주인공 '김 첨지'는 자신의 아내에게 욕을 하지만 속으로는 아내를 사랑하는 마음을 지니고 있다. 이러한 점을 n진법과 연결시킨다면 김 첨지의 겉모습은 매우 거칠어 보이지만 본질은 아내를 사랑하는 마음으로 가득 차 있는 것을 알 수 있다. 김 첨지의 진심을 알기 위해서는 몇 진법으로 접근해야 하는가?

2-2 겉보기에는 틀려 보여도 수단이나 방법을 달리 선택한다면 실제로는 옳을 수 있다. 이러한 관점에서 볼 때, 소설에서 아내에게 비속어를 쓰는 김 첨지의 진심은 무엇이었을까? 우리의 삶에서 이와 비슷한 사례를 들어 설명해 보자.

3 드라마 〈선덕여왕〉에서 덕만이는 사로잡혀 중국의 제후 앞에 끌려갔다. 제후는 똑같은 문양의 장기알에 생(生)과 사(死)가 적혀 있으니 생(生)을 고르면 살려 주겠다고 하였다. 그러나 실제로는 둘 다 사(死)가 적혀 있었다. 위기에 놓인 덕만이는 순발력과 판단력을 활용하여 이 상황을 극복했다.

3-1 이와 같은 상황을 덕만이는 어떻게 극복했을까?

3-2 삶에서 나에게도 이러한 상황이 주어진다면 나는 과연 어떻게 극복할 것인가? 다음 글을 중심으로 생각을 나누어 보자.

> 한 고리대금업자에게 빚을 진 사람에게 무척 아름다운 딸이 있었다. 고리대금업자는 빚을 갚지 못하면 딸을 데려가겠다고 하며, 다만 자신이 검은 바둑돌과 흰 돌을 쥐고 있을 테니 흰 돌을 고른다면 빚도 청산하고 딸도 자유롭게 해 주겠다고 말했다. 하지만 고리대금업자는 속임수를 쓰려고 양손에 둘 다 검은 돌을 쥐었다. 이를 눈치 챈 딸은 둘 중 하나를 고르고 바둑돌을 일부러 바닥에 떨어트렸다. 바닥에는 수많은 돌들이 있어서 어떤 것이 떨어진 돌인지 구별할 수 없었고, 다른 손에 쥔 바둑돌로 확인할 수밖에 없었다. 당연히 다른 손에는 검은 바둑돌이 남아 있었고, 결국 딸은 자유의 몸이 되었고 빚도 청산되었다.

3-3 윗글에 대하여 선생님은 방정식과 항등식의 개념을 이용하여 그 의미를 설명하셨고, 대한이는 2진법(기수법)으로 설명하였다. 선생님과 대한이의 설명은 각각 어떤 것이었을지 이야기 나누어 보자.

문제 풀이

★ 생각 던지기

1 로빈슨 크루소는 12진법을 사용했다. 하루가 지날 때마다 막대에 선을 하나씩 그리고, 일곱 번째 눈금은 모양을 조금 달리했다. 그리고 매월 첫째 날은 일주일을 뜻하는 선보다 두 배 길게 눈금을 그었다. 이처럼 로빈슨 크루소는 현재 사용되고 있는 12진법 달력을 만들어서 사용함으로써 날짜 계산에서 오류를 범할 확률을 줄일 수 있었다.

2 A에서 자릿수가 올라가고 있으므로 제시문은 3진수로 나열된 수들이다.
따라서 0, 1, 2, 3, 4, 5, 6, 7, 8, …이 되고, $A=2$이다.
$A00A_{(3)} - 1010_{(3)} = (A \times 3^3 + A \times 3^0) - (1 \times 3^3 + 1 \times 3) = 56 - 30 = 26$
따라서, $26 = 2 \times 3^2 + 2 \times 3 + 2 \times 3^0$이므로 $AAA_{(3)}$이다.

3 정답: ⑤번

4 12진법은 12개의 숫자를 사용하여 12씩 한 묶음으로 하여 한 자리씩 올려가는 방법을 뜻한다. 이를 표기하는 통일된 표기법은 없지만 주로 0, 1, 2, 3, 4, 5, 6, 7, 8, 9, A, B를 사용한다. 우리 생활에 사용되는 대표적인 예로 시간이 있다. 시계를 보면 1부터 12까지의 숫자가 표기되어 있는 것을 확인할 수 있다. 또 다른 예로 1월부터 12월까지 표기되어 있는 달력, 1다스에 12자루씩 들어가는 연필이나, 1피트가 12인치에 해당하는 단위 등이 있다.

6-1 미로는 원이 변형된 것이므로 안과 밖, 두 가지 영역으로 나뉜다. 따라서 선분을 이었을 때 교점의 개수가 짝수이면 같은 영역에 있고, 홀수이면 서로 다른 영역에 있는 것이다. 그러므로 정답은 C지점이다.

★ 생각 넓히기

1 1=1, 2=3-1, 3=3, 4=1+3, 5=9-3-1, 6=9-3, 7=9+1-3
그러므로 1 ,3, 9, 27(g)의 추가 필요하다.

2 루이스 캐럴이 쓴《이상한 나라의 앨리스》제2장 '눈물 연못'에 나오는 앨리스의 독백을 해석하면, "4 곱하기 5는 12이고, 4 곱하기 6은 13, 그리고 4 곱하기 7은… 안 돼! 이런 식으로 가면 20까지는 절대 도달하지 못할 거야!"라는 뜻이다. 얼핏 보면 말도 안 되는 숫자들의 배열 같지만 이것은 10진법으로 나타난 20, 24, 28 등의 숫자를 각각 18, 21, 24진법 등으로 서술한 것이다. 일견에는 4와 13을 곱한 52라는 값을 42진법으로 나타내 42+10이라 생각해 20이라 생각할 수도 있다. 그러나 20이 되려면 42+42와 같은 형식의 더하기가 필요하다.

3 색칠된 타일은 크게 세 가지로 구분할 수 있다. 첫째, 가장 윗줄에 있는 3개의 색칠된 타일이다. 이 3개의 타일은 출발점이 달라도 두 번째 단계에서 맨 윗줄의 흰 타일로 모이게 된다. 이후 같은 과정을 통해 ★ 타일에 도착한다. 둘째, 가장 아랫줄에 있는 2개의 색칠된 타일 역시 두 번째 단계에서 맨 아랫줄 왼쪽 흰 타일로 모이고 이후 같은 과정으로 ★ 타일에 도달한다. 셋째로, 둘째 줄에 있는 문제의 순서대로 움직이면 다시 ★ 타일로 되돌아온다.

4 각 표에 있는 숫자의 1행 1열의 숫자들을 합하면 생각하고 있는 숫자가 된다. 2진법으로 나열된 테이블이기 때문이다.

아래 표는 3진법의 원리로 만들어진 표이다.

1	4	7	10	13	16	19
22	25	28	31	34	37	40
43	46	49	52	55	58	61
64	67	70	73	76	79	A

2	5	8	11	14	17	20
23	26	29	32	35	38	41
44	47	48	53	56	59	62
65	68	71	74	77	80	B

3	4	5	12	13	14	21
22	23	30	31	32	39	40
41	48	49	50	57	58	59
66	67	68	75	76	77	C

6	7	8	15	16	17	24
25	26	33	34	35	42	43
44	51	52	53	60	61	62
69	70	71	78	79	80	D

9	10	11	12	13	14	15
16	17	36	37	38	39	40
41	42	43	44	63	64	65
66	67	68	69	70	71	E

18	19	20	21	22	23	24
25	26	45	46	47	48	49
50	51	52	53	72	73	74
75	76	77	78	79	80	F

27	28	29	30	31	32	33
34	35	36	37	38	39	40
41	42	43	44	45	46	47
48	49	50	51	52	53	G

54	55	56	57	58	59	60
61	62	63	64	65	66	67
68	69	70	71	72	73	74
75	76	77	78	79	80	H

3진법의 원리로 표를 만드는 방법은 다음과 같다.

1에서 80까지의 수를 3진법으로 나타낸다. 이때, $1(=3^0)$의 자리가 1이면, 그 숫자를 1번 카드에 적고, 2이면 2번 카드에 적고, 0이면 적지 않는다. 또 3진법으로 나타낸 수의 $3(=3^1)$의 자리가 1이면 그 숫자를 3번 카드에 적고, 2이면 4번 카드에 적고, 0이면 적지 않는다. 이런 식으로 $54(=3^3 \times 2)$의 자리까지 계속한다.

예를 들어, 48을 3진법으로 나타내면 $48=3^3 \times 1+3^2 \times 2+3 \times 1=1210_{(3)}$이므로 48은 3번, 6번, 7번 카드에 들어 있다. 그리고 3번 카드의 첫 번째 수인 3, 6번 카드의 첫 번째 수인 18, 7번 카드의 첫 번째 수인 27을 더하면 48이 된다.

★ 생각 나누기

2-2 요즘 학생들이 흔히 쓰는 말 중에 '츤데레'라는 단어가 있다. '츤데레'란 겉으로는 싫어하는 티를 내면서도 상대방이 모르게 도움을 주는 '우렁각시' 같은 존재를 가리킨다.

12 약수와 배수 – 나를 찾아 떠나는 삶의 이정표

약수와 배수의 개념과 원리를 통해 내가 누구인지 발견할 수 있으며, 상대가 생각하는 마음속 숫자를 반드시 알아낼 수 있다. 삶에서도 개념과 원리를 알면 세상 모든 일이 쉽지만 모르면 신기할 뿐이다. 개념과 원리를 모르면 아무리 최선을 다한다 할지라도 상대의 계획에 끌려갈 수밖에 없으며 게임에서 패배하는 삶을 살아가게 된다.

(가) 정수 a, b, q 사이에 $a=bq(b \neq 0)$인 관계가 있을 때, a를 b의 배수, b를 a의 약수 또는 인수라고 한다.

> 자연수는 양의 약수 개수에 따라 세 가지로 분류한다. 양의 약수의 개수가 1개인 수 '1', 양의 약수의 개수가 2개인 수를 '소수(素數)', 양의 약수의 개수가 3개 이상인 수를 '합성수'라고 한다.
>
> 배수에는 다음과 같은 성질이 성립한다.
> 2의 배수 판별법: 일의 자리 숫자가 짝수
> 3의 배수 판별법: 각 자릿수의 합이 3의 배수
> 9의 배수 판별법: 각 자릿수의 합이 9의 배수

(나) 인간이 사용하는 수는 주로 10진법을 사용한다. 세 자리의 자연수 N의 백의 자리, 십의 자리, 일의 자리의 숫자가 각각 a, b, c일 때, N이 11의 배수이기 위한 필요충분조건은 $a-b+c$가 11의 배수이면 된다.

GAME

(다) 다음과 같이 따라 해 보면 마음속으로 생각한 숫자를 맞출 수 있다.

> 1) 각 자리의 숫자가 서로 다른 임의의 세 자리 숫자를 마음속으로 생각한다.
> 2) 그 숫자를 거꾸로 적는다.
> 3) 큰 수에서 작은 수를 뺀다.
> 4) 100의 자리 숫자가 무엇인지 말하라.

(라) 카프리카의 불변수는 1949년 인도의 수학자인 카프리카가 발견한 수로 '회생숫자'라고도 불린다. 각 자릿수가 서로 다른 숫자로만 이루어진 임의의 수를 정하고, 여기에 쓰인 숫자를 크기순으로 배열한 뒤 가장 큰 수에서 가장 작은 수를 뺀다. 이와 같은 과정을 반복하여 나오는 수가 바로 카프리카의 불변수이다. 수의 자리(길이)에 따라 회생숫자가 달라진다.

(마) 넓고 넓은 세상은 갖가지 것들이 움직이고 사라지고 나타난다
좁고 좁은 나는 온갖 것들이 다가왔다 없어지고 숨어 버린다
높고 높은 세상은 날아가고 내리고 오른다
낮고 낮은 나는 기고 걷고 뛴다
넓고 높은 세상은 세상대로 좁고
낮은 나는 나대로 그대로의 자연이다

— 윤재신, 〈세상은 세상, 나는 나〉

 생각 던지기

1 다음은 3의 배수와 9의 배수 그리고 4의 배수에 관한 법칙이다. 글 (가)와 (나)를 이용하여 증명하여라.

- 각 자리 수의 합이 3의 배수인 정수는 3의 배수이다.
- 각 자리 수의 합이 9의 배수인 정수는 9의 배수이다.
- 끝 두 자리 수가 4의 배수인 정수는 4의 배수이다.

2 우리는 주로 10진법을 사용한다. 다음 문제에 답하여라.
   2-1 글 (나)를 증명하고, 74385가 9의 배수임을 증명하여라.
   2-2 2-1에서 사용되는 원리가 5진법, 12진법, 60진법에도 성립함을 증명하여라.

약수와 배수 **109**

3 글 (다)에서 어떠한 숫자를 생각하더라도 그 숫자를 맞출 수 있다. 그 원리를 설명하여라.

4 글 (라)는 카프리카의 불변수에 대한 설명이다. 다음을 참고하여 물음에 답하여라.

> 1) 각 자리가 서로 다른 숫자로 이루어진 임의의 수를 정한다.
> 2) 숫자를 크기순으로 배열한 뒤 가장 큰 수에서 가장 작은 수를 뺀다.
> 3) 이 과정을 반복하면 나오는 수가 카프리카의 불변수이다.

4-1 0부터 9까지의 숫자 중에서 서로 다른 두 숫자에 대하여 위의 과정을 통해 카프리카의 불변수가 됨을 증명하여라.

4-2 두 수로 1과 5를 선택했을 때, 위 과정을 거치면 카프리카의 불변수가 됨을 설명하여라.

4-3 세 자리 자연수 495가 회생숫자가 되는 이유를 설명하여라.

5 글 (마)에서 화자가 전달하고자 하는 메시지는 무엇인가?

6 엽서 수집을 좋아하는 한국이가 자신이 모은 엽서를 다음과 같이 자랑했다. 한국이가 모은 엽서는 총 몇 장일까?

> 내가 모은 엽서의 수는 2로 나누면 나머지가 1이 되고, 3으로 나누면 나머지가 2가 되고, 4로 나누면 나머지가 3이 되고, 5로 나누면 나머지가 4가 되고, 6으로 나누면 나머지가 5가 되고, 7로 나누면 나머지가 6이 되고, 8로 나누면 나머지가 7이 되고, 9로 나누면 나머지가 8이 되고, 10으로 나누면 9가 남는다. 그리고 내가 모은 엽서는 3000장이 안 돼.

— tvN, 〈문제적 남자〉

생각 넓히기

1 인간은 수많은 평가를 주고받으며 살아가는 존재이다. 그렇다면 다른 사람으로부터 평가받고 싶은 나의 가치는 무엇이며, 내가 다른 사람을 평가할 때의 기준은 무엇인가?

2 내 삶을 평가할 때 객관적 지표와 주관적 지표가 있을 수 있다. 그 지표는 무엇인지 제시하고 이유를 설명하여라.

3 외적인 지표로 타인을 오해했던 사례를 들고 그 원인이 무엇이었는지 이야기해 보자.

4 글 (가)에서는 자연수를 약수의 개수에 따라 세 가지로 분류한다. 다음 물음에 답하여라.

> ㄱ. 소수는 1과 자기 자신만으로 나누어떨어지는 1보다 큰 양의 정수이다. 이를테면, 2, 3, 5, 7, 11, 13, 17, 19, 23, 29, 31 등은 모두 소수이다. 모든 자연수는 유한 개의 소수의 곱으로 표현할 수 있다. 2개 이상의 소수의 곱으로 표현되는 수를 합성수라고 한다.
>
> ㄴ. 구성원은 공동체를 이루고 그 안에서 공동체의 목표를 이루는 개개인을 말한다. 이러한 구성원들이 지속적이고 반복적인 상호작용을 하며, 그 집단에 대한 소속감 혹은 공동체 의식이 있을 때 그 공동체를 사회집단이라고 한다. 단 두 명으로 구성되어 있다 하더라도 부부는 사회집단이라고 할 수 있다. 구성원 간의 지속적인 상호작용이 이루어지며 같은 가족이라는 소속감이 있기 때문이다.
>
> ㄷ. 인간을 포함한 모든 생물은 주변 환경과 상호 관계를 맺고 있다. 온도, 빛, 물과 같이 생물을 둘러싸고 있는 조건은 생물의 생존과 생장에 영향을 미친다. 생물은 주변 환경으로부터 생존에 필요한 자원을 얻으며, 다른 생물의 먹이가 되지 않도록 스스로를 보호한다. 이와 같이 생물은 주변 환경은 물론 다른 생물과 영향을 주고받으며 조화롭게 살아가는데, 이를 생태계라고 한다.

ㄱ의 '소수, 곱, 합성수'에 상응하는 단어들을 ㄴ과 ㄷ에서 각각 찾고 이유를 설명하라.

ㄱ	소수	곱	합성수
ㄴ	( )	( )	( )
ㄷ	( )	( )	( )

생각 나누기

GAME 1 다음은 369 게임의 규칙이다.

> 1) 1부터 시작하여 숫자를 하나씩 순서대로 말한다.
> 2) 3, 6, 9가 들어간 숫자에서는 말하지 않고 박수를 친다.
> 3) 3의 배수여도 3, 6, 9가 들어가지 않으면 박수를 치지 않는다.
> 4) 3, 6, 9가 들어간 개수에 따라 박수를 치는 횟수도 달라진다. 예를 들어 숫자가 33이라면 3이 두 번 들어갔으므로 박수를 두 번 쳐야 한다.

1-1 1부터 999까지의 숫자 중에서 박수를 쳐야 하는 숫자의 개수를 구하는 방법을 아는 대로 설명하여라.

1-2 1-1 문제의 해결 방법을 통해 알 수 있는 태도에는 성실함과 지혜가 있다. 우리에게는 어떤 삶의 자세가 필요한가?

1-3 369게임의 원리에서 불리는 수와 불리지 않는 수가 있다.

   1-3-1 내 삶에서 소리 나는 것과 소리 나지 않는 것에는 무엇이 있는가?

   1-3-2 둘 사이에 가장 이상적인 관계는 무엇인가?

1-4 다음은 약수와 배수의 특징을 설명한 것이다. 이와 비슷한 개념을 우리 삶 속에서 찾아보고, 이를 통해 알 수 있는 삶의 태도를 유한성과 무한성과 관련지어 이야기 나누어 보자.

> - 모든 정수는 자기 자신의 배수이고, 0은 모든 정수의 배수이다.
> - 0이 아닌 정수는 그 수 자신의 배수인 동시에 약수도 된다.
> - 어떤 수의 배수는 무수히 많지만 약수는 한정되어 있다.

2 글 (마)에서 제시한 내용에 비추어 볼 때, 우리가 지녀야 할 삶의 자세를 이야기하고, 이를 설명할 수 있는 사자성어를 찾아보자.

3 글 (가)에서 자신에 대한 배수가 수없이 많음을 제시한다. 자존감이 부족하여 항상 자신에 대한 믿음이 없는 친구에게 글 (가)와 (라)에 근거하여 조언해 보자.

4 인간은 사회적 동물이지만 자존감을 지니고 사는 것이 매우 중요한 동물이기도 하다. 이에 대하여 글(가)와 아래 글에서 제시하고 있는 약수와 배수의 성질을 중심으로 자신의 긍정적 모습을 표현하여라.

> 약수와 배수는 나를 표현하는 방법이라고 할 수 있다. 예컨대, 12의 약수는 1, 2, 3, 4, 6, 12로 정해져 있고, 12의 배수는 12, 24, 36, …으로 무한히 많다. 이러한 약수와 배수의 성질을 통해 내 안에 있는 다양한 것들이 약수처럼 나를 이루며, 또 다른 나의 모습들은 배수처럼 무한히 존재한다는 사실을 깨달을 수 있다.

5 다음은 상위 1% 귀족남 필립과 하위 1%인 무일푼 드리스, 전혀 다른 두 사람이 만나 더불어 살아가는 이야기를 담은 영화 〈언터처블〉의 줄거리이다. 영화에서 필립이 그의 도우미로 면접을 보러 온 대부분의 사람들이 복지와 간호 등에 대해 전문적으로 공부한 사람들이었음에도, 아무런 경력이 없는 드리스를 선택한 이유는 무엇일까? 글 (가)의 약수와 배수의 개념과 원리를 적용하여 설명해 보자.

> 패러글라이딩 사고로 목 아래 전신이 마비된 백만장자 필립은 자신을 도와줄 도우미를 구하고 있었다. 실업 수당을 받기 위한 구실로 면접을 보러온 드리스는 필립이 지금까지 봤던 사람들과 다르게 타인의 눈치를 보지 않는 거침없고 자유로운 성격을 가지고 있었다. 드리스에게 관심이 생긴 필립은 그를 임시로 고용하며, 자신을 간호하며 버티는 참을성을 보여 주면 정식으로 고용하겠다는 내기를 제안한다. 드리스는 처음에는 오기로 내기를 시작하지만, 필립과 함께 지내면서 점점 떨어질 수 없는 친구가 되어 간다. 처음에는 실수도 많았지만 조금씩 서로에게 관심을 가지고 마음을 열기 시작하면서, 아내가 죽은 뒤 무미건조한 일상을 보내던 필립과 불행한 유년 시절을 가진 드리스는 서로를 치유해 주는 사이가 된다.

문제 풀이

★ 생각 던지기

1 세 자리 정수 N의 백의 자릿수, 십의 자릿수, 일의 자릿수를 각각 x, y, z라고 하면,
$N=100x+10y+z=(99+1)x+(9+1)y+z=99x+9y+x+y+z=9(11x+y)+(x+y+z)$
따라서 $x+y+z$가 3의 배수이면 N도 3의 배수이고, $x+y+z$가 9의 배수이면 N도 9의 배수이다.
또, $N=100x+10y+z=4(25x)+(10y+z)$이므로 $10y+z$가 4의 배수이면 N도 4의 배수가 된다.

2-1 $N=100a+10b+c=99a+11b+a-b+c=11(9a+b)+(a-b+c)$
따라서 N이 11의 배수가 되기 위한 필요충분조건은 $a-b+c$이 11의 배수이어야 한다.
$74385 = 7 \times 10^4 + 4 \times 10^3 + 3 \times 10^2 + 8 \times 10 + 5$
$= 7 \times (999+1) + 4 \times (999+1) + 3 \times 1(99+1) + 8 \times (9+1) + 5$
$= 7 \times 999 + 4 \times 999 + 3 \times 99 + 8 \times 9 + (7+4+3+8+5)$이므로
$(7+4+3+8+5)$의 값이 9의 배수인지 아닌지만 알면 74385가 9의 배수임을 알 수 있다.

2-2 예를 들어, 5진법에서는 5보다 1 작은 수인 4가 9의 역할을 한다.

3 임의의 세 자리 자연수에서 백의 자릿수를 A, 십의 자릿수를 B, 일의 자릿수를 C라고 하면, 임의의 세 자리 자연수는 $100A+10B+C$로 표현할 수 있다. 각 자리 숫자의 순서를 뒤집으면 $100C+10B+A$가 된다.
만일 A > C이면, 두 수의 차는 $100(A-C)-(A-C)=99(A-C)$가 된다.
$A-C$의 범위는 $1 \leq A-C \leq 9$이므로 이 수의 십의 자릿수는 항상 9이고 백의 자릿수와 일의 자릿수의 합은 항상 9가 된다.
따라서, 일의 자릿수나 혹은 백의 자릿수만 알아도 나머지 숫자를 알 수 있다.

4-1 0에서 9까지 숫자 중에서 서로 다른 두 숫자 $a, b(a>b)$를 정한다.
이 숫자를 크기순으로 배열해서 두 숫자를 만든다. $10a+b, 10b+a$
큰 수에서 작은 수를 빼면, $(10a+b)-(10b+a)=10(a-b)-(a-b)=9(a-b)$
따라서 $9(a-b)$는 81 이하인 9의 배수이다.
나온 숫자를 이용해 다시 위의 과정처럼 두 숫자로 만들어 빼 주는 과정을 반복하면 항상 9가 나온다.

4-2 1과 5로 된 두 자리 숫자는 51과 15가 있다.

두 수의 차는 36이다. 36에서 다시 두 수 63과 36의 차를 구하면 27이 된다. 이 숫자들로 72와 27을 만들 수 있고 차를 구하면 45가 된다. 여기에 45와 54를 만들어 차를 구하면 결국 9가 된다.

회생숫자라 불리는 카프리카의 불변수 9는 이러한 신비로움 때문에 고대인들에게 소멸하지 않는 수, 가장 완벽한 수로 여겨졌다.

6 구하고자 하는 수를 x라고 하면 $x+1$은 2, 3, 4, 5, 6, 7, 8, 9, 10으로 나누어떨어진다.

따라서 이 숫자들의 최소공배수를 구하면 $x+1=2^3 \times 3^2 \times 5 \times 7 = 2520$

∴ $x=2519$

★ **생각 나누기**

1-1 첫째, 일일이 구하는 방법이 있다. 성실하다고 할 수는 있지만 답답하고 오래 걸리는 방식이다.

둘째, 서로 다른 n개에서 중복을 허용하여 r개를 택하는 중복순열을 이용하는 방법이 있다.

셋째, 유한집합의 개수 관계를 이용하는 방법이 있다.

$n(A \cup B \cup C) = n(A) + n(B) + n(C) - n(A \cap B) - n(B \cap C) - n(C \cap A) + n(A \cap B \cap C)$

5 글 (가)의 약수와 배수의 개념과 원리를 적용하여 '서로에게 서로소인 줄로만 알았던 두 남자의 공배수 찾기'라는 주제로 다음과 같이 설명하였다.

주인공 드리스를 숫자 2, 필립을 숫자 3이라고 가정했을 때, 두 사람은 1(인간) 외에는 공통점을 찾아볼 수 없는 서로소이다. 그러나 1이라는 고유한 '인간'이라는 속성이 공약수가 되고, 이는 더불어 살아가는 삶의 접촉점이 된다. 다시, 드리스 인생의 집합을 2의 배수, 필립 인생의 집합을 3의 배수라고 가정해 보자. 드리스와 필립이 자신의 삶을 살아가면서도 곁에 있지만 자신과 전혀 다른 사람에게 조금의 관심만 가진다면 마치 공약수와 같은 서로 간의 접점을 발견할 수 있을 것이다. 이로써 주종 관계가 아닌 서로 도움을 주고받으며, 더 나아가 각자의 상처를 치유하면서 더불어 살아가는 아름다운 우정을 기대할 수 있다.

13 다항식과 나머지 정리 - 나눔 뒤에 남는 행복

항등식과 나머지 정리의 개념과 원리를 통해서 나눔의 삶이 가져다주는 의미가 무엇인지 찾아보자.

(가) x에 대한 다항식 $f(x)$를 x의 일차식 $x-a$로 나누었을 때 몫을 $Q(x)$, 나머지를 R이라 하면 $f(x)=(x-a)Q(x)+R$이 성립한다.

(나) 다항식 $f(x)$를 $(x-1)^2$으로 나눈 나머지가 $5x+1$이고, $(x-2)^2$으로 나눈 나머지가 $6x+1$일 때, $(x-1)^2(x-2)$로 나눈 나머지를 구하여라.

(다) 연탄재 함부로 발로 차지 마라
너는 누구에게 한 번이라도 뜨거운 사람이었느냐   - 안도현, 〈너에게 묻는다〉

GAME (라) 다음은 구거법(九去法)을 응용한 게임이다. 카드 한 벌을 가지고 다음과 같이 따라 해 보자.

> 1) 상대가 임의의 카드 한 장(첫째 줄)을 한 벌의 카드에서 꺼낸다.
> 2) 그 숫자에 3을 곱한 수를 다음 행(2번째 줄)에 놓는다.
> 3) 놓인 카드의 수에 다시 3을 곱한 결과를 다음 행(3번째 줄)에 놓는다.
> 4) 다시 3을 곱한 결과를 놓는다(4번째 줄).
> 5) 상대가 3번째, 4번째 줄에서 숫자 하나를 가리고 나머지 숫자를 알려주면 가려진 숫자 하나를 반드시 알 수 있다.

(마) 와튼스쿨 조직심리학 교수 애덤 그랜트는 《기브 앤 테이크(Give and take)》에서 세상 사람들을 세 부류로 정의한다. 기버(giver)는 보통 자신이 타인으로부터 얻는 것보다 주는 것이 많은 사람, 테이커(taker)는 주는 것보다 받는 것이 많은 사람, 그리고 매처(macher)는 주고받음이 비슷한 사람이다.

 **생각 던지기**

1 글 (가)의 개념과 원리를 이용하여 다음 문제에 답하고, 그 의미를 설명하여라.
   1-1 99^9을 98로 나누었을 때의 나머지를 구하여라.
   1-2 99^9을 100으로 나누었을 때의 나머지를 구하여라.
   1-3 99^9을 98^2으로 나누었을 때의 나머지를 구하여라.

2 글 (나)에 제시된 문제를 해결하여라.

3 자연수 n에 대하여, $n^3 = 2020^3 - 9 \times 2020^2 + 27 \times 2020 - 27$일 때, n^3을 2019로 나누었을 때의 나머지를 구하여라.

4 5로 나누면 3이 남고, 7로 나누면 5가 남는 가장 작은 자연수는 무엇인가?

5 글 (다)를 읽고 물음에 답하여라.
   5-1 글 (다)에서 우리가 연탄재를 함부로 차서는 안 되는 이유를 제시하여라.
   5-2 글 (다)의 시에 나오는 연탄재를 '나머지'와 연결하여 설명하여라.
   5-3 연탄재를 남기지 않고 연탄을 태울 수 있을까? 불가능하다면 그 이유를 논리적으로 설명하여라.

6 글 (마)의 그랜트 교수가 분류한 세 부류의 사람들 중에서 글 (다)의 '연탄재'는 어떤 부류의 사람인지 구분하고 그 이유를 설명하여라.

🔍 생각 넓히기

1 어떤 사회에든 '나머지'와 같은 존재(비주류, 소수자 등)로 여겨지는 사람들이 있기 마련이다. 이들은 외면받고 무시당하기 쉬운데, 이러한 경향을 어떻게 생각하는가?

2 글 (다)를 읽고 다음을 생각해 보자.
  2-1 누군가가 자신의 기준에 못 미치거나 자신과 다르다는 이유만으로 무시했던 경험이 있는가?
  2-2 '나머지'와 같은 존재를 경시하는 사회를 바꾸기 위해 해야 할 일은 무엇인가?

3 글 (라)에서 제시한 카드놀이 문제를 논리적으로 설명하여라.

4 A지점과 B지점을 왕복하는 시내버스의 노선이 A-C-D-E-F-G-B라고 한다. A에서 출발하여 100번째 정차하는 정거장은 어디인가?

💬 생각 나누기

1 우리는 사회적 약자, 소수자들을 무시하는 경향이 있다. 이러한 차별을 없애고 모두가 존중받는 사회를 만들려면 어떤 노력이 필요할까?

2 외모지상주의 경향이 있는 우리 사회에 대하여 생각해 보자.
  2-1 내가 사람을 판단하는 데 있어서 외모는 어느 정도의 비중을 차지하는가?
  2-2 외모를 보고 사람을 판단하였을 때의 문제점은 무엇인가?
  2-3 '보기 좋은 떡이 맛도 좋다'고 하는 사람에게 어떻게 반론하겠는가?

3 함수 $f: x \rightarrow y$ 관계를 균형 있게 볼 수 있는 방법을 사례를 들어 설명해 보자.
  3-1 내 삶에서 독립변수와 종속변수 사이에 있는 사회적 명령어는 무엇인가?
  3-2 내 삶에서 독립변수와 종속변수 사이에 있는 나의 약속어는 무엇인가?

4 다음은 명제 '$x^2+y^2+z^2=1111$을 만족하는 ___'에 대한 증명의 중간 부분을 적은 것이다. 빈칸에 들어갈 말은 무엇인가?

> … (생략) …
> 정수 x, y, z를 각각 8로 나누면 나머지가 0, 1, 2, 3, 4, 5, 6, 7 중 하나이다. 따라서 x^2, y^2, z^2을 각각 8로 나누면 나머지가 0, 1, 4 중 하나이다. 그러므로 $x^2+y^2+z^2$을 8로 나누었을 때 나머지는 0, 1, 2, 3, 4, 5, 6 중 하나이다. 그런데 1111을 8로 나누면 나머지가 7이다.
> … (생략) …

문제 풀이

★ 생각 던지기

1-1 $99^9 = 98 \times Q + R$에서 $99 = x$라고 하면,
$x^9 = (x-1)Q(x) + R$로 표현할 수 있다.
이 식에 $x=1$을 대입하면, 나머지 $R=1$이다.

1-2 $99^9 = 100 \times Q + R$에서 $99 = x$라고 하면,
$x^9 = (x+1)Q(x) + R$로 표현할 수 있다.
이 식에 $x=-1$을 대입하면, 나머지 $R=-1$ 또는 $R=99-1=98$이다.

1-3 $99^9 = 98^2 \times Q + R$을 $99 = x$라고 하면,
$x^9 = (x-1)^2 Q(x) + ax + b$로 표현할 수 있다.
이 식에 $x=1$을 대입하면, $1 = a+b$
$x^9 = (x-1)^2 Q(x) + ax + 1 - a$
$x^9 - 1 = (x-1)\{(x-1)Q(x) + a\}$
$x^8 + x^7 + \cdots + x + 1 = (x-1)Q(x) + a$
이 식에 $x=1$을 대입하여 정리하면 $a=9$, $b=-8$
따라서 $R(x) = 9x - 8$
∴ $R(99) = 9 \times 99 - 8 = 883$

2 $f(x)$를 $(x-1)^2(x-2)$로 나눈 몫을 $Q(x)$라 하고 나머지를 ax^2+bx+c라 하면,
$f(x) = (x-1)^2(x-2)Q(x) + ax^2 + bx + c$
여기에서 $(x-1)^2(x-2)Q(x)$는 $(x-1)^2$으로 나누어떨어지므로 $f(x)$를 $(x-1)^2$으로 나눈 나머지는 ax^2+bx+c를 $(x-1)^2$으로 나눈 나머지와 같다.
따라서, $ax^2+bx+c = a(x-1)^2 + 5x + 1$이므로
$f(x) = (x-1)^2(x-2)Q(x) + a(x-1)^2 + 5x + 1$
또, 문제의 조건에서 $f(2) = 13$이므로 $a + 11 = 13$ ∴ $a=2$가 된다.
따라서, 나머지는 $2x^2 + x + 3$이다.

3 $x=2020$이라 놓으면,
$n^3=2020^3-9\times 2020^2+27\times 2020-27=x^3-9x^2+27x-27=(x-3)^3$
n^3을 2019로 나누었을 때의 나머지는 $(x-3)^3$을 $x-1$로 나눈 나머지를 구하면 된다.
그때 몫을 $Q(x)$라 놓으면, $(x-3)^3=(x-1)Q(x)+R$
이 식에 $x=1$을 대입하면 $(1-3)=R$
∴ $R=8$

4 찾는 수를 x, 미지수를 s, t라 하면, $\begin{cases} x=5s+3 \\ x=7t+5 \end{cases}$

$\begin{cases} x=5s+3 \\ x=7t+5 \end{cases}$ ⇨ $\begin{cases} x+2=5s+5 \\ x+2=7t+7 \end{cases}$ ⇨ $\begin{cases} x+2=5(s+1) \\ x+2=7(t+1) \end{cases}$

따라서, $x+2$는 5의 배수인 동시에 7의 배수이다.
가장 작은 자연수는 $x+2=35$ ∴ $x=33$

★ 생각 넓히기

3 예컨대,
1) 에서 ♣7을 선택했다면,
2) $3\times 7=21$에서 숫자 2, 1 카드를 두 번째 줄에 놓는다.
3) $2\times 3=6$, $1\times 3=3$에서 숫자 6, 3 카드를 다음 줄에 놓는다.
4) $6\times 3=18$, $63\times 3=9$에서 숫자 1, 8, 9 카드를 다음 줄에 놓는다.

위 트릭의 원리를 생각해 보면,
$ab=a\times 10+b\times 1$
$f(x)=a\times x+b\times 1=(x-1)Q(x)+R$
$f(1)=R=a+b$, $f(10)=ab=9Q(x)+a+b$
$ab-(a+b)=9Q(x)$
임의의 수를 9로 나눈 나머지는 각 자릿수의 합을 9로 나눈 나머지임을 알 수 있다.

4 시내버스가 출발하여 1번째 정차하는 정거장은 C, 2번째 정차하는 정거장은 D, …, 11번째 정차하는 정거장은 A이므로 시내버스가 한 번 왕복하기 위해서는 11번 정차하여야 한다. 따라서 $100=11\times 9+1$이므로 100번째에 정차하는 정거장은 1번째 정차하는 정거장과 같은 C정거장이 된다.

★ 생각 나누기

4 $x^2+y^2+z^2=1111$의 좌변의 정수 x, y, z를 각각 8로 나누면 나머지가 각각 0, 1, 2, 3, 4, 5, 6, 7 중 하나이다. 따라서 x^2, y^2, z^2을 각각 8로 나누면 나머지가 0, 1, 4 중 하나이므로 $x^2+y^2+z^2$을 8로 나누었을 때 나머지는 0, 1, 2, 3, 4, 5, 6 중 하나이다. 그런데 1111을 8로 나누면 나머지가 7이므로 모순이다. 그러므로 명제 '$x^2+y^2+z^2=1111$을 만족하는 x, y, z가 모두 정수인 해는 없다'는 참이다.

세 번째 생각여행

등차수열

등비수열

시그마

피보나치수열

등차수열

순열과 조합

수열의 귀납적 정의

앎이 삶이
되게 하라

14 등차수열 – 생각하는 대로 살지 않으면, 사는 대로 생각하게 된다

수열의 개념과 원리를 통해 알 수 있는 우리 삶의 모습은 어떤 것일지 탐색해 보고, 그에 대한 우리의 태도를 생각해 볼 수 있다.

(가) 어떤 일정한 규칙에 따라 얻어지는 수들을 순서대로 나열한 수의 열을 수열이라고 한다. 이때, 나열된 각 수를 그 수열의 항이라고 한다. n번째 항이 수열의 각 항을 일반적으로 나타낼 때, n번째 항 a_n을 수열의 일반항이라고 한다.

> 첫째 항부터 차례로 일정한 수를 더하여 만든 수열을 등차수열이라고 한다.
>
> - 각 항의 관계식 ⇨ $a_{n+1}=a_n+d$ (단, d는 상수), $2a_{n+1}=a_n+a_{n+2}$
> - 일반항 ⇨ $a_n=a+(n-1)d$
> - 합 ⇨ $S_n=\dfrac{n(a+l)}{2}=\dfrac{n\{2a+(n-1)d\}}{2}$

GAME

(나) 대한이와 민국이는 정동진으로 기차 여행을 떠났다. 기차 안에서 심심해진 둘은 오징어와 땅콩 내기 게임을 했다. 둘이 한 게임은 '30까지 세기'를 응용한 것으로 30개의 바둑알을 두고 번갈아가며 1개 혹은 2개씩 바둑알을 집어서 없애 나가다가 마지막으로 바둑알을 없앤 사람이 지는 게임이었다. 게임 결과 대한이가 이겨서 오징어와 땅콩을 가졌다. 이후 다른 것을 걸고 다시 게임을 했지만 어쩐지 계속 대한이가 이겼다. 50개의 바둑돌을 없애는 것으로 하거나, 한 번에 3개의 바둑돌까지 없앨 수 있도록 규칙을 바꿔도 대한이가 이기기는 마찬가지였다. 대한이가 항상 이길 수 있었던 이유는 무엇인가?

(다) 일상생활에서 수열은 다양한 모습으로 우리와 함께하고 있다. 예를 들면, 쥐띠, 소띠, 범띠, 토끼띠, 용띠, 뱀띠, 말띠, 양띠, 원숭이띠, 닭띠, 개띠, 돼지띠로 나누어지는 열두 띠가 있다. 띠란 '각 사람들의 심장에 숨어 있는 동물'이라고도 하는데, 토템 사회에 인간이 동물을 숭배하던 유풍에서 발생하였다. 종교는 숫자를 발견하면서 좀 더 정교해지고 과학적인 체계가 생겨났다. 대표적으로, 1, 3, 5, 7, 9라는 양(陽)의 숫자와 2, 4, 6, 8, 10이라는 음(陰)의 숫자를 합치면 조화와 상생(相生)이 일어난다고 믿었다. 이처럼 수열은 인간의 역사와 함께 시작되었다고 할 수 있다.

(라) 다음은 〈내 삶의 안전벨트〉라는 작품이다. 인간에게는 누구나 인생의 시작과 끝이 있다. 하지만 그 끝은 알 수 없고 스스로 정할 수 없다. 정해진 시간과 끝을 바꿀 수는 없겠지만 그 사이를 채워나가는 방법은 저마다 다양하다. 정해진 인생을 끝까지 아름답게 채워 가기 위해서는 안전벨트가 필요하다. 그렇다면 우리 인생의 안전벨트는 무엇일까?

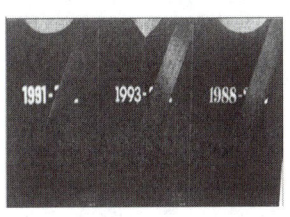

생각 던지기

1 글 (가)는 수열의 의미와 등차수열의 공식을 나타낸 것이다. 등차수열의 합을 유도하여 설명하여라.

2 6개의 자연수를 표의 빈칸마다 하나씩 넣어 가로, 세로, 대각선 방향으로 각각 등차수열을 이룬다고 할 때, 글 (가)를 이용하여 빈칸을 채워라.

3		7
	11	

GAME **3** 글 (가)를 근거로 다음 문제를 해결하여라.

A, B 두 사람은 다음과 같은 규칙에 따라 승리할 수 있는 게임을 했다.

> [규칙 1] 두 사람이 교대로 1부터 30까지의 자연수를 작은 순서대로 말한다.
> [규칙 2] 한 번에 말할 수 있는 수는 1개 또는 2개이다.
> [규칙 3] 30을 말하는 사람이 진다.

3-1 이 게임에서 반드시 이길 수 있는 원리는 무엇인가?

3-2 먼저 하는 사람과 나중에 하는 사람 중에 누가 유리한가?

3-3 20이나 45까지 세는 게임에서도 이기는 원리는 같은가?

4 2020년에 나는 17살이 되었다. 글 (다)에서 나이가 1살부터 100살 사이인 사람 중에 나와 같은 띠를 가진 사람의 나이를 작은 수부터 순서대로 나열하여 생기는 수열을 $\{a_n\}$이라고 할 때, 글 (가)에 근거하여 물음에 답하여라.

4-1 a_n과 a_{n+1} 사이의 관계식을 구하여라.

4-2 일반항 a_n을 구하여라.

GAME **5** 친구와 둘이서 다음과 같은 규칙의 게임을 한다고 하자. 내가 먼저 시작했을 때, 이기기 위한 전략을 설명하여라.

> [규칙 1] 바둑돌 4개와 6개로 두 개의 더미를 만든다.
> [규칙 2] 한 번에 한 더미에서만 1개 또는 2개를 꺼낼 수 있다.
> [규칙 3] 번갈아 진행하다가 더 이상 꺼낼 것이 없는 사람이 진다.

🔍 생각 넓히기

1 대한이는 다음과 같은 수열 $\{a_n\}$을 통해 삶의 모습을 엿볼 수 있다고 주장하였다. 대한이의 주장에 근거하여 자신의 생각을 나누어 보자.

갑: $a_n = 7n + 5$　⇨　12, 19, 26, 33, 40, ⋯
을: $a_n = -7n + 50$　⇨　43, 36, 29, 22, 15, ⋯
병: $a_n = 7n - 35$　⇨　−28, −21, −14, −7, 0, ⋯
정: $a_n = -7n - 50$　⇨　−57, −64, −71, −78, ⋯
　　　　　　　　⇩
갑: 출발부터 가진 것이 많은 사람이었지만 거기에 머무르지 않고, 더욱 노력하여 승승장구하는 유형
을: 출발부터 가진 것이 많은 사람이었으나, 노력하지 않고 제멋대로 살아서 가진 것을 잃어 가는 유형
병: 빚진 인생으로 시작했으나 그것을 극복하고 승승장구하는 유형
정: 출발부터 빚진 인생이었고 불평과 신세 한탄만 하며 살아가는 불행한 유형

---

2 대한이는 수학교과 내용 중 등차수열을 자신의 삶과 연결하여 다음과 같이 주장하였다. 물음에 답하여라.

규칙을 창조한다는 것과 따라간다는 것은 어떤 차이점이 있을까? 사람마다 다르겠으나, 규칙을 창조한다는 것은 자신이 추구하고자 하는 가치와 자신에게 주어진 모든 것에 대하여 감사와 은혜의 마음을 가지고 자신만의 길을 개척해 나가는 삶이라고 할 수 있다. 한편, 규칙을 따라간다는 것은 사회의 규칙을 수용한다는 뜻일 것이다. 이러한 우리의 인생을 수열에 비유해 본다면 어떠할까? 수열의 '초항'처럼 우리에게도 인생의 시작이 있고, '공차'라는 규칙을 가지고 인생을 살아가며, '일반항'을 통해 인생 전체의 모습을 예측하여 미래를 설계할 수 있다는 점에서 비슷하다고 생각한다.

2-1 내가 생각하는 바람직한 규칙의 설정 방법은 무엇인지 제시하여라.

2-2 내 인생에서의 규칙은 무엇인지 제시하고, 그 중요성에 대해 생각해 보자.

3 다음 글을 읽고 둘째와 셋째는 유산으로 각각 얼마씩 받았는지 글 (가)를 근거로 설명하여라.

아버지가 세 아들에게 유언을 했다. "만일 내가 죽거든 재산 3000만 원을 너희들의 나이에 비례하여 나누어 갖도록 하거라." 당시 시점에서 유산을 나누었을 때 둘째아들은 1000만 원을 받을 수 있었다. 하지만 아버지는 그 후 8년을 더 살다가 돌아가셨다. 8년 후 유언대로 3000만 원을 나누어 보니, 첫째아들은 1400만 원을 받을 수 있었다.

4 다음 글을 읽고 글 (라)에 나타나는 삶에 대한 의미를 글 (가)에서 제시하고 있는 수열의 개념과 원리에 따라 설명하여라.

"연세가 어떻게 되십니까?" 백악관의 한 기자가 미국의 40대 대통령 레이건에게 물었다. "55에 17입니다." 기자가 "무슨 뜻입니까?" 하고 물었더니, 레이건은 "저에게 있어 55년은 저를 위한 삶이었지만, 17년은 국가를 위해 대통령을 꿈꾸며 살아온 삶이고, 나라를 위한 삶이었습니다"라고 답했다.

5 다음은 영화 〈옥스퍼드 살인사건〉 대사의 일부이다. 그림의 의미를 글 (가)의 수열의 개념과 관련하여 설명하여라.

  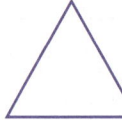 

첫 번째 원은 모든 것의 시작이다. 즉 완전함, 스스로 닫혀 있는 상태를 의미한다. 두 번째 그림은 물고기라고 생각했지. 그것은 The Vesica Piscis, 기독교의 상징이야! 이건 두 원의 교차를 의미한다. 이것은 상대성, 이중성, 그리고 선과 악의 전쟁을 의미한다. 세 번째 그림인 삼각형은 상대성의 결합, 전쟁 뒤의 평화를 의미한다. 그렇다면, 네 번째 그림은 무엇을 의미하는가? 네 번째 그림은 테트라크티스(Tetraktys) 4원소 1+2+3+4=10, 즉 완전함, 세계, 조물주를 의미한다. 이것은 그들의 신성한 숫자를 의미하지.

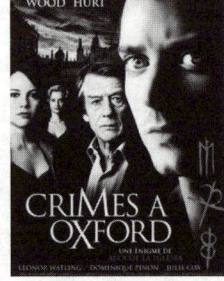

생각 나누기

1 스스로 창조하는 삶과 사회가 만들어 놓은 구조에 맞추어 살아가는 삶이 있다. 한국이는 "창조하는 삶이란 존경할 만한 삶을 따라가고 모방하면서 자신이 추구하고자 하는 가치를 위해 성실하게 살아가는 것이다"라고 주장하였다. 그렇다면 우리가 추구해야 하는 삶의 모습은 어떤 것인가?

GAME **2** 두 사람 A, B가 아래 규칙에 따라 게임을 한다고 할 때, 다음 물음에 답하여라.

> 1) 두 사람 A, B가 교대로 1부터 30까지의 자연수를 작은 순서로 말한다.
> 2) 한 번에 말할 수 있는 숫자는 1개, 또는 2개, 또는 3개이다.
> 3) 30을 말하게 되는 사람이 진다.

2-1 규칙에 따라 A가 항상 이기기 위하여 자신의 차례에서 마지막으로 말해야 하는 수를 작은 수부터 나열하여 만든 수열을 $\{a_n\}$이라 하자.

  2-1-1 수열 $\{a_n\}$을 나열하고, 수열 $\{a_n\}$의 각 항 사이의 관계식을 구하여라.

  2-1-2 일반항 a_n을 구하여라.

  2-1-3 A가 승리하기 위해서는 A가 먼저 말해야 하는가, 나중에 말해야 하는가?

2-2 프랑스의 소설가 폴 부르제(Paul Bourget)는 "생각하는 대로 살지 않으면, 사는 대로 생각하게 된다"고 말했다. [보기]에서 하나를 선택하여, 게임을 하는 두 사람이 게임에 임하는 자세와 게임 결과에 대한 심리적 반응을 예측해 보자.

> **보기**
> ㄱ. 두 사람 모두 게임의 원리를 알고 있는 경우   ⇨ O-O
> ㄴ. 한 사람만 게임의 원리를 알고 있는 경우   ⇨ O-X
> ㄷ. 두 사람 모두 게임의 원리를 모르고 있는 경우   ⇨ X-X

2-3 인간은 가치를 추구하며, 꿈을 가지고 살아간다. 꿈에는 야망과 비전이 있는데, 야망이 내가 이루고 싶은 꿈이라면, 비전은 나를 통해 이루고 싶은 사람들의 꿈이라고 한다. **2-2**의 답을 근거로 자신의 꿈과 비전을 설명하여라.

GAME

3 다음과 같은 카드놀이를 통해 글 (가)에서 제시한 등차수열의 개념과 원리를 익혀 보자.

1) 트럼프 카드를 준비해서 뒷면이 보이도록 밑에서부터 10, 3, 6, 9, 2, 5, 8, 1(A), 4, 7의 순서대로 쌓아 카드 더미 두 개를 만든다(10이 맨 아래에 놓인다).
2) 두 카드 더미를 각각 임의로 나누어 섞는다.
3) 첫 번째 더미의 맨 위에 있는 카드를 뒤집어 나온 숫자에 0, 10, 20을 더한 숫자 중 3으로 나누어 떨어지는 수를 3으로 나눈다. 나온 몫에 1을 더한 만큼의 카드를 차례대로 더미 아래에 넣는다.
4) 두 번째 더미에서도 3)과 같은 과정을 거치는데, 이때는 몫에 1 대신 2를 더하여 그만큼의 카드를 순서대로 더미 아래에 넣는다.
5) 3), 4)의 과정을 거친 두 카드 더미의 가장 위에 있는 카드 숫자는 7과 4임을 예측할 수 있다.

– 조동기, 〈수학유희〉 https://youtu.be/rtSEO1h6yTA

4 글 (라)는 안전벨트의 의미를 등차수열의 개념과 연결하여 설명하고 있다. 다음 글을 읽고 내 삶에 안전벨트가 필요한 경우와 불필요한 경우에 대하여 이야기 나누어 보자.

물리학에서 무게와 속력을 곱한 양을 운동량이라고 한다. "둘이 서로 마주보고 밀 때, 속력 변화는 몸무게에 반비례한다." 이를 운동량 보존법칙이라고 한다. 기차에는 안전벨트가 없다. 그 이유는 워낙 무거워서 충돌 시 속도 변화가 일어날 가능성이 거의 없기 때문이다. 반면 오토바이는 너무 가벼워서 충돌했을 때 수반되는 속도 변화가 크기 때문에 안전벨트가 아무런 도움이 되지 못한다.

– 이창영, 《과학으로 세상보기》

5 수학자 드 므와브르에 대하여 다음과 같은 일화가 전해지고 있다. 글 (가)를 근거로 물음에 답하여라.

드 므와브르는 자신의 수면 시간에 매일 15분씩 길어진다는 것을 깨닫고 수면 시간이 24시간이 되는 날을 계산하여 그날에 자신이 죽을 것이라고 예측하였다. 그런데 놀랍게도 그날에 수면 상태에서 생을 마쳤다.

드 므와브르가 매일 밤 12시에 잠든다고 가정할 때, 처음 이 사실을 알게 된 날의 수면시간이 14시간이었다면 그날부터 생을 마칠 때까지 깨어 있는 시간의 합은 얼마인가?

문제 풀이

★ 생각 던지기

1 $S_n = a+(a+d)+(a+2d)+\cdots+(l-d)+l \cdots$ ❶
$S_n = l+(l-d)+(l-2d)+\cdots+(a+d)+a \cdots$ ❷
❶+❷: $2S_n = n(a+l)$, $l = a+(n-1)d$
$\therefore S_n = \dfrac{n(a+l)}{2} = \dfrac{n\{2a+(n-1)d\}}{2}$

2 1행에서, $2a = 3+7 = 10$ $\therefore a = 5$
2열에서, $2c = 5+11 = 16$ $\therefore c = 8$
대각선(\)에서, $16 = 3+f$ $\therefore f = 13$
대각선(/)에서, $16 = 7+e$ $\therefore e = 9$
1열에서, $2b = 3+9$ $\therefore b = 6$
2행에서, $16 = 6+d$ $\therefore d = 10$

3-1 A가 29를 말하면 B가 30을 말할 수밖에 없으므로 A가 이긴다. A가 29를 말하기 위해서는 B가 27이나 28을 말해야 하므로 그 전에 A가 말해야 하는 수는 26이다. 이와 같은 방법으로 A가 이기기 위하여 자신의 차례에서 말해야 하는 수를 구할 수 있다.

4 올해 나이가 1살부터 100살 사이인 사람 중에 나(17살)와 같은 띠를 가진 사람의 나이를 작은 수부터 순서대로 나열해 보면,
$\{a_n\} = \{5, 17, 29, 41, 53, 65, 77, 89\}$

4-1 $a_1 = 5$, $a_{n+1} = a_n + 12$

4-2 $a_n = 12n - 7$

5 두 더미에 있는 바둑돌을 같은 개수로 남기면 내가 승리할 수 있다.

★ 생각 넓히기

3 8년 전에 유산을 분배했다면 둘째아들이 1000만 원을 받았을 것이라면, 첫째아들과 셋째아들은 합쳐서 2000만 원을 받았다고 계산할 수 있다. 다시 말해서 첫째와 셋째의 나이를 합하면 둘째 나이의 2배가 된다는 뜻이다. 이는 몇 년이 지나도 변함이 없는 사실이다. 예를 들면, 첫째아들 13세, 셋째아들이 7세(둘의 합은 20세)이면 둘째는 10세가 되어 2배가 되고, 그 이듬해에는 첫째와 셋째가 각각 14세, 8세(둘의 합은 22세), 둘째는 11세가 된다. 그러므로 둘째 아들이 받을 유산은 언제가 되더라도 1000만 원이 된다. 비율이 달라지는 것은 첫째와 셋째뿐인데 문제에서 이미 첫째아들이 1400만 원을 받았음을 알려주었기 때문에 셋째는 나머지 600만 원을 받게 된다.

세 아들의 나이를 a, b, c 라고 하면 조건에 의해 $a+c=2b$ 가 된다.
n 년 후에 세 아들의 나이는 $a+n, b+n, c+n$ 이 되어 $(a+n)+(c+n)=2(b+n)$ 이 성립해야 한다.
따라서 몇 년이 지나도 둘째의 몫은 1000만 원이다. 셋째는 600만 원이 된다.

★ 생각 나누기

2-1-1 $\{a_n\} = \{1, 5, 9, 13, 17, 21, 25, 29\}$, $a_{n+1}=a_n+4$

2-1-2 $a_n=4n-3$

2-1-3 A가 먼저 1을 말해야 한다.

2-2 게임의 원리를 파악하고 있는지에 따라 게임에 임하는 자세는 어떻게 달라질까?

ㄱ. O-O인 경우
게임보다는 가위바위보가 더 중요하다. 그러므로 게임의 본질과는 멀어지고, 아무 의미 없는 상황이 전개될 것이다. 게임을 하면서도 긴장감은 없고 상대가 실수하기만을 기대할 것이다.

ㄴ. O-X인 경우
게임의 원리를 아는 사람은 원리를 모르는 사람에게 미안하겠지만, 모르는 사람은 속 편한 상태로 시작할 것이다. 원리를 아는 사람은 대충 하다가 마지막에만 집중할 것이고, 모르는 사람은 처음부터 최선을 다해 게임에 임할 것이다. 하지만 게임의 원리를 모르면 아무리 최선을 다해도 원리를 아는 사람을 이길 수 없다. 게임이 끝난 후 진 사람이 그 사실을 알게 된다면 어떤 기분일까? 그리고 두 사람 중 누가 더 나쁜 사람일까?

ㄷ. X-X인 경우

게임을 누가 먼저 시작할 것인지를 정할 때에도 순수한 마음으로 서로 양보할 것이다. 그리고 둘 다 마지막까지 최선을 다하는 자세를 보여줄 것이다. 게임이 끝나면 결과에 대해서도 승패를 인정하고 서로에게 박수를 보낼 것이다.

5 이 사실을 알게 된 날을 첫째 날이라 놓고,
드 므와브르가 하루 동안 깨어 있는 시간을 수열 $\{a_n\}$이라 하자.
초항은 수면 시간이 14시간이므로 깨어 있는 시간은 10시간이다.
공차는 매일 수면 시간이 15분씩 길어지므로 깨어 있는 시간의 변화는 $-\frac{1}{4}$시간

$$\therefore a_n = 10 + (n-1) \times (-\frac{1}{4})$$

이때, 24시간 계속 수면하게 되는 날은 깨어 있는 시간이 0시간이므로,
$a_n = 10 - \frac{1}{4}(n-1) = 0 \quad \therefore n = 41$
(깨어 있는 시간의 합) = $\frac{41(10+0)}{2} = 205$(시간)

15 등비수열 – 시작은 미미하나 끝은 창대하리라

등비수열의 합의 개념과 원리를 이용하여 '바늘 도둑이 소 도둑 된다'와 '티끌 모아 태산' 같은 상반된 삶의 태도를 찾아보고, 아름다운 삶을 살기 위한 지혜를 발견할 수 있다.

(가) 첫째 항부터 차례대로 일정한 수를 곱하여 만든 수열을 등비수열이라 하고, 그 일정한 수를 공비라고 한다. n번째 항이 수열의 각 항을 일반적으로 나타낼 때, a_n을 수열의 일반항이라고 한다.

- 각 항 사이의 관계 $a_{n+1}=ra_n$ (r은 상수)
- 일반항 $a_n=ar^{n-1}$
- 합 $S_n=a+ar+ar^2+\cdots+ar^{n-1}=\dfrac{a(1-r^n)}{1-r}$, ($r \neq 1$)
  $S_n=na$, ($r=1$)

(나) 영화 〈7번방의 선물〉에서 지적 장애를 가진 이용구는 오해를 받고 누명을 쓴 채 감옥에 갇히지만 7번방 사람들의 도움으로 딸 예승이를 감옥에서 만난다. 다음은 이용구와 딸 예승이의 담임선생님이 나눈 대화의 일부이다.

"똑똑해요, 예승이. 전기세 은행가서 내요. 혼자서. 매달 1일, 적금, 월급 63만 8800원에서 17만 원, 24개월 만기 3.3%. 매달 10일 의료보험료 5500원 내요."

GAME

(다) 옛날에 지독한 구두쇠 놀부가 살고 있었다. 흉년이 들어 마을 사람들이 굶고 있는데 놀부는 도와줄 생각도 하지 않았다. 그러던 어느 날 놀부에게 길동이가 찾아와서 다음과 같은 거래를 제안했다.

"제가 8월 1일부터 한 달 동안 매일 1000만 원씩을 드리겠습니다. 당신은 저에게 첫째 날은 1원을 주시고, 둘째 날은 2원, 셋째 날은 4원, 넷째 날은 8원 이런 방법으로 한 달(30일) 동안 매일 전날의 2배만 주시면 됩니다."

"그다음에는 어떻게 하는 거요?"

"그러고는 끝입니다. 저는 내일 아침부터 매일 1000만 원을 가지고 올 테니 당신도 약속대로 꼭 돈을 준비해 주십시오."

이야기를 들은 놀부는 황당하면서도 기뻤다. 1000만 원에 대해 겨우 1원이라니, 미친 사람이라고 여기며, 이 기회를 절대로 놓쳐서는 안 된다고 생각했다. 거래는 성사되었고 놀부는 너무 기뻐 입이 귀에 걸렸다. 길동이도 흐뭇한 미소를 띠며 돌아갔다. 과연 한 달 후에는 어떻게 되었을까?

(라)
- 細雨濕衣看不見(세우습의간불견) 가랑비에 옷이 젖지만 보이지 않는다.
- 蟻穴潰堤(의혈궤제) 개미구멍에 둑이 무너진다.
- Many drops make a flood. 물방울이 많이 모이면 큰물이 된다.
- Little strokes fell great oaks. 여러 번 치니 큰 참나무가 쓰러졌다.
- Many a little makes a mickle. 조금씩 많이 하면 커다란 걸 만든다.

GAME

(마) '스무고개 놀이'를 통해 상대가 생각하는 답을 맞출 수 있다.

우리가 하는 놀이 가운데 '스무고개'가 있다. 한 사람이 어떤 사물의 이름을 생각하면 다른 사람이 그 사물의 성질에 대해 이것저것 질문을 해서 무엇인지 맞추는 놀이이다. 질문을 스무 번 하는 동안에 맞추어야 하기 때문에 '스무고개'이고, 문제를 낸 사람은 '예, 아니오'로만 대답해야 한다. 예를 들면 이런 식이다.

"광물질입니까?" "아니오."
"식물입니까?" "예."
"가정에 있습니까?" "예."
"요리할 때 씁니까?" "아니오."

이런 식으로 '예, 아니오'라는 대답을 듣고 사물을 추리해 나가는 것이다.
그렇다면, 스무 번의 질문으로 정답의 범위를 얼마나 좁힐 수 있을까?

질문1	질문2	질문3	질문4	질문5	질문6	……	질문20
2^1	2^2	2^3	2^4	2^5	2^6	……	2^{20}

이와 같이 할 때, ⓐ스무 번의 질문으로 약 100만분의 1까지 범위를 좁힐 수 있으므로 답을 맞추는 것은 결코 우연이 아니라고 할 수 있다.

📖 생각 던지기

1 글 (가)는 수열의 의미와 등비수열의 공식을 나타낸 것이다. 등비수열의 합을 유도하여 설명하여라.

2 글 (나)에서 언급한 영화 〈7번방의 선물〉을 감상하고 다음 물음에 답하여라.

   2-1 이용구 가족이 세금으로 낸 돈이 얼마인지 글 (가)의 개념과 원리를 이용하여 다음과 같은 조건으로 추정하고자 한다.

예승이는 매월 1일에 월급 63만 8800원에서 전기세 17만 원, 의료보험료 5000원을 낸다. 예승이네는 2년 동안 얼마를 냈을까? 단, 월이율은 3% 복리로 계산한다. 1.03^{24} ≒2.03으로 계산하고, 소수점 둘째 자리 이후는 버린다.

2-2 〈7번방의 선물〉을 감상한 대한이는 다음과 같은 소감을 밝혔다. 대한이와 같이 영화 감상을 나누어 보자.

'아는 만큼 보인다'는 말을 직접 경험하게 된 내 자신이 신기했다. 원리합계를 배웠기에 전 같으면 그냥 흘려보냈을 영화 대사가 눈에 들어왔다. 공부를 열심히 해야 하는 이유는 이처럼 세상의 많은 정보들에 담긴 의미를 파악할 수 있게 되기 때문이다. 그리고 영화의 주인공처럼 어려운 사람이 2년 동안 내는 세금이 이렇게 많다는 것에 놀랐다. 이를 계기로 우리나라의 복지와 조세제도에 대하여 더 알아보고 싶다는 생각이 들었다.

GAME **3** 글 (가)를 이용하여 다음 이야기에서 다하르가 요구한 밀알이 얼마나 되는지 설명하여라.

먼 옛날 인도의 총리 다하르가 체스 게임을 발명했다. 인도의 왕 시르함은 체스에 매료되었고, 체스를 발명한 다하르의 공을 치하하며 소원을 말해 보라고 했다. 다하르는 다음과 같이 말했다.
"체스판의 첫 번째 사각형에는 밀알 1알, 두 번째 사각형에는 밀알 2알, 세 번째 사각형에는 밀알 4알, 네 번째 사각형에는 밀알 8알, … 이처럼 다음 사각형으로 갈 때마다 밀알을 2배씩 늘려서 총 64칸어치의 밀알을 받고 싶습니다."
얼핏 쉬워 보이는 소원이었지만 왕 시르함은 다하르의 소원을 들어줄 수 없었다. 그가 말한 대로 밀의 양을 모두 더하면 전 세계 70억 인구가 약 500년 동안 먹을 수 있는 양이 되기 때문이다.

4 글 (마)는 '스무고개 놀이'에 대한 설명이다. 물음에 답하여라.

4-1 글 (마)의 밑줄 친 ⓐ를 논리적으로 설명하여라. (단, log2=0.3010, log1.048=0.020으로 계산한다.)

4-2 두께가 1mm인 큰 종이가 있다. 이 종이를 반으로 접은 다음, 다시 반으로 접는 방법으로 22번 접는다면 그 높이는 얼마나 될까? (단, log2=0.3010, log4.188=0.6221로 계산한다.)

등비수열 **139**

🔍 생각 넓히기

1 글 (다)의 게임에서 놀부와 길동이 모두 만족하고 있다. 하지만 한 달 후 결과는 희비가 엇갈린다. 그 이유가 무엇인지 글 (가)의 개념을 이용하여 논리적으로 설명하라.

1-1 한 달 동안 놀부가 지불한 돈은 얼마인지 계산하라. (단, $2^{28}=268,435,456$, $2^{29}=536,870,912$, $2^{30}=1,073,741,824$)

1-2 위 사실을 통해 길동이가 어떤 수학적인 근거를 갖고 놀부와 거래를 한 것인지 서술하라.

1-3 놀부가 욕심을 버리고 사람들의 어려움에 관심을 가지며 나눔을 적극적으로 실천하도록 유도할 수 있는 방법을 나누어 보자.

2 인터넷 속설에 따르면 연애 기간이 1년씩 증가할수록 대화에서 '예쁘다'는 말이 24%씩 줄어든다고 한다. 한 커플이 교제를 시작한 해에 '예쁘다'는 표현을 1만 번 했다고 가정했을 때, 7년이 되는 해에는 총 몇 번 '예쁘다'는 말을 했을까? 글 (가)의 개념을 이용하여 논리적으로 설명하여라. (단, $\log 7.6=0.8808$, $\log 1.464=0.1656$으로 계산한다.)

2-1 교제 기간이 길어질수록 '예쁘다'는 말이 줄어드는 이유는 무엇인가?

2-2 교제 기간이 길어질수록 '예쁘다'는 말이 더 늘 수 있는 방법은 무엇일지 이야기 나누어 보자.

3 플래시몹(flashmob)이란 불특정 다수가 특정한 날짜와 시간, 장소를 정해서 모인 다음 약속된 행동을 하고 아무 일도 없었다는 듯이 흩어지는 모임이나 행위를 말한다. 다음을 읽고 물음에 답하여라.

> 우리나라에서는 2006년 8월 31일 강남역에서 여러 젊은이들이 모여서 지나가던 사람들에게 90도로 허리를 숙여 "건강하세요"라고 인사한 다음 흩어진 게 첫 번째 플래시몹이었다고 한다. 최근 명동에서 진행된 플래시몹은 지난 12월 9일부터 시작하여 21일까지 계속되었다. 이 퍼포먼스는 ⓐ첫날인 9일에 1명, 그다음 날에는 2명, 또 그다음 날에는 4명과 같이, 매일 전날보다 2배 많은 사람이 모이면 해산한다. 사람들이 모이는 동안 헌혈도 하고, 말뚝박기도 하고, 종이비행기 날리기도 했다고 한다. 이 행사는 19일에 1024명이 모였지만 20일에는 경찰의 방해로 목표 인원이 모이지 못했다. 그러나 마지막 날인 21일에는 약속된 사람들이 모이면서 행사를 마감할 수 있었다.

3-1 밑줄 친 ⓐ와 같이 플래시몹이 진행되었다면 21일에 모인 사람은 몇 명인가?

3-2 밑줄 친 ⓐ와 같은 게임을 20일 동안 했다면 그동안 모인 총인원은 몇 명이 될 것인가?

3-3 자신이 의미를 가지고 실행해 보고 싶은 플래시몹을 설계해 보자.

생각 나누기

1 다음을 읽고 물음에 답하여라.

○○은행이 금연을 목표로 하는 고객에게 금리혜택을 주는 '담뱃값 적금'을 출시했다고 한다. ○○은행 적금 상품에 가입하고 은행 어플리케이션에 출석 체크를 할 때마다 다음과 같은 문구가 나온다. "오늘도 금연하고 담배 1갑(4500원)이 적립되었습니다."

1-1 일거양득(一擧兩得)이란 한 가지 일을 하여 두 가지 이익을 얻는다는 뜻이다. 금연으로 일거양득할 수 있는 것은 무엇인지 핵심어를 제시하여 설명하여라.

1-2 만일 20대부터 70대까지 50년간 하루 한 갑씩 피는 담뱃값을 아껴서 매일 저축한다면 얼마가 될까? 월이율은 1%로 계산하고, 은행에서는 3개월에 한 번씩 복리로 계산한다고 하자. (단, $1.03^{200} ≒ 369.3558$)

2 글 (라)의 글귀들을 보고 글 (가)에 나오는 등비수열의 합에 대한 개념을 이용하여 삶에 대한 상반된 의미를 설명할 수 있다. 다음 글귀들의 의미를 설명하고 해당하는 사례를 찾아보자. 이에 비추어 나는 어떠한 삶을 살아갈 것인지 포부를 밝혀 보자.

- '바늘 도둑이 소 도둑 된다'와 '티끌 모아 태산이 된다.'
- '욕심이 잉태한즉 죄가 되고 죄가 장성하여 사망을 낳느니라(야고보서 1:15)'와 '네 시작은 미미하나 네 끝은 창대하리라(욥기 8:7).'

3 대한이는 다음과 같은 수열 $\{a_n\}$의 특성을 이용하여 사자성어로 갑, 을, 병, 세 사람에 대해 설명하였다. 다음 물음에 답하여라.

갑: $a_n = 2 \times 3^{n-1}$ ⇨ 2, 6, 18, 54, 162, ⋯

을: $a_n = 100 \times (\dfrac{1}{2})^{n-1}$ ⇨ 100, 50, 25, $\dfrac{25}{2}$, $\dfrac{25}{4}$, ⋯

병: $a_n = 2020$ ⇨ 2020, 2020, 2020, 2020, 2020, ⋯

⇩

갑: 긍정적인 관점에서 보면 꿈과 비전이 있어 승승장구하는 삶이지만, 부정적 관점에서 보면 욕심이 많은 삶이다. 티끌 모아 태산이라는 의미의 '적진성산(積塵成山), 적소성대(積小成大)'라는 사자성어로 나타낼 수 있다.

을: 긍정적인 관점으로는 겸손의 미덕을 엿볼 수 있지만, 부정적 관점에서 보면 '자격지심(自激之心)'이 있는 사람이라고 볼 수 있다.

병: 긍정적 관점에서 보면 한번 마음먹으면 어떠한 경우에도 흔들림 없이 자기 철학을 가지고 살아가는 사람이라고 할 수 있다. 하지만 부정적 관점에서 보면 타성에 젖은 사람이요, 융통성이 없는 고지식한 성향을 가진 사람이다. 이에 대하여 '목인석심(木人石心), 호연지기(浩然之氣)'를 제시하고, 반대 개념으로는 '부화뇌동(附和雷同)'을 제시할 수 있다.

3-1 대한이처럼 갑, 을, 병 각각에 대하여 사자성어를 제시하고 설명하여라.

3-2 우리 안에는 갑, 을, 병과 같은 세 가지 모습이 공존하고 있다. 그렇다면 긍정적 성향과 부정적 성향의 균형을 위한 방안은 무엇인지 이야기해 보자.

3-3 우리는 긍정적인 관점과 부정적인 관점을 동시에 가지고 있다. 이를 인정하고 균형 있는 관점을 가져야 하는 이유에 대해 생각을 나누어 보자.

4 영화〈아름다운 세상을 위하여〉를 감상하고, 글 (가)의 개념과 원리를 논리적으로 설명하여라.

새 학기가 시작되고 중학교 사회 선생님인 유진은 세상에 대해 부정적 사고를 가진 학생들에게 '우리가 사는 세상을 좀 더 나은 세상으로 바꿀 수 있는 방법'을 생각해 오라는 숙제를 낸다.  다른 아이들은 '숙제는 숙제일 뿐'이라고 생각하지만, 트레버는 진심으로 이 숙제를 받아들이고 '사랑 나누기'라는 아이디어를 제안한다. ⓐ'아무 조건 없이 세 사람에게 도움을 주고, 도움을 받은 사람 역시 서로 다른 세 사람에게 똑같은 방법으로 도움을 준다면' 이 세상은 금방 아름다워진다는 것이다.
트레버는 자신의 어머니와 선생님을 비롯한 주변 사람들에게 자신의 계획을 실천하기 시작한다. 그러나 트레버의 순수한 생각만큼 세상사는 만만하지 않다. 세상을 변화시키려는 그의 용기와 노력은 번번이 좌절되고 마는데……. 트레버의 세상 바꾸기 프로젝트는 성공할 수 있을까?

4-1 샛별이네 반은 38명이다. 샛별이가 같은 반 친구들 모두에게 일일이 문제를 설명한다면 시간은 총 얼마나 걸릴까? (한 문제를 설명하는 데 1분이 소요된다고 가정한다.)

4-2 영화에서와 같이 한 사람이 세 사람에게 문제를 설명하고, 설명을 들은 사람이 또 다른 세 사람에게 전달하는 방식을 이용하면 반 전체 인원이 설명을 듣는 데 필요한 최소한의 시간은 얼마일까?

4-3 트레버의 '사랑 나누기'를 밑줄 친 ⓐ와 같이 실천했을 때, 세상이 금방 아름다워지는 이유를 글 (가)의 등비수열의 합의 개념과 원리를 이용하여 설명하여라. (단, $3^{20}=3,486,784,401$)

4-4 이 문제가 우리에게 주는 교훈은 무엇인가?

문제 풀이

★ 생각 던지기

1 $S_n = a + ar + ar^2 + ar^3 + \cdots + ar^{n-1}$ ⋯❶
$rS_n = ar + ar^2 + ar^3 + \cdots + ar^{n-1} + ar^n$ ⋯❷
❶-❷: $(1-r)S_n = a - ar^n$
∴ $r \neq 1$이면 $S_n = \dfrac{a(1-r^n)}{1-r}$
  $r = 1$이면 $S_n = a + a + a + \cdots + a = na$, $(r=1)$

2-1 i) 전기세: 매월 1일 17만 원
$P_1 = 17 \times 1.03 + 17 \times 1.03^2 + 17 \times 1.03^3 + \cdots + 17 \times 1.03^{24}$
$= \dfrac{17 \times 1.03 \times (1.03^{24} - 1)}{1.03 - 1} = \dfrac{17.51 \times (2.03 - 1)}{0.03} \fallingdotseq 6010000$원

ii) 의료보험료: 매월 10일 5000원
$P_2 = 0.5 \times 1.03 + 0.5 \times 1.03^2 + 0.5 \times 1.03^3 + \cdots + 0.5 \times 1.03^{24}$
$= \dfrac{0.5 \times 1.03 \times (1.03^{24} - 1)}{1.03 - 1} = \dfrac{0.51 \times (2.03 - 1)}{0.03} \fallingdotseq 171000$원

∴ 세금 총액=전기세+의료보험료=6010000원+171000원=6181000원

3 $1 + 2 + 2^2 + \cdots + 2^{63} = 2^{64} - 1$

4-1 $x = 2^{20}$이라 놓으면,
$\log x = 20\log 2 = 6.020$ 정수 부분이 6이므로 7자리 정수이다.
$\log 1.048 = 0.020$이므로 $x \fallingdotseq 1048000$

4-2 $x = 2^{22}$라 놓으면,
$\log x = 22\log 2 = 6.622$ 정수 부분이 6이므로 7자리 정수이다.
$\log 4.188 = 0.622$이므로 $x \fallingdotseq 4188000$(mm)

★ 생각 넓히기

1 i) 길동이가 지출한 돈은 1000(만 원)×30=30000(만 원), 즉 3억 원이다.

ii) 놀부가 지불한 돈은 $1+2+2^2+\cdots+2^{29}=2^{30}-1=1{,}073{,}741{,}823$

약 10억 7374만 원이 된다.

2 교제를 시작할 때 '예쁘다'는 말을 한 횟수를 a라고 하면,

1년 후: $a(1-0.24)=0.76a$

2년 후: $a(1-0.24)^2=0.76^2 a$

3년 후: $a(1-0.24)^3=0.76^3 a$

…

7년 후: $a(1-0.24)^7=0.76^7 a$

$x=0.76^7$라 놓으면,

$\log x = 7 \log 0.76 = 7(\log 7.6 \times \frac{1}{10}) = 7(0.8808-1) = -0.8344$

$\therefore \log x = -0.8344 = (-1+1-0.8344) = \bar{1}.1656$ 이므로

$x=0.1464$가 된다.

따라서, 교제를 시작한 해에 '예쁘다'는 표현을 1만 번 했다면, 7년 후에는 1464번만 한 것이다.

3-1 19일부터 21일까지 사람들이 모인 수는 $1, 2, 2^2, 2^3, \cdots, 2^{10}, 2^{11}, 2^{12}$이다.

따라서 21일에는 $2^{12}=4{,}096$(명)이 모였다.

3-2 $1+2+2^2+\cdots+2^{19}=2^{20}-1=1{,}048{,}575$(명)

★ 생각 나누기

1 매분기(3개월) 초에 3개월치 담뱃값($4500\times30\times3=405000$)을 적금에 넣는다고 하면, 50년($4\times50=200$)간 저축한 매분기 이율은 $0.01\times3=0.03$이다. 매분기의 초에 입금하므로 첫째 항은 $99000(1+0.03)$이고, 항의 개수는 200, 공비는 1.03인 등비수열의 합이므로

$\dfrac{405000\times1.03\{(1.03)^{200}-1\}}{1.03-1}=5{,}121{,}987{,}399$원 (단, $1.03^{200} \fallingdotseq 369.3558$)

대략 51억 2천만 원 정도이다. 바꾸어 말해서 하루에 4500원씩 매일 저축을 하면 50년 후 원리합계는

약 51억 2천만 원이 된다.

금연을 통해 '건강'과 '경제적 부(富)'를 함께 얻을 수 있는 일거양득이라고 할 수 있다.

4-1 샛별이를 제외한 학생이 37명이므로 37분이 소요된다.

4-2 $3^0+3^1+3^2+24$(명) 단계를 거치면 되므로 3분이 소요된다.

4-3 $3^0+3^1+3^2+3^3+3^4+\cdots = \sum_{n=1}^{\infty} 3^{n-1} = \infty$ 이므로 세상이 금방 아름다워진다. 예를 들어, 20단계만 거쳐도 약 17억 4430만 명이 참여하게 된다.
$3^0+3^1+3^2+3^3+3^4+\cdots+3^{19} = \dfrac{3^{20}-1}{3-1} = 1,743,392,200$

4-4 작은 실천이 세상을 아름답게 하는 밑거름이 될 수 있다. 혼자서는 많은 시간이 소요되지만 함께 하면 짧은 시간 안에 많은 일을 이룰 수 있다.

16 시그마 - 인생은 내가 걸어온 만큼 쌓인 삶의 노래

수열의 합은 초항부터 모든 항을 더하여 얻는 식이다. 이를 통해 오늘의 내 모습은 그동안 내가 걸어온 삶의 노래와 같다는 사실을 알 수 있다. 현재 나의 모습은 내 과거가 모여 꽂혀 있는 인생의 도서관 같아서 지나온 날의 추억을 끄집어내어 시간 여행을 떠날 수 있다.

(가) 합의 기호 $\sum$는 영어 summation의 첫 글자 S에 해당하는 그리스 문자로, 시그마(sigma)라고 읽는다. $a_1 + a_2 + a_3 + \cdots + a_n = \sum_{k=1}^{n} a_k$ 를 나타낸다. 이때 자연수 n에 대하여, n=1이면 $\sum_{k=1}^{n} a_k = a_1$ 이고 $\sum_{k=1}^{n} a_k - \sum_{k=1}^{n-1} a_k = a_n$ 이 성립한다.

GAME

(나) '시장에 가면'이라는 게임이 있다. 게임의 규칙은 다음과 같다. 여러 명이 둘러앉아 순서를 정하고 시장에 가면 볼 수 있는 먹거리, 살거리 등 다양한 단어들을 돌아가면서 외친다. 여기서 중요한 것은 앞사람이 말한 단어들을 누적해서 외쳐야 한다는 것이다. 예컨대, 앞사람이 "사과도 있고"라고 외치면 두 번째 사람은 "사과도 있고, 만두도 있고"와 같이 연이어서 외쳐야 한다.

(다) 작은 촛불 하나 켜 보면 달라지는 게 너무나도 많아
아무것도 없다고 믿었던 내 주위엔 또 다른 초 하나가 놓여 있었기에
불을 밝히니 촛불이 두 개가 되고 그 불빛으로 다른 초를 또 찾고
세 개가 되고 네 개가 되고 어둠은 사라져 가고

- god, 〈촛불 하나〉

(라) 장 폴 사르트르는 "Life is C(Choice) between B(Birth) and D(Death)"라고 말한다. 이를 차용해 민국이는 수열의 합을 통해 자신의 삶의 이야기를 $\sum_{b=1}^{d} e_b = m$ 이라고 표현하였다. 여기서 b는 'birth(탄생)', d는 'death(죽음)', e는 'effort(노력)' 그리고 m은 'miracle(기적)'을 의미한다. 즉, 사람이 태어나서 삶을 마칠 때까지 자신이 추구하는 가치를 위해 하는 수많은 노력들이 쌓여서 기적을 만들어 낸다는 의미이다.

GAME

(마) 각각 알약 10개씩이 들어 있는 약병 10개가 있다. 10개의 약병 중 하나에는 모두 가짜 알약이 들어 있다. 진짜 알약의 무게는 100mg, 가짜 알약의 무게는 110mg으로 10% 더 무겁다. 일반 저울로 단 한 번만 재서 가짜 알약이 든 약병을 찾는 방법은 무엇일까? (단, 병에 든 알약을 꺼내는 데는 제한이 없다.)

생각 던지기

1 글 (가)의 시그마의 성질과 자연수의 거듭제곱의 합에 대하여 탐구해 보자.

- 성질: $\sum_{k=1}^{n}(a_k \pm b_k) = \sum_{k=1}^{n}a_k \pm \sum_{k=1}^{n}b_k$, $\sum_{k=1}^{n}ca_k = c\sum_{k=1}^{n}ca_k$, $\sum_{k=1}^{n}c = cn$

- 자연수의 거듭제곱의 합:
$\sum_{k=1}^{n}k = \dfrac{n(n+1)}{2}$, $\sum_{k=1}^{n}k^2 = \dfrac{n(n+1)(2n+1)}{6}$, $\sum_{k=1}^{n}k^3 = \{\dfrac{n(n+1)}{2}\}^2$

1-1 $\sum_{k=1}^{n}(a_k+b_k)^2 = 100$, $\sum_{k=1}^{n}a_k b_k = 30$ 일 때, $\sum_{k=1}^{n}(a_k^2 + b_k^2)$ 의 값을 구하여라.

1-2 $\sum_{k=1}^{10}k^2 + \sum_{k=2}^{10}k^2 + \sum_{k=3}^{10}k^2 + \cdots + \sum_{k=10}^{10}k^2 = \sum_{k=1}^{10}k^3$ 이 성립함을 설명하여라.

1-3 수열 $\{a_n\}$이 모든 자연수 n에 대하여 $\sum_{k=1}^{n}a_{2k-1} = 3n^2 - n$, $\sum_{k=1}^{n}a_k = 6n^2 + n$을 만족시킬 때, $\sum_{k=1}^{24}(-1)^k a_k$의 값은?

2 상대성 이론으로 유명한 물리학자 아인슈타인(Einstein. A.)은 창의성이 이미지로부터 출발한다고 하였다. 수학에서 그림으로 표현하고 상상하며 문제를 해결하는 것은 창의성을 발휘하는 열쇠가 되기도 한다. '블록 쌓기 그림'을 통해 자연수의 거듭제곱의 합에 대해 알아보자.

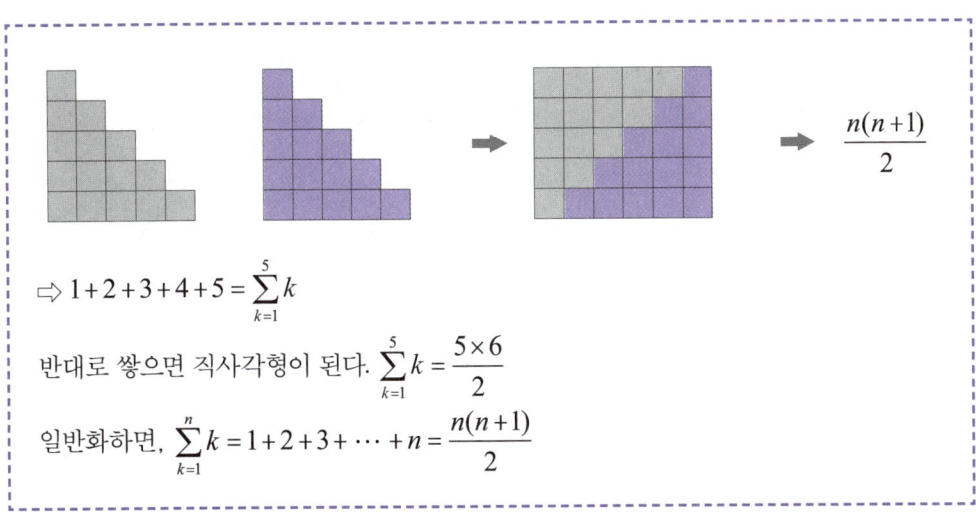

⇨ $1+2+3+4+5 = \sum_{k=1}^{5} k$

반대로 쌓으면 직사각형이 된다. $\sum_{k=1}^{5} k = \dfrac{5 \times 6}{2}$

일반화하면, $\sum_{k=1}^{n} k = 1+2+3+\cdots+n = \dfrac{n(n+1)}{2}$

2-1 다음은 [그림 1]의 세 입체도형을 합하여 [그림 3]과 같이 직육면체를 만든 것이다. [그림 1]의 세 입체도형의 부피의 합과 [그림 3]의 직육면체의 부피를 각각 구하여 $3(1^2+2^2+3^2+4^2) = 4(4+1)(4+\dfrac{1}{2})$ 임을 설명하여라. (단, 정육면체 1개의 부피는 1이다.)

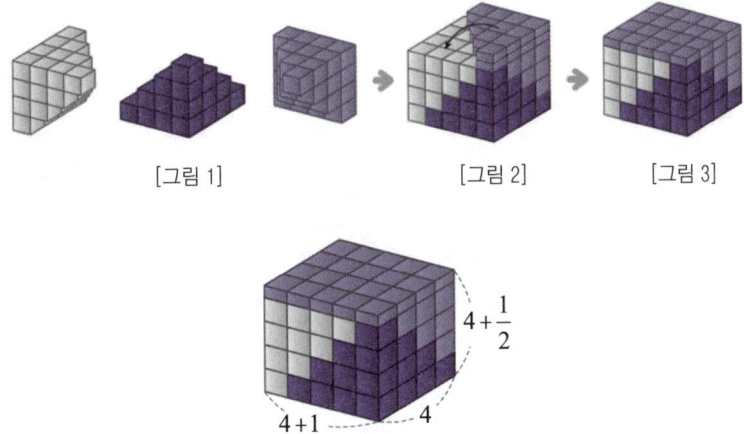

[그림 1]   [그림 2]   [그림 3]

2-2 2-1의 결과를 이용하여 $1^2+2^2+3^2+\cdots+n^2 = \dfrac{n(n+1)(2n+1)}{6}$ 이 성립함을 설명하여라.

3 글 (나)에 나오는 '시장에 가면' 게임을 글 (가)에 근거하여 설명하여라.

4 글 (다)의 촛불들의 합이 어둠을 몰아낸다는 가사 내용을 글 (가)에 근거하여 설명하여라.

5 글 (마)에 제시된 문제를 해결하여라.
  5-1 글 (마)에서 불량품을 섞어 파는 양심 불량한 사람들의 모습은 우리 사회의 단면이라고도 할 수 있다. 이에 대해 어떻게 생각하는가?
  5-2 세상에는 가짜와 진짜가 있다. 그리고 진짜 같은 가짜도 있다. 이에 맞는 사례를 찾아 발표해 보자.

6 '경쟁' 공장과 '협력' 공장은 장난감을 만드는 공장이다. '경쟁' 공장에서는 한 사람이 장난감 하나를 혼자 다 만들고, '협력' 공장에서는 각각 장난감의 서로 다른 부분을 맡아서 만든다. 그 결과 두 공장의 인원수가 같음에도 불구하고 '경쟁' 공장은 하루에 장난감을 100개, '협력' 공장은 150개를 만들었다. 이처럼 '경쟁' 공장과 '협력' 공장의 생산량이 다른 이유는 무엇인가? 이 물음에 대한이는 a^2+b^2과 $(a+b)^2=a^2+2ab+b^2$을 이용하여 설명하였다. 대한이가 말하고자 하는 의도는 무엇인지 이야기 나누어 보자.

생각 넓히기

1 인간은 사회적 동물이다. 시그마 용법을 활용하여 우리 사회에 나타나는 긍정적 관점에서의 문화와 부정적 관점에서의 문화에는 어떤 것이 있는지 사례를 들어 설명하여라.

2 글 (가)는 수열의 합과 일반항 사이의 관계를 설명하고 있다. '오늘의 나는 지금까지 걸어온 삶에 대한 추억 이야기'라는 말의 의미를 수열의 개념과 원리를 이용하여 설명하여라.

3 인간은 크게 네 종류의 관계를 맺고 살아간다. 절대자(神)와의 관계, 자연(自然)과의 관계, 인간(人間)과의 관계, 자신(我)과의 관계이다. 세상이 어떻게 보이는지는 자신과의 관계에 따라 달라진다고 할 때, 글 (다)에 근거하여 나의 긍정적 사고가 쌓여 어둠을 몰아내는 사례와 부정적 사고가 쌓여 세상을 아름답게 보지 못하는 사례를 생각해 보자.

4 대한이가 걸어온 삶을 나타내는 식이 $\sum_{k=1}^{n} a_k = \dfrac{n(n+1)}{2}$ 이라고 할 때, 대한이의 12살 때 모습은 무엇일까? 글 (가)와 관련하여 설명하여라.

생각 나누기

1 $(a+b+c)^2 = a^2+b^2+c^2+2ab+2bc+2ca$라는 사실을 이용하여 자연수 1, 2, 3, …, 10에서 임의의 서로 다른 두 수의 곱들의 합을 구하려고 한다. 글 (가)에 나오는 시그마의 개념과 원리를 이용하여 표현하여라.

2 글 (라)에서 장 폴 사르트르는 "Life is C(Choice) between B(Birth) and D(Death)"라고 말한다. 다음 글을 읽고 이를 근거로 글 (가)의 시그마 용법을 이용하여 자신의 포부를 밝혀라.

> 사람은 주사위와 같아 스스로를 인생 속으로 던진다. 주사위에 뭐가 나올지는 신(神)만이 알 일이다. 하지만 주사위를 던지는 건 나 자신이다. 어떤 길로 가게 될지 두려워서 주사위 던지는 것을 주저한다면 앞으로 나아가지 못할 것이다.

3 인간은 사회적 동물이기에 서로에게 영향을 주고받으며 살아간다. 그렇다면 우리는 다른 이들에게 어떤 영향을 끼치며 살아가고 있는가?

4 '너'와 '나'를 더하면 '우리'가 된다. 더불어 살아가야 하는 공동체에서 우리는 어떠한 태도를 취해야 하는가?

5 게임의 본질은 '즐기는 것'과 '승리하는 것'이라고 할 수 있다. 이 두 가치는 동전의 양면과 같은데, 이를 동시에 이루기 위한 방안은 무엇인가?

문제 풀이

★ 생각 던지기

1-1 $\sum_{k=1}^{n}(a_k+b_k)^2 = 100$, $\sum_{k=1}^{n}a_k b_k = 30$ 이므로,

$\sum_{k=1}^{n}(a_k^2+b_k^2) = \sum_{k=1}^{n}\{(a_k+b_k)^2 - 2a_k b_k\} = \sum_{k=1}^{n}(a_k+b_k)^2 - 2\sum_{k=1}^{n}a_k b_k = 100 - 60 = 40$

1-2 $\sum_{k=1}^{10}k^2 + \sum_{k=2}^{10}k^2 + \sum_{k=3}^{10}k^2 + \cdots + \sum_{k=10}^{10}k^2 = \sum_{k=1}^{10}k^3$ 이 성립함을 설명하여라.

$(1^2+2^2+3^2+\cdots+10^2)+(2^2+3^2+\cdots+10^2)+(3^2+\cdots+10^2)+\cdots+(10^2)$

$= 1^2\times 1 + 2^2\times 2 + 3^2\times 3 + \cdots + 10^2\times 10 = \sum_{k=1}^{10}k^3$

1-3 $\sum_{k=1}^{24}(-1)^k a_k = -a_1 + a_2 - a_3 + a_4 - a_5 + \cdots - a_{23} + a_{24}$

$= (a_1 + a_2 + a_3 + \cdots + a_{24}) - 2(a_1 + a_3 + a_5 + \cdots + a_{23})$

$= \sum_{k=1}^{24}a_k - 2\sum_{k=1}^{12}a_{2k-1}$

5 10개의 병에 순서대로 번호를 붙인 다음, 약병에 붙은 번호만큼 알약을 꺼내어 저울에 재어 본다. 모두 진짜라면 55×100=5500이 되어야 하는데, 재었더니 무게가 5560이 나온다면 6번째 약병이 가짜임을 알 수 있다.

이 방법은 계산 과정이 번거롭고 시간이 오래 걸리는 문제점이 있다. 따라서 시그마 용법을 활용하면 쉽게 해결할 수 있다. 예컨대, 전부 진짜 약병이라고 가정하면,

약병 무게의 총합 $= 100\sum_{k=1}^{10}k = 100 \times \dfrac{10\times 11}{2} = 5500(mg)$

★ 생각 넓히기

4 $a_{12} = \sum_{k=1}^{12}a_k - \sum_{k=1}^{11}a_k = \dfrac{12\times 13}{2} - \dfrac{11\times 12}{2} = 12$

★ 생각 나누기

1 $(1+2+\cdots+10)^2 = 1^2+2^2+\cdots+10^2+2(1\times2+1\times3+\cdots+9\times10)$

$\Rightarrow 1\times2+1\times3+\cdots+9\times10 = \dfrac{1}{2}\{(1+2+\cdots+10)^2 - (1^2+2^2+\cdots 10^2)\}$

$= \dfrac{1}{2}\{(\sum\limits_{k=1}^{10}k)^2 - \sum\limits_{k=1}^{10}k^2\}$

17 피보나치수열 – 오늘은 아름다운 성장을 위한 징검다리

피보나치수열의 개념과 원리를 통해 인생에서 땀 흘림의 가치를 알고 노력하는 모습이 아름다운 성장으로 꽃 피고 열매로 드러남을 발견할 수 있다.

GAME

(가) 피보나치수열이란 처음 두 항을 더한 후, 다음 항부터는 바로 앞의 두 항을 더해 만드는 수열을 말한다. 예컨대 1, 1, 2, 3, 5, 8, …, 즉 $a_{n+2}=a_{n+1}+a_n$을 만족한다. 피보나치수열을 이용한 다음 게임을 같이 해 보자.

1) 갑부터 시작하여 갑과 을이 번갈아 가며 쌓여 있는 돌멩이 무더기에서 돌을 1개 이상 집어 온다. (단, 맨 처음 시작하는 사람은 모든 돌을 집어 오면 안 된다.)
2) 차례가 되어 돌을 집어 올 때는 상대가 집어 간 돌 개수의 두 배 이하로 집어 와야 한다. 예컨대, 갑이 2개를 집은 뒤였다면, 을은 1개부터 4개까지의 범위에서 돌을 집어 와야 한다. 이때, 을이 3개를 집어 갔다면, 다음 차례에 갑은 다시 1개부터 6개까지 사이에서 마음대로 돌을 집어 가면 된다.
3) 마지막 돌을 집어 간 사람이 승리한다.

(나) 한 농장에서 갓 태어난 토끼 암수 한 쌍이 있다. 한 쌍의 토끼는 생후 1개월 뒤에 다 자라고 다 자라면 매달 다시 암수 한 쌍을 낳는다. 어떤 토끼도 죽지 않는다고 가정할 때, 1년이 지난 후에 토끼는 모두 몇 쌍이 될까?

(다) 아래 그림의 왼쪽 직사각형은 한 변의 길이가 1인 정사각형에 한 변의 길이가 1인 정사각형을 왼쪽에 잇대어 그리고 그 위에 한 변의 길이가 2인 정사각형을 그린 것이다. 여기에 또 한 변의 길이가 3인 정사각형을 오른쪽에 잇대어 그리는 식으로, 점점 커지는 정사각형을 계속 이어 붙여 나가면서 그린 것이다. 가운데 나선은 각 정사각형에 사분원을 이어서 그린 것으로, 이 그림을 통해서 고둥이 성장하는 과정을 설명할 수 있다.

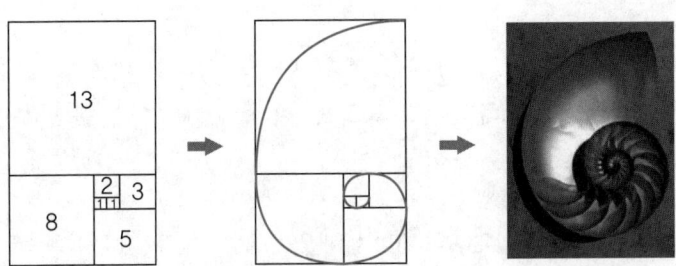

- 최수일·박성은, 《수학 교과서 속의 테마별 고난도 수학》

(라) 사람이 온다는 건
실은 어마어마한 일이다
그는
그의 과거와
현재와
그리고
그의 미래와 함께 오기 때문이다
한 사람의 일생이 오기 때문이다
부서지기 쉬운
그래서 부서지기도 했을
마음이 오는 것이다 - 그 갈피를
아마 바람은 더듬어볼 수 있을
마음,
내 마음이 그런 바람을 흉내낸다면
필경 환대가 될 것이다

- 정현종, 〈방문객〉

생각 던지기

 1 글 (가)에 나오는 게임의 원리를 설명하여라. 또한, 다음과 같이 따라 해 보았을 때 어떤 결과가 나올지 추론하고 그 원리를 설명하여라.

> 1) 임의의 자연수 2개를 적는다.
> 2) 두 수를 더한 값을 옆에 쓴다.
> 3) 그다음 항부터는 앞의 2개의 항을 더해 6개의 수를 계속 나열한다.
> 4) 6개의 수를 썼으면 멈추고 모든 수를 더한다.
> 5) 당신은 상대가 말하기 전에 처음의 수를 맞출 수 있다.

2 1번의 답을 바탕으로 다음 제시문들의 공통점을 설명해 보아라.

> - 당신은 바로 자기 자신의 창조자이다. – 카네기
> - 네가 뿌린 일은 네게 되돌아온다. – 맹자
> - 모든 원인은 하나 이상의 결과를 낳는다. – 하버트 스펜서

3 글 (다)를 읽고 고등이 성장하는 과정을 설명하여라.

4 흰 바둑돌과 검은 바둑돌이 있다. 이 바둑돌 n개를 흰 바둑돌끼리는 이웃하지 않도록 일렬로 나열하는 방법의 수를 a_n이라고 할 때, [보기]에서 옳은 것을 모두 골라라.

> **보기**
>
> ㄱ. $a_{n+2}=a_n+a_{n+1}$ ㄴ. $a_7=35$ ㄷ. $\sum_{k=1}^{10} a_k = a_{10}-a_2$

① ㄱ   ② ㄱ, ㄴ   ③ ㄱ, ㄷ   ④ ㄴ, ㄷ   ⑤ ㄱ, ㄴ, ㄷ

피보나치수열

5 글 (가)에 근거하여 글 (나)를 해결하고자 한다. 첫째 달, 둘째 달, 셋째 달, …에 토끼는 모두 몇 쌍이 되는지 수열로 나타내어라.

   5-1 위의 수열에서 n번째 달에 토끼 쌍의 수를 a_n이라 할 때, 수열 $\{a_n\}$이 피보나치수열이 됨을 설명하여라.

   5-2 세 항 a_n, a_{n+1}, a_{n+2} 사이의 관계식을 구하여라.

   5-3 $a_1 + a_2 + a_3 + \cdots + a_{12} = \sum_{k=1}^{12} a_k$의 값을 구하여라.

6 피보나치수열과 황금비는 서로 연관되어 있다. 다음 글에서 제시한 피보나치수열에서 황금비가 수렴하는 원리를 이해하고, 우리의 성장 과정 중에는 황금비가 어떻게 존재하는지 생각해 보자.

> 황금비란 인간이 인식하기에 가장 균형적이고 이상적으로 보이는 비율로 1.618을 의미한다. 피보나치수 사이의 비율이 1:1.618에 가까워진다는 것을 알 수 있는데 이를 황금비라고 한다. 황금비는 A4 용지, 사진 구도, 창문의 크기 등 실생활 속에서도 많이 사용되고 있다.
>
>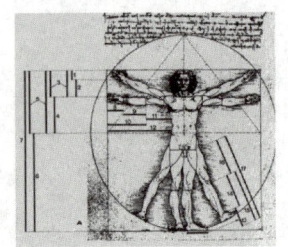

   6-1 선분의 길이 비를 이용하여 황금비가 1.618이 됨을 설명하여라.

   6-2 수열 $\{a_n\}$이 1, 1, 2, 3, 5, 8, 13, 21, 34, …일 때, $\lim_{n \to \infty} \dfrac{a_{n+1}}{a_n}$의 값을 구하고, 그 결과가 무엇을 의미하는지 설명하라.

   6-3 황금비가 아름다움의 상징이라고 가정할 때, 이 세상이 아름다운 근거를 제시하고 자신의 생각을 서술하라.

 생각 넓히기

1 아인슈타인은 "어제와 똑같이 살면서 다른 미래를 기대하는 것은 정신병 초기 증세이다"라고 했다. 글 (가)를 중심으로 글 (라)의 시를 설명하여라.

2 다음 시의 화자는 힘들고 슬펐던 시간들이 되돌아보니 소중한 경험이었다고 노래하고 있다. 이와 비슷한 자신의 경험을 나누어 보자.

> 한 세월 굽이돌다 보면 눈물 흘릴 때도 있겠지
> 눈물이 너무 깊어 이 가슴 무너질 때도 있겠지
> 하지만 나는 잊지 않으리
>
> 꽃잎에 맺힌 이슬에 햇빛 한 자락 내려앉으면
> 그 꽃잎의 눈물이 어느새 영롱한 보석이 되듯
> 나의 슬픈 눈물도 마냥 길지는 아니하여
>
> 행복한 웃음의 자양분이 되리라는 것을
>
> — 정연복, 〈인생〉

3 부정적인 사람은 자신의 노력이 아무런 도움이 되지 않을 것이라 생각하고 좌절한다. 이런 사람을 피보나치수열의 특징과 개념을 이용하여 위로한다면 어떤 말을 할 수 있을까?

4 피보나치수열에서 엿볼 수 있는 황금비와 관련하여 사회가 요구하는 아름다움과 자신이 생각하는 아름다움의 기준을 제시하고 그 이유를 설명하여라.

5 피보나치수열의 관계식 $a_{n+2}=a_n+a_{n+1}$에서 a_{n+1}을 오늘이라고 한다면, a_n은 어제가 되고, a_{n+2}는 내일이 된다. 이와 연관 지어 다음 시를 바탕으로 더 나은 내일을 위한 삶의 방안을 제시하여라.

> 내일이나 모레나 그 어느 즐거운 날에
> 나는 또 한 줄의 참회록을 써야 한다
> 그때 그 젊은 나이에 왜 그런 부끄런 고백을 했던가
>
> 밤이면 밤마다 나의 거울을
> 손바닥으로 발바닥으로 닦아 보자
>
> 그러면 어느 운석 밑으로 홀로 걸어가는
> 슬픈 사람의 뒷모양이 거울 속에 나타나 온다
>
>   - 윤동주, 〈참회록〉

생각 나누기

 1 지구에서 멀리 떨어진 '빈(bean)'이라는 행성에는 콩이 아주 많이 열린다. 그래서 빈 행성 사람들은 콩으로 만든 음식을 먹으며 살고 매년 가을이면 화려한 콩 페스티벌을 연다. 올해 콩 페스티벌에서는 모든 행성 주민을 대상으로 콩 먹기 대회가 열릴 예정이다. 행성 곳곳에 다음과 같은 대회 규칙이 적힌 포스터가 나붙었다. 이 대회에서 우승할 수 있는 전략을 세워 보자.

> [콩 먹기 대회 규칙]
> 1) A, B 두 사람이 번갈아 자기 차례에 콩을 한 개 이상 먹는다.
> 2) A가 맨 처음 순서에 모든 콩을 다 먹으면 안 된다.
> 3) 콩은 바로 앞 차례에서 먹은 콩 개수의 두 배 이내에서 얼마든지 먹을 수 있다.
> 4) 마지막 콩을 먹는 사람이 이긴다.

2 심리학자인 필 맥그로는 "오늘 누구를 만났는가? 무엇을 경험했는가? 무엇을 선택했는가?"에 따라 현재의 자아가 형성된다고 말한다. 이에 대하여 글 (가)와 (라)에서 공통된 핵심어를 제시하고, 그 논거를 논리적으로 설명하여라.

3 다음 성경 구절들을 글 (가)의 원리를 근거로 설명하여라.

> 스스로 속이지 말라. 하나님은 업신여김을 받지 아니하시나니 사람이 무엇으로 심든지 그대로 거두리라. 자기의 육체를 위하여 심는 자는 육체로부터 썩어질 것을 거두고 성령을 위하여 심는 자는 성령으로부터 영생을 거두리라. 　　　－〈갈라디아서〉 6:7~8
>
> 눈물을 흘리며 씨를 뿌리는 자는 기쁨으로 거두리로다. 　　－〈시편〉 126:5~6
>
> 내일 일을 위하여 염려하지 말라. 내일 일은 내일이 염려할 것이요, 한 날의 괴로움은 그 날로 족하니라. 　　　－〈마태복음〉 6:34

4 한국이는 영화 〈파이〉를 감상하고, 글 (다)의 문제와 관련하여 다음과 같은 소감을 밝혔다. 우리도 피보나치수열을 통해 배운 것을 나누어 보자.

> 영화에서 '수학은 자연의 언어'라고 말한다. 이에 대하여 내가 느낀 소감을 나누고자 한다.
> 첫째, 지나친 열정은 파멸을 불러온다. 자신의 일에 충실하고 열정을 갖는 것은 좋다. 하지만 자신의 상태를 돌아보지 않은 채 오직 목표에만 집착하다 보면 과부하가 걸리고, 결국 감당할 수 없는 고통을 불러온다. 맥스는 범접할 수 없는 자연의 어떠한 성질에 접근했고, 이카루스와 비슷한 최후를 맞게 된다. 인간은 적당히 살아갈 줄 알아야 한다. 지나친 욕망에 사로잡혀 무자비한 개발을 시도하는 이들에게 이 영화는 '섣불리 행동하면 똑같은 최후를 맞을 수 있다'는 무시무시한 메시지를 전한다. 과유불급(過猶不及)을 기억하자.
> 둘째, 인생은 유한하지만, 꿈은 무한히 펼칠 수 있다. 황금나선곡선에서 얻은 깨달음이다. 역설적인 말인데, 인간은 유한한 삶을 산다. 그것을 거스르면 안 된다. 자연의 일부로서 자연의 섭리를 따라야만 한다. 황금나선곡선도 이와 비슷하다. 중심으로 갈수록 원의 폭이 좁아진다. 하지만 황금나선곡선을 계속 그려 나가기 위해서는 밖으로 뻗어 가야 한다. 그리고 뻗어 나가는 속도는 예측할 수 없다. 우리의 인생도 마찬가지다. 우리의 꿈은 저 곡선처럼 멀리 뻗어 나갈 수 있다. 물론 지나친 것은 나쁘다. 중용을 지키는 것이 어렵지만, 꿈은 무한히 꿀 수 있다. 꿈을 꾸고, 행동하자.

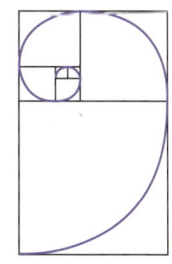

문제 풀이

★ 생각 던지기

1 자연수를 피보나치수의 합으로 표현하는 것을 '제켄도르프 분해법'이라고 한다. 피보나치의 돌 줍기 게임을 '제켄도르프 분해법'으로 나타내 보면, 피보나치수일 때는 나중에 하는 사람이 승리하고 아닐 때는 먼저 하는 사람이 승리한다는 점을 알 수 있다. 즉, 피보나치수만큼 남도록 하는 것이 필승 전략이다. 이기기 위해서는 갑이 피보나치수가 아닌 N개의 돌로 시작할 경우 가장 작은 피보나치수로 먼저 집어 와야 한다.

1) 처음 시작한 두 수를 a, b라고 하자. ⇨ 만일 3, 5라면,
2) $a, b, a+b, a+2b, 2a+3b, 3a+5b$ ⇨ 3, 5, 8, 13, 21, 34
3) 모두 더하면 $8a+12b$ ⇨ 3+5+8+13+21+34=84
4) 이것은 5번째 수에 4를 곱한 값과 같다. ⇨ 21×4

3 맨 오른쪽 직사각형 안에 있는 4개의 정사각형의 한 변의 길이는 각각 1, 1, 2, 3이다. 사각형끼리 접하는 위치가 돌아가면서 바뀌기 때문에 각 정사각형의 사분원을 따라 그리면 나선 모양이 된다. 고둥의 반지름 길이도 피보나치수열을 이루면서 둥글게 성장해 나가기 때문에 나선형으로 자라는 것이다.

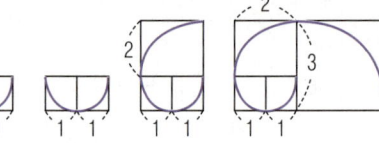

4 정답: ①번
$a_1=2, a_2=3, a_3=5, a_4=8, \cdots, a_7=34$
따라서 $a_{n+2}=a_n+a_{n+1}$이 성립한다.

ⅰ) 맨 처음에 흰 바둑돌이 놓인 경우, 두 번째에는 반드시 검은 바둑돌이 와야 한다. 그리고 나머지 n개의 자리에는 바둑돌 n개를 흰 바둑돌끼리는 이웃하지 않도록 나열하면 된다.

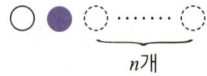

ⅱ) 맨 처음에 검은 바둑돌이 놓인 경우, 나머지 $n+1$개의 자리에는 바둑돌 $n+1$개를 흰 바둑돌끼리는 이웃하지 않도록 나열하면 된다. 이와 같은 방법의 수는 a_{n+1}이다.

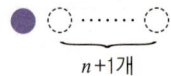

i), ii)에서 $a_n+a_{n+1}=a_{n+2}(n=1, 2, 3, \cdots)$
$a_n=a_{n+2}-a_{n+1}$이므로
$\sum_{k=1}^{10} a_k=(a_3-a_2)+(a_4-a_3)+\cdots+(a_{12}-a_{11})=a_{12}-a_2$

5 토끼 쌍의 수는 1, 1, 2, 3, 5, 8, 13, 21, 34, 55, 89, 144, $\cdots$
즉, 앞 두 항의 합이 다음 항을 만드는 수열이 된다.

5-1 피보나치수열은 앞 두 항의 합이 다음 항을 만드는 수열이다.
즉, $a_{n+2}=a_n+a_{n+1}$이 된다.

5-2 $a_{n+2}=a_n+a_{n+1}$

5-3 $a_n=a_{n+2}-a_{n+1}$
$\sum_{k=1}^{12} a_k=a_3-a_2+a_4-a_3+\cdots+a_{14}-a_{13}$
$=a_{14}-a_2$

6-1 $\overline{AC}:\overline{CB}=\overline{AB}:\overline{AC} \Leftrightarrow x:1=x+1:x$
$x^2=x+1, \ x^2-x-1=0$
$x=\dfrac{1+\sqrt{5}}{2} \quad \therefore x \fallingdotseq 1.618$

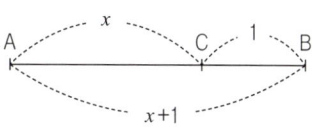

6-2 $a_{n+1}=a_n+a_{n-1}$이므로 양변을 a_n으로 나누면 $\dfrac{a_{n+1}}{a_n}=1+\dfrac{a_{n-1}}{a_n}$
$\lim_{n \to \infty} \dfrac{a_{n+1}}{a_n}=\lim_{n \to \infty}(1+\dfrac{a_{n-1}}{a_n})$에서 $\lim_{n \to \infty} \dfrac{a_{n+1}}{a_n}=x$ 라 하면, $\lim_{n \to \infty} \dfrac{a_{n-1}}{a_n}=x$ 이다.
따라서, $x=1+\dfrac{1}{x}, \ x^2-x-1=0 \quad \therefore x=\dfrac{1+\sqrt{5}}{2}(x>0)$ [황금비]

★ 생각 나누기

1 피보나치수열 1, 1, 2, 3, 5, 8, 13, 21, 34, …에는 두 가지 특징이 있다.

> 첫째, 이웃하는 두 피보나치수에서 큰 수는 작은 수의 2배를 넘지 않는다.
> 둘째, 이웃하지 않는 두 피보나치수에서 큰 수는 작은 수의 2배를 넘는다.

따라서, 이웃하지 않는 피보나치수로 콩 무더기를 나누면 둘째 무더기에는 첫째 무더기의 2배가 되는 콩이 있게 된다. 그러므로 첫째 무더기를 통째로 가져가면 상대는 항상 다음 무더기를 통째로 가져갈 수 없게 되고, 결국 마지막에 남는 콩은 내가 차지하게 된다. 예컨대, 20개로 시작했을 때의 승리 전략으로 먼저 20에서 가장 큰 피보나치수 13을 빼고 7을 남기고, 남은 7에서도 피보나치수 5를 빼어 2를 남기면 승리한다. 이 수는 피보나치수이며, 따라서 20=13+5+2와 같이 피보나치수의 합으로 쓸 수 있다. 이것을 '제켄도르프 분해'라고 부른다.

18 등차수열 – 균형 있는 삶이 아름다운 공동체를 만든다

수열을 통해 마방진의 개념과 원리를 파악하고, 그 속에 담긴 의미를 발견하여 균형 있는 삶을 디자인할 수 있다.

(가) 수열 1, 2, 3, 4, 5, …은 첫째 항 1에 차례로 1을 더하여 얻어진 수열이다. 이와 같이 첫째 항에 차례로 일정한 수를 더하여 얻어지는 수열을 등차수열이라 하고, 일정한 수를 공차라고 한다.

(나) 마방진은 가로, 세로 $n \times n$칸에 1부터 n의 제곱까지의 자연수열을 한 번씩 넣어 행과 열, 대각선 각 방향에 있는 숫자의 합이 모두 같도록 만든 정방행렬이다. 각 줄의 합은 수학적으로 풀어 보면 $\dfrac{n(n^2+1)}{2}$이 된다. 마방진에는 정사각형 마방진과 지수귀문도 등이 있다. 자연수로 된 마방진에는 1×1, 3×3, 4×4, 5×5, …과 같이 2×2를 제외하고 1부터 무한대 숫자까지 존재한다.

(다) 건축가 가우디는 새로운 발상을 건축에 담기 위해 수학을 활용했다. 스페인 바르셀로나에 있는 사그라다 파밀리아 대성당에서는 마방진을 발견할 수 있는데, 이는 가우디가 성당의 정체성을 표현하기 위해 암호처럼 감춰 놓은 수학적 상징이다. 그리스도의 수난이 조각되어 있는 파사드쪽 문에 가로 4칸, 세로 4칸 크기의 마방진이  조각되어 있다. 하지만 이는 마방진 형태만 띠고 있을 뿐 마방진의 규칙에는 어긋난다. 마방진은 숫자가 일정한 칸 안에 한 번씩만 들어가야 하는데 사그라다 파밀리아 성당의 마방진은 10과 14를 중복해 사용한다. 중복된 숫자들을 모두 더하면 48이 나오는데, 48은 9+13+17+9로 나타낼 수 있다. 이 숫자를 라틴어 알파벳 순서에 대응해 보면 I(9), N(13), R(17), I(9), 즉 'INRI'라는 단어가 만들어진다. 이는 '나사렛 예수, 유다의 왕'이라는 의미이다. 또한 가로, 세로, 대각선의 방향으로 각각 숫자를 더했을 때 33이 되는데 이는 예수 그리스도의 죽음과 부활을 기념하는 의미이다.

(라) 다음 그림은 조선 정조 때 화가로 해학과 정감이 넘치는 풍속화를 다수 그린 단원 김홍도의 대표작 〈씨름〉이다.

📖 생각 던지기

1 글 (가)를 이용하여 다음 수열의 합을 찾아보자.

$$1+2+3+4+\cdots+100$$

2 마방진은 가로세로 $n \times n$칸에 1부터 n의 제곱까지의 자연수열을 한 번씩 넣어 행과 열, 대각선의 각 방향의 합이 모두 같도록 만든 정방행렬이다. 각 줄의 합이 $\dfrac{n(n^2+1)}{2}$이 됨을 설명하여라.

3 홀수 마방진과 짝수 마방진을 푸는 과정을 인터넷으로 찾아보고, 다음의 3×3 마방진과 4×4 마방진을 통해 그 원리를 익혀 보자.

4	9	2
3	5	7
8	1	6

1	15	14	4
12	6	7	9
8	10	11	5
13	3	2	16

4 1부터 9까지 번호가 적힌 공 9개가 있다. 그림과 같이 가로, 세로, 대각선 방향에 놓인 공에 적힌 수들의 합이 각각 15가 되도록 3×3 격자판 위에 빈칸 없이 공을 배열하였다. 위와 같은 방법으로 5부터 40까지 번호가 적힌 36개의 공을 가로, 세로, 대각선 방향에 놓인 공에 적힌 수들의 합이 각각 m이 되도록 $n\times n$ 격자판 위에 빈칸 없이 모두 배열할 때, $m+n$의 값을 구하여라.

④	⑨	②
③	⑤	⑦
⑧	①	⑥

5 글 (다)에 나오는 사그라다 파밀리아 대성당의 마방진에 대한 다음 물음에 답하여라.

5-1 4×4 마방진의 원리에 어긋나는 것은 무엇인지 제시하고 그 속에 담긴 의미를 찾아보자.

5-2 가로, 세로, 대각선 방향으로 각각의 숫자를 더했을 때 그 값은 33이 된다. 그 의미는 무엇인가?

1	14	14	4
11	7	6	9
8	10	10	5
13	2	3	15

생각 넓히기

1 글 (나), (다), (라)의 공통된 핵심어는 균형이다. 우리의 삶에서도 균형이 깨지는 것에 대한 두려움이 있다. 다음에 제시된 미셸 오바마의 어록에서 이에 대한 대안을 찾아보자.

> Stop worring so much about getting things wrong.
> 일이 잘못될까봐 너무 많이 걱정하지 마세요.
> Success has nothing to do with perfection.
> '성공'은 '완벽'과는 아무런 관련이 없어요.
> So, stop being nervous.
> 그러니 그만 불안해하세요.
> Get it wrong. learn from your mistakes and keep moving on.
> 실패를 경험하고 실수로부터 가르침을 얻으세요. 그리고 계속 나아가세요.
>
> — 미셸 오바마(Michelle Obama)

2 그림과 같이 삼각형 꼴로 배열된 9개의 원에 1부터 9까지의 모든 수를 써넣어 삼각형의 각 변에 놓인 4개의 수의 합이 17이 되도록 하려고 한다. 어떤 수를 써넣어야 하는지 마방진의 원리를 이용하여 설명하여라. 또한, 이 문제를 통해 균형 있는 삶을 살아가기 위한 수학적 방안을 찾아보아라.

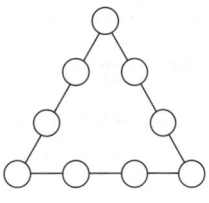

3 글 (라)에 나오는 김홍도의 그림에는 22명의 사람이 다양한 모습을 하고 있다. 다음 물음에 따라 그림을 감상해 보자.

> 1) 그림에서 신을 벗고 버선만 신고 있는 사람은 몇 명인가?
> 2) 다음 경기에 씨름할 선수는 누구인가?
> 3) 화가는 왜 씨름 선수들을 중앙에 그렸는가?
> 4) 왜 대부분의 사람들은 흰옷을 입고 있는가?
> 5) 씨름과 무관한 엿장수는 왜 등장할까?
> 6) 그림에 등장한 사람 수는 몇 명인가?
> 7) 등장한 사람의 수에는 어떤 규칙성이 있는가?

4 인간은 누구나 완벽한 삶을 꿈꾼다. 그리고 그것을 완성하기 위해 행복 또는 행운이라는 이름으로 채우려 한다. 그렇다면, 내가 생각하는 완벽한 삶은 무엇이고 그러한 삶을 살았던 사람은 누구인지, 사례를 들어 마방진의 원리에 따라 설명해 보자.

5 드라마 〈뿌리 깊은 나무〉 1화를 감상하고, 33방진을 풀고 있던 어린 세종과 아버지 태종이 마방진을 풀어 가는 방법에 대하여 이야기 나누어 보자.

> 세종은 어린 시절 선왕이자 아버지 태종 이방원의 권력을 강화하는 데 이용되고, 아버지의 권력에 눌려 살아가는 힘없는 허수아비였다. 태종은 권력을 유지하기 위해 영의정을 없앨 음모를 꾸미고 세종은 영의정에게 피신하라는 전갈을 보내지만, 태종의 계략으로 결국 영의정은 역적으로 몰려 희생되고 만다. 이처럼 사람을 죽이고 없애는 과정에서 정서적, 심리적으로 안정을 찾지 못하고 불안을 느낄 때마다 세종은 마방진을 풀었다.
>
> 어느 날 33방진을 풀고 있는 세종의 방에 아버지 태종이 들어온다. 태종은 앞에 놓여 있던 33방진을 간단히 푸는 방법이 있다며 기상천외한 방법을 제시하고 이와 관련한 자신의 이야기를 한다.

 생각 나누기

1 글 (가)에 근거하여 1부터 36까지 늘어놓아 어느 방향으로든 6개의 숫자를 더하면 같은 숫자(태양의 숫자)가 나오는 6×6 마방진을 만들어 보자. 이 같은 마방진을 666 Magic Squar라고 한다.

1-1 여기에는 어떤 원리와 비밀이 숨어 있는가?

1-2 각 선상의 숫자의 합과 표 안의 숫자의 합을 구하여라.

6	32	3	34	35	1
7					
		16	15		24
			21	17	13
25	29		9		
	5			2	31

2 666 Magic Squar에서 태양은 하나님을 상징하는데, 지상의 왕인 사탄은 자신이 태양이라고 주장한다. 이 때문에 이 세상은 늘 긴장 상태가 된다. 그렇다면 우리는 이러한 상황에서 어떻게 해야 하는가?

3 자신의 삶을 마방진에 비유했을 때 중복되거나 빠져서 마방진의 원리에서 벗어난 것이 있다면 무엇인가? 마방진의 원리에 충실한 삶을 살아가기 위한 방안을 제시하여라.

4 다음 스도쿠 퍼즐의 빈칸을 채워 보고, 스도쿠 게임을 통해 배울 수 있는 교훈을 나누어 보자.

스도쿠 게임은 마방진을 활용해서 만들어진 퍼즐 게임이다. 18세기 스위스의 수학자 레온하르트 오일러가 창안한 라틴방진(Latin Square)에 기초해 미국의 건축가 하워드 간즈(Howard Garns)가 넘버플레이스(Number Place)라는 이름으로 1979년에 소개하였다. 스도쿠 퍼즐은 총 81개의 칸과 9개의 구역으로 이루어져 있다. 각 구역마다 빈칸에 1부터 9까지의 숫자를 채워 넣어야 하는데, 전체 판의 가로세로로도 같은 숫자가 겹치지 않도록 해야 한다.

8		5			6			
6	3				7			
				8		5	2	6
7				4				5
	2		3		5		4	
9				1				2
3	4	9		6				
			7				8	9
			9			6		1

문제 풀이

★ 생각 던지기

1 $S_n = \dfrac{100(1+100)}{2} = 5050$

4 5부터 40까지의 수는 모두 36개이므로 $m=6$
가로, 세로, 대각선 방향에 놓여 있는 공에 적힌 수들의 합이 각각 m이 되어야 하므로
$\dfrac{5+6+\cdots+40}{6} = 135$ $\therefore m+n = 135+6 = 141$

5-2 요셉과 성모 마리아가 결혼한 나이 – 33세
예수가 죽었다고 알려진 나이 – 33세
창세기에서 예수가 나오는 횟수 – 33회
예수님이 기적을 행한 횟수 – 33회

★ 생각 넓히기

2 세 꼭짓점에 오는 숫자를 x, y, z라고 하면, 각 변에 놓인 4개 숫자의 합이 17이므로 세 변에 놓인 수를 모두 합하면 $17 \times 3 = 51$이 된다.
그런데 세 변에 놓인 수를 모두 합할 때 세 꼭짓점에 있는 x, y, z는 두 번씩 더해지므로 $1+2+3+\cdots+9+x+y+z=51$이다.
따라서 $x+y+z=6$이다. 세 자연수의 합이 6이 되는 경우는 1, 2, 3뿐이므로 각 꼭짓점에 들어갈 수는 정해졌다. 한 변에 놓인 4개의 수의 합이 17이 되어야 하므로 1과 2 사이에는 두 수의 합이 14가 되는 6, 8이 들어간다. 2와 3 사이에는 두 수의 합이 12가 되는 5와 7이 들어간다. 1과 3 사이에는 두 수의 합이 13이 되는 4, 9가 들어간다.

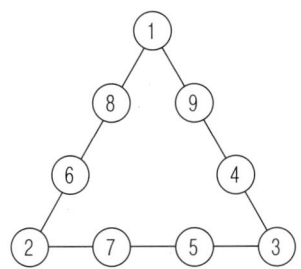

그려진 사람 수의 가로와 세로, 대각선의 합이 모두 12로 같다.

5 이어지는 대화에서 태종은 33방진을 간단히 푸는 방법에 대해 다음과 같이 이야기한다.

> 태종: 사각의 모든 열, 모든 대각선의 합이 같은 값이 나오는 것을 방진이라고 하죠.
> 세종: 예, 그렇사옵니다.
> 태종: 나는 해 본 적이 없소마는 너무 간단하고 쉬워요. 숫자 하나(1)만 남겨두고 다 버리면 행과 열로 그리고 대각선으로 더해도 모두 1이지요. 이런 33방진도 간단하오. 숫자 하나만 남겨두고 다 버리면 되는 것입니다. 백방진, 천방진, 만방진, … 어떤 것도 나는 풀 수 있어요.
> 33방진도 그리 어려워 못 푸는데, 세상일은 몇 십만 방진인데, 100년을 살지 200년을 살지 모르는데, 그래서 어찌 풀겠소. 이렇게 하는 것이오, 왕의 지위란. 그게 권력이요. 필요 없는 것을 없애고 방해되는 것도 없애고 단 하나, 힘을 모을 수 있는 것만 남기는 것. 그게 나, 이방원이다.

⇨ 태종은 33마방진에서 정중앙에 1만 두고 다른 숫자들은 모두 버리면 해결된다고 한다. 그리고 자기 자신이 바로 그 하나 남은 1이라고 말한다. 이는 자신의 권력을 유지하기 위해 주변에 방해가 되는 모든 사람은 제거한다는 의미이다. 반면에 세종은 1부터 9까지의 모든 숫자를 사용하여 가로, 세로, 대각선 모두의 합이 같도록 하고자 했다. 태종과의 차이를 대조적으로 보여주는 부분이다.

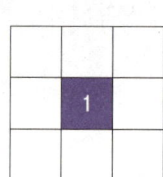

★ 생각 나누기

1 6행 6열의 마방진은 태양을 상징하는데, $1+2+3+\cdots+35+36=\dfrac{36(1+36)}{2}=666$ 이므로 각 선상의 수의 합은 111이고, 마방진의 모든 수를 더하면 666이 된다.

태양은 원래 하나님을 상징하는데(시편 84:11) 지상의 왕인 사탄은 자신이 태양이라고 우긴다. 그래서 이집트, 바빌론, 로마 등에서 최고의 신은 태양신이었고 태양신은 사탄을 의미했다. 이집트의 호루스 신과 바빌론의 샤마시 신, 그리스의 아폴로 신을 태양신으로 섬겼던 것이다. 따라서 666은 사탄을 상징한다고 할 수 있다.

6	32	3	34	35	1
7	11	27	28	8	30
9	14	16	15	23	24
8	20	22	21	17	13
25	29	10	9	26	12
36	5	33	4	2	31

4

8	1	5	4	2	6	7	9	3
6	3	2	5	9	7	8	1	4
4	9	7	1	8	3	5	2	6
7	8	3	2	4	9	1	6	5
1	2	6	3	7	5	9	4	8
9	5	4	6	1	8	3	7	2
3	4	9	8	6	1	2	5	7
5	6	1	7	3	2	4	8	9
2	7	8	9	5	4	6	3	1

19 순열과 조합 – 풍요 속에 빈곤을, 빈곤 속에 풍요를

순열과 조합의 개념과 원리를 통해 삶의 다양성을 찾아보고, 우리 민속놀이에 담긴 수학적 원리를 발견할 수 있다. 또한 이를 통해 선조들의 삶을 엿볼 수 있다.

(가) 서로 다른 n개에서 $r(0<n<r)$개를 택하여 일렬로 나열하는 것을 n개에서 $r(0<n≤r)$개를 택하는 '순열'이라 하고, 이 순열의 수를 기호 $_nP_r$로 나타내며, 다음과 같이 계산한다.

$$_nP_r = n \times (n-1) \times (n-2) \times \cdots \times (n-r+1) = \frac{n!}{(n-r)!}$$

또, 서로 다른 n개를 원형으로 나열하는 순열을 '원순열'이라 하고, 다음과 같이 계산한다.

$$\frac{n!}{n} = (n-1)!$$

(나) 서로 다른 n개에 순서를 생각하지 않고 $r(n≥r)$개를 택하는 것을 n개에서 r개를 택하는 '조합'이라 하고, 이 조합의 수를 기호 $_nC_r$로 나타내며, 다음과 같이 계산한다.

$$_nC_r = \frac{_nP_r}{r!} = \frac{n!}{r!(n-r)!}$$

GAME

(다) '말뚝박기'는 말과 마부를 정하거나 편을 나누어 번갈아 말을 타기도 하고 말이 되기도 하면서 노는 놀이를 말한다. 옛날에는 말이 최상의 교통수단이었지만 서민층 아이들에게는 말을 탈 기회가 거의 없었다. 이런 욕구가 놀이로 구현되어 만들어진 것이다. 우리 놀이 중에는 말과 관련된 놀이가 많은데 발생 동기는 모두 유사할 것으로 추정된다. 방법과 규칙은 조금씩 달라도 우리나라뿐 아니라 세계 여러 나라에서 쉽게 찾아볼 수 있는 놀이이다. 말뚝박기 놀이 중 편을 나누어 하는 방법은 다음과 같다. 양편은 가위바위보를 해서 진 편부터 말이 되어 말 주인 밑에 허리를 굽히고 머리를 박고 늘어서면 이긴 편 사람들이 순서대로 여기에 올라탄다. 만약 말을 탈 때에 말에게 채이면 실격이 되어 말이 바뀐다.

GAME

(라) 수건돌리기 놀이는 주로 소녀들이 많이 했던 놀이로, '뒤로 수건돌리기'와 '다리 밑으로 수건돌리기'가 있다. 시작할 때 가위바위보를 해서 술래를 뽑고 나머지 사람들은 둥글게 안을 보고 원을 이루어 앉는다. 뽑힌 사람은 수건을 뭉쳐 들고 원을 그리며 앉은 사람들 뒤로 돌다가 슬그머니 한 아이 등 뒤에 수건을 떨어뜨려 놓는다. 눈치챈 사람은 재빨리 수건을 주워 술래의 뒤를 쫓아가 잡는다. 술래가 수건을 놓은 사람의 빈자리에 앉을 때까지 잡지 못하면 술래가 바뀐다. 또한 이때 수건이 자기 뒤에 놓인 것을 모르고 있다가 술래가 한 바퀴를 돌아와 등을 치면, 그 사람은 술래가 시키는 대로 벌칙을 수행해야 한다.

GAME

(마) 임진왜란 때 이순신 장군이 해남 우수영에서 왜군과 대치하면서 조선 수병들이 많아 보이게 하려고 부녀자들로 하여금 남장을 하고 옥매산(玉埋山) 허리를 빙빙 돌게 하자 적들이 지레 겁먹고 달아나 버렸다는 일화가 있다. 싸움이 끝나고 부녀자들이 이 일을 기념하려고 '강강수월래'라는 노래를 부르며 즐긴 것이 오늘날까지 남아 있는 강강수월래의 유래라고 한다. 강강수월래는 선창과 후렴을 하면서 여자들이 둥근 원을 그리는 군무(群舞)를 추는 놀이다.

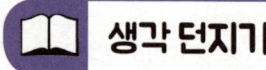

1 글 (가)와 (나)의 개념과 원리를 이용하여 공식을 증명하고, 글 (다)~(마)의 놀이를 익혀 보자.

2 다음 그림은 어떤 학생이 작성한 수행평가 보고서의 표지이다. 머리말, 제목, 인적사항 의 글꼴을 표에서 각각 한 개씩 선택하여 바꾸려고 할 때, 모두 다른 경우의 수를 구하라.

구분	글꼴
머리말	중고딕, 견고딕, 굴림체
제목	중고딕, 견고딕, 굴림체 신명조, 견명조, 바탕체
인적사항	신명조, 견명조, 바탕체

3 영희와 철수를 포함해서 24명의 학생이 수련회에서 다음과 같은 놀이를 하고자 한다.
  3-1 글 (다)의 말뚝박기 놀이를 12명씩 공수(攻守) 양 팀으로 나누어 하고자 할 때 경우의 수는 얼마인가?
  3-2 글 (라)의 수건돌리기 놀이를 하고자 할 때, 철수와 영희가 이웃하게 되는 경우의 수는 얼마인가?
  3-3 영희와 철수를 포함하여 12명의 아이를 뽑아 글 (마)의 강강수월래를 하려고 할 때, 영희와 철수가 이웃하지 않는 경우의 수는 얼마인가?

생각 넓히기

1 놀이와 게임에는 반드시 규칙이 있고 아군과 적군의 이분법적 원리가 전제된다.
  1-1 내 인생의 규칙은 무엇인가?
  1-2 나는 어떤 게임과 놀이를 하고 있는가?

2 글 (다)~(마)에 제시된 놀이를 자신의 삶에 적용해 보고, 다음의 관점에 따라 어떠한 삶을 살아갈 것인지 포부를 밝혀라.

2-1 글 (다)처럼 일렬로 세우려는 경쟁의 사회구조 관점에서 어떻게 살아갈 것인가?

2-2 글 (라)처럼 원형으로 둘러앉는 사회구조 관점에서 어떻게 살아갈 것인가?

2-3 글 (마)처럼 원순열을 그대로 뒤집었을 때 같은 것은 하나로 보는 염주순열의 사회구조 관점에서 어떻게 살아갈 것인가?

생각 나누기

1 글 (다)에 소개된 말뚝박기 놀이는 서민층 아이들의 욕구가 놀이로 구현된 것이라고 한다. 어느 시대에든 사회의 불평등은 반드시 존재한다. 이에 대한 욕구를 놀이로 승화시키는 방법에 대하여 이야기해 보자.

2 글 (마)의 강강수월래에는 왜군과의 싸움에서 조선 수병이 많은 것처럼 보이게 하려는 전략이 담겨 있다. 현재 우리 국가를 둘러싼 국제 상황의 문제점을 제시하고 이를 극복하기 위한 방안을 토론해 보자.

3 글 (가)와 (나)의 개념과 원리를 이용하여 다음 문제를 해결하고, 글 (다)~(마)의 놀이와 연결하여 그 의미가 무엇인지 토론해 보자.

그림과 같이 서로 접하고 크기가 같은 원 3개와 이 세 원의 중심을 꼭짓점으로 하는 정삼각형이 있다. 원의 내부, 또는 정삼각형의 내부에 만들어지는 7개의 영역에 서로 다른 10가지 색 중에서 7가지 색을 골라 칠하려고 한다. 한 영역에 한 가지 색만을 칠할 때, 색칠한 결과로 나올 수 있는 경우의 수는? (단, 회전하여 일치하는 것은 같은 것으로 본다.)

문제 풀이

★ 생각 던지기

1 $_nP_r = n \times (n-1) \times (n-2) \times \cdots \times (n-r+1)$
$ = n \times (n-1) \times (n-2) \times \cdots \times (n-r+1) \times \dfrac{(n-r) \times \cdots \times 2 \times 1}{(n-r) \times \cdots \times 2 \times 1}$
$ = \dfrac{n!}{(n-r)!}$

$_nC_r \times r! = {_nP_r}$이므로, $_nC_r = \dfrac{_nP_r}{r!} = \dfrac{n!}{r!(n-r)!}$

2 머리말과 인적사항의 글꼴들은 모두 다르므로 머리말의 글꼴을 선택하는 경우의 수는 3, 인적사항의 글꼴을 선택하는 경우의 수는 3이다. 각각에 대하여 제목의 글꼴을 선택하는 경우의 수는 머리말, 인적사항의 글꼴을 제외한 4이다. 따라서 구하는 경우의 수는 3×3×4=36이다.

3-1 A, B 두 팀으로 나누어 공수를 구분하는 방법은 $_{24}C_{12} \times 2$
각 팀마다 순서대로 나열하는 방법은 12!
따라서, $_{24}C_{12} \times 2 \times (12! \times 12!)$

3-2 영희와 철수를 하나로 묶어 생각하면 23명이 원형으로 둘러앉는 경우에 영희와 철수가 서로 바꾸어 앉은 경우를 생각하면 된다. 22!×2

3-3 영희와 철수는 제외한 22명 중에서 10명을 뽑으면, $_{22}C_{10}$,
12명이 원형으로 둘러앉는 방법에서 영희와 철수가 이웃하는 경우를 제외하면 된다. 11!−10!×2
따라서 $_{22}C_{10} \times (11! - 10! \times 2)$

★ 생각 나누기

3 10가지 색 중에서 7가지 색을 선택한다. ⇨ $_{10}C_7$
회전을 고려하지 않고 7개의 영역에 7가지 색을 칠하는 경우의 수는 7!
120°씩 회전하면 같은 것이 되므로 회전할 때마다 같은 것이 3가지씩 생긴다.

따라서 $_{10}C_7 \times \dfrac{7!}{3}$

20 수열의 귀납적 정의 - 나를 찾는 길이라면, 먼 시간이 지나도 좋다

콜라츠 추측의 개념과 원리를 통해 인생의 시작과 끝은 우리가 결정할 수 없지만 그 길을 걸어가는 방식은 우리가 추구하는 가치기준에 따라 무한의 색을 가질 수 있으며, 목적지에 도달하는 방법에는 직선의 길만 있는 것이 아님을 발견할 수 있다.

(가) 임의의 자연수를 선택하고, 그 수가 짝수면 2로 나누고, 홀수면 3을 곱한 후 1을 더한다. 이 과정을 계속 반복하다 보면 그 수는 무조건 1이 된다. 이를 콜라츠 추측이라 한다. 예컨대, 32-16-8-4-2-1과 같이 5단계를 거치면 1이 된다.

$$f(n) = \begin{cases} \dfrac{n}{2} & (n\text{이 짝수인 경우}) \\ 3n+1 & (n\text{이 홀수인 경우}) \end{cases}$$

(나) 우박은 우박 핵이 상승기류에 의해 상층으로 이동하고, 다른 작은 우박 알갱이와 과냉각 빗방울이 충돌하면서 성장하기 시작한다. 상승기류가 지탱하지 못할 정도로 우박이 커지면 지상으로 떨어지고, 상승기류가 강할 경우 다시 구름 속으로 들어가 더 큰 우박으로 성장한다. 우박은 이 과정을 몇 번이나 반복하게 된다.

(다) 인간은 목표를 추구하는 동물이다. 인간의 삶은 목표를 향해 나아가고 노력할 때만 의미가 있다.

- 아리스토텔레스

너희가 어떻게 행할지를 자세히 주의하여 지혜 없는 자 같이 하지 말고, 오직 지혜 있는 자 같이 하여 세월을 아끼라. 때가 악하니라.

- 〈에베소서〉 5:15~16

(라) 인생의 길은 산행(山行) 같은 것
가파른 오르막 다음에는 편안한 내리막이 있고
오르막의 길이 길면 내리막의 길도 덩달아 길어진다
그래서 인생은 그럭저럭 살아갈 만한 것
완전한 행복이나 완전한 불행은 세상에 없는 것
살아가는 일이 괴롭고 슬픈 날에는
인생의 오르막을 걷고 있다고 마음 편히 생각하라
머잖아 그 오르막의 끝에 기쁨과 행복의 길이 있음을 기억하라
내가 나를 위로하며 한 발 한 발 걸어가는
인생의 길은 그래서 알록달록 총천연색 길
오르막과 내리막이 교차하는 고달파도 고마운 길
오! 너와 나의 인생의 길이여

— 정연복, 〈인생의 길〉

생각 던지기

1 수열 $\{a_n\}$은 $a_1=1$이고, 모든 자연수 n에 대하여
$$a_{n+1} = \begin{cases} a_n + 3 & (n\text{이 홀수인 경우}) \\ 2a_n - 1 & (n\text{이 짝수인 경우}) \end{cases}$$
를 만족시킨다. a_5의 값은?

2 글 (가)의 콜라츠 추측을 이용하여 다음 수를 풀어 보아라.

> 92, 340, 6, 7

3 다음은 39를 콜라츠 추측에 따라 1이 될 때까지 계산하는 과정을 나타낸 그래프이다. 물음에 답하여라.

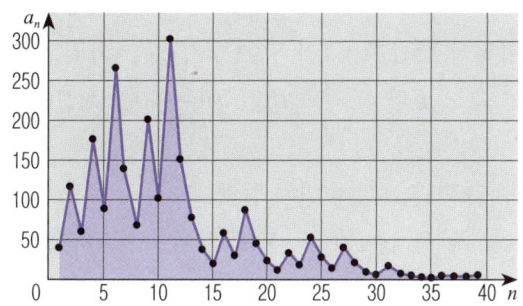

3-1 콜라츠 추측은 우박 수열, 롤러코스터 수열 등으로 불린다. 글 (나)를 통하여 그 이유를 생각해 보자.

3-2 인생이란 문제의 그래프처럼 상승과 하강의 순간들이 모여 만들어진 삶의 이야기라고 할 수 있다. 글 (라)를 읽고 콜라츠 추측의 의미가 무엇인지 이야기해 보자.

4 영화 〈페르마의 밀실〉에서 문제로 나오는 '골드바흐 추측'에 대하여 알아보자.

5 다음 글을 읽고 콜라츠 추측의 개념으로 배울 수 있는 삶의 원리를 찾아보자. 예컨대, 32는 5번만에 1에 도달하지만 바로 전의 숫자 31은 106번의 계산 과정을 거쳐야만 1이 될 수 있다. 이 같은 사례를 우리 사회에서 찾아내어 그 원인과 대안을 생각해 보자.

> 누군가는 성공하고 누군가는 실수할 수도 있다. 하지만 이런 차이에 너무 집착하지 말라. 타인과 함께 타인을 통해 협력할 때에야 비로소 위대한 것이 탄생한다.
> – 생텍쥐페리

🔍 생각 넓히기

1 콜라츠 추측에서 비교적 간단하게 1이 되는 수가 있는 반면, 1이 되기까지 무수히 많은 변화를 겪어야 하는 수도 있다. 만약 무조건 1이 된다는 가정이 없다면 무한한 계산을 할 수 있었을까?

1-1 글 (다)를 읽고 목표의 중요성에 대해 말해 보자.

1-2 장 폴 사르트르는 '인생이란 태어나서 죽을 때까지 선택의 연속'이라고 했다. 어떤 수로 시작하든지 결과는 1에 도착하지만 그 과정은 선택에 따라 달라진다. 그렇다면 나는 어떤 길을 선택할 것인지 생각해 보고 그 이유에 대해 이야기 나누어 보자.

2 콜라츠 추측을 통해 얻는 결론은 '항상 1이 된다'는 것이다.

2-1 1이 되기 위한 조건은 무엇인가?

2-2 1을 자기 자신이라고 정의한다면, 임의의 자연수를 선택했을 때, 짝수면 2로 나누고, 홀수면 3을 곱한 후 1을 더하는 과정은 인생을 나타낸다고 할 수 있다. 이와 같이 이 세상에서 가장 중요한 사람이 자기 자신이라면 자신을 발견하기 위한 두 가지 조건을 제시하고, 설명하여라.

3 콜라츠 추측에서는 어떤 수가 1로 귀결되기까지 '짝수인 경우 2로 나누고, 홀수인 경우 3을 곱해 1을 더한다'는 두 가지 규칙을 반복적으로 따른다. 우리 인생에도 성장을 돕는 '규칙'이 있다. 다음 예시에서 나타나는 삶의 가치와 그에 따른 규칙을 찾아보고, 우리의 역할을 말해 보자.

예시 1)
진혁: 열심히 공부했더니 이번 시험에서 좋은 결과를 얻었어. 앞으로 더 열심히 할 수 있을 것 같아.
철수: 나도 최선을 다해 공부했지만 좋은 성적을 받지 못했어. 난 어떡하면 좋지.

예시 2)
영희: 뷔페에서 음식을 너무 많이 가져와서 다 버리게 되었어. 먹을 만큼만 담아 올 걸 그랬어.
미영: 나도 저번에 음식을 남긴 적이 있어서 이번에는 조금씩 담아 왔어.

예시 3)
도운: 2학기에는 체력을 기르기 위해서 하루에 1시간씩 운동할 거야.
진영: 나는 방학 동안 열심히 준비해서 이번 태권도 대회에서 우승했어.

생각 나누기

1 글 (가)는 콜라츠 추측을 설명하고 있다. 콜라츠 추측에 의하면 모든 자연수는 1로 귀결되지만, 그 과정은 모두 다르다. 다음 시와 연결하여 그 의미를 해석하고, 우리의 삶도 '아름다웠다'고 노래하려면 어떻게 살아야 할지 생각해 보자.

나 하늘로 돌아가리라
새벽빛 와 닿으면 스러지는 이슬
더불어 손잡고 나 하늘로 돌아가리라
노을빛 함께 단둘이서 기슭에서 놀다가
구름 손짓하면은 나 하늘로 돌아가리라
아름다운 이 세상 소풍 끝내는 날
가서 아름다웠더라고 말하리라

— 천상병, 〈귀천〉

2 글 (가)의 개념과 원리에 비추어 다음 물음에 답해 보자.

  2-1 인생의 굴곡이 많은 사람은 그렇지 않은 사람보다 현명한가?

  2-2 내 삶의 목표는 무엇인가? 이를 이루기 위해 어떤 노력을 하고 있는가?

  2-3 인생에 있어 결과도 중요하지만 과정은 더 중요함을 알아야 한다. 다음 기사를 읽고 삶의 목표를 세울 때 고려해야 할 점은 무엇인지 생각해 보자.

> 악성림프종으로 4년간 투병해온 ○○반도체 공장노동자인 황씨는 ○○반도체 직업병 피해자 중 78번째 사망자이다. 황씨는 이곳에서 화학물질 공급설비들을 작동하고 관리했다. 화학물질이 담긴 드럼통을 운반해 공급설비에 연결하기, 드럼통 위에 고인 화학물질을 닦아내기, 드럼통 안으로 들어간 연결호스를 손을 넣어 빼내기, 창고 내부에서 흘러나온 화학물질 청소하기 등이 그의 일이었다. 그가 근무 중 회사로부터 받은 안전교육은 장갑과 마스크를 착용하라는 내용뿐이었으며 고인이 다룬 화학물품 등에 대해 회사는 기밀이라는 이유로 공개를 거부하고 있다. 이곳에서 일한 지 1년 3개월 만에 황씨는 '피부T세포림프종' 진단을 받고 일을 관뒀다. 지난 10월엔 '말초성 T세포림프종' 진단이 추가됐고, 이 병이 급격히 악화돼 사망했다. 2014년 10월 황씨는 근로복지공단에 산재 신청을 했지만, 공단 측은 현재까지도 이에 대해 '처리 중'이라는 입장만 내놓고 있다. 모기업인 ○○이 보상 신청 자격을 '2011년 1월 1일 이전 입사자'로 규정함에 따라 ○○전자에는 보상 신청도 하지 못했다.

3 글 (다)의 '세월을 아끼라'는 구절은 시간의 중요성을 말한다. 시간에 대한 다음 글을 읽고 물음에 답하여라.

> 헬라어에는 두 가지 개념의 시간이 있다. 누구에게나 동일하게 주어지는 절대적 시간인 '크로노스'와 그 시간을 어떻게 보내느냐에 따라 달라지는 상대적 심리적 시간인 '카이로스'이다.

  3-1 글 (가)의 콜라츠 추측과 관련하여 두 가지 개념의 시간이 갖는 의미를 설명하여라.

  3-2 〈누가복음〉 7:36~50에 나오는 시몬과 한 여인의 행동의 의미를 설명하고, 이에 비추어 우리는 어떻게 살아갈 것인지 이야기해 보자.

  3-3 크로노스를 넘어 카이로스를 붙잡는 삶을 살아가기 위한 방안을 제시하여라.

문제 풀이

★ 생각 던지기

1 수열의 귀납적 정의 이해하기
$a_1=1$, $a_2=a_1+3=1+3=4$, $a_3=2a_2-1=2\times 4-1=7$,
$a_4=a_3+3=7+3=10$, $a_5=2a_4-1=2\times 10-1=19$

2
- 92-46-23-70-35-106-53-160-80-40-20-10-5-16-8-4-2-1
- 340-170-85-256-128-64-32-16-8-4-2-1
- 6-3-10-5-16-8-4-2-1
- 7-22-11-34-17-52-26-13-40-20-10-5-16-8-4-2-1

4 골드바흐의 추측(Goldbach's conjecture)이란 '2보다 큰 모든 짝수는 두 소수의 합으로 나타낼 수 있다(오일러)'는 것으로, 소수(prime number)와 관련된 가장 유명한 미해결 문제 중 하나이다. 영화 〈페르마의 밀실〉에서 나이에 대한 부정방정식의 해를 구하는 문제가 나온다.

★ 생각 넓히기

3 예시 1)에서는 희망과 절망을 찾을 수 있다. 희망은 내가 걷고 있는 길에 대한 확신을 심어 준다. 절망은 내가 하고 있는 일이나 방법이 잘못되었음을 알려 준다. 절망을 겪을 때는 힘들겠지만 잘 극복한다면 더 옳은 길로 나아갈 수 있다.

예시 2)에서는 후회와 성찰이 나타난다. 인간은 누구나 살면서 잘못된 선택을 하며 후회를 한다. 하지만 후회를 통해 문제점을 인식하고 다시 잘못을 반복하지 않기 위해 성찰한다.

예시 3)에서 한 명은 목표를 설정하고, 또 다른 한 명은 목표를 성취했다. 우리는 목표를 가지고 살아가지만 단 하나의 목표만 갖는 것은 아니다. 하나의 목표를 달성하거나 실패하면 또 다른 계획과 목표를 설정하면서 앞으로 나아갈 수 있다.

이 세 가지 예시는 모두 우리가 사는 동안 끊임없이 반복되는 일이다.

네 번째 생각여행

일차방정식

함수

함수

함수

치환, 수학의 알레고리

피타고라스학파

부등식과 부등식의 영역

구름에는 물이 있고
너머에는 태양이 있다

21 일차방정식 – 스펙과 스토리가 있는 삶

일차방정식의 개념과 원리를 이용하여 바코드의 원리를 발견하고 그 속에 담긴 메시지를 통해 무질서 속에서 질서를 찾아가는 삶의 원리와 자아정체성을 향한 로드맵을 디자인 할 수 있다.

(가) 모든 상품에는 바코드가 있다. 바코드는 시작, 분리, 종료를 나타내는 666과 제조국가, 제조업체, 고유번호, 그리고 가장 끝자리에 붙는 체크숫자(check digit)로 구성되어 있다.

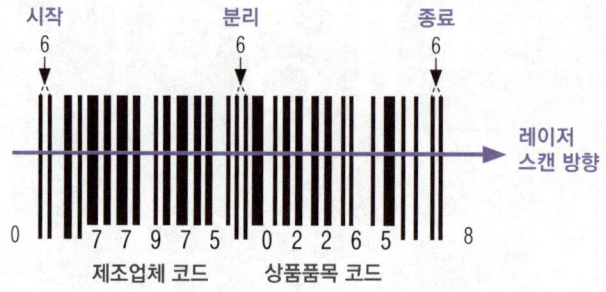

바코드의 마지막 한 자리는 체크숫자이다. 우리가 가게에서 물건 값을 계산할 때 유통 과정 중 바코드가 훼손되어 잘 읽히지 않는 경우가 있다. 이런 경우에 상품 정보를 제대로 읽을 수 없어 가격이 잘못 계산되는 등의 문제로 구매자와 판매자가 피해를 입지 않도록 만든 안전장치가 바로 체크숫자이다. 체크숫자는 다음과 같이 만든다. 바코드의 홀수 번째에 있는 숫자들을 모두 더한다. 그리고 짝수 번째의 숫자들을 모두 더한 다음 3을 곱한다. 이렇게 나온 두 값을 더하여 나오는 수를 10의 배수로 만들어 주는 숫자가 체크숫자가 된다.

(나) 일차방정식이란 미지수의 차수가 일차인 방정식, 또는 정리하여 미지수에 관한 일차식만을 포함하도록 변형할 수 있는 방정식을 말한다. 일반적으로 x를 미지수로 하는 방정식 $ax+b=0$을 말한다.

(다) 미래를 결정짓고 싶다면, 과거를 공부하라. －공자

(라) 그가 권세를 받아 그 짐승의 우상에게 생기를 주어 그 짐승의 우상으로 말하게 하고 또 짐승의 우상에게 경배하지 아니하는 자는 몇이든지 다 죽이게 하더라. 그가 모든 자 곧 작은 자나 큰 자나 부자나 가난한 자나 자유인이나 종들에게 그 오른손에나 이마에 표를 받게 하고 누구든지 이 표를 가진 자 외에는 매매를 못하게 하니 이 표는 곧 짐승의 이름이나 그 이름의 수라. 지혜가 여기 있으니 총명한 자는 그 짐승의 수를 세어 보라. 그것은 사람의 수니 그의 수는 육백육십육이니라.
－〈요한계시록〉 13:15~18, 14:9~11

생각 던지기

1 바코드 제작 과정에서 일차방정식 계산을 이용하여 체크숫자를 구한다. 글 (가)에 근거하여 다음 바코드를 완성하여라.

2 주민등록번호 13자리 숫자에도 바코드 제작 과정의 원리가 담겨있다. 앞의 6자리는 생년월일로 이루어지고 뒤의 7자리는 성별(1자리)과 지역코드(광역 2자리＋동 2자리＋출생신고 순서 1자리), 검증번호(1자리)로 이루어진다. 바코드와 주민번호의 맨 끝자리 숫자는 검증번호임을 알 수 있다. 그 원리와 의미는 무엇인지 인문학적으로 접근하여 설명하여라.

3 글 (라)의 〈요한계시록〉에 나타난 666의 의미를 설명하여라.

4 다음은 《구장산술》 제8장에 나오는 문제이다. 《구장산술》은 고려시대 때 수학의 기본서라고 할 수 있는 책으로, 수학을 공부하려면 꼭 보아야 했다. 특히 산사(算士, 수학자)를 뽑는 시험에서 《구장산술》 내용이 그대로 나왔기 때문에 이 같은 산서(算書)들은 산경(算經)이라 부를 만큼 중요하게 여기며 경전을 외우듯 암기했다. 글 (나)에 근거하여 다음 문제를 풀어 보자.

> 금 9꾸러미와 은 12꾸러미의 무게가 같은데, 금 1꾸러미와 은 1꾸러미를 바꾸어 넣었더니 금의 무게가 30냥 가벼워졌네. 금과 은 1꾸러미의 무게는 각각 얼마가 되겠는가?

🔍 생각 넓히기

1 바코드는 그 상품의 정체성을 담고 있다. 바코드가 가진 의미를 나에게 적용하여 말해 보자.

 2 선생님은 일차방정식의 개념과 원리를 설명하며 바코드 문제를 풀어 주었다. 그리고 다음과 같은 문제를 제시하였다.

> 철수가 살면서 잊을 수 없는 추억의 날을 떠올리면, 선생님은 그날이 몇 월(月) 며칠(日)인지 맞출 수 있다. 단, 바코드에 안전장치가 있듯이 선생님에게도 안전장치 숫자가 있단다.
> 1) 추억의 날을 떠올린 다음 그 달(月)에 5를 곱하고, 12를 더하라.
> 2) 그 결과에 20을 곱하고, 잊을 수 없는 추억의 날(日)을 더하라.
> 3) 여기서 365를 빼라.
> ⇨ 철수가 280이라고 답하자, 선생님은 '철수가 4월 5일에 잊을 수 없는 추억이 있었구나'라고 말씀하셨다.

2-1 선생님이 날짜를 맞출 수 있었던 수학적 원리를 설명하고, 선생님이 말한 안전장치 숫자는 무엇인지 답하여라.

2-2 살면서 잊을 수 없는 추억의 날에 대하여 이야기를 나누어 보자.

3 뒤를 볼 수 없는 자동차로 운전할 수 없듯이 지나온 시간을 되돌아볼 수 있는 지혜가 없으면 발전할 수 없다. 그렇다면, 어떠한 상황에서도 내가 흔들리지 않도록 하는 나의 체크숫자는 무엇에 의해 정해지는가?

4 추억은 내가 걸어온 삶의 분량만큼 쌓인다. 그것이 내 삶에 대한 지혜의 보고(寶庫)가 된다고 할 때, 오늘의 나는 어디에서 와서 어디로 가는 존재인지 설명해 보자.

5 글 (가)에 나타난 바코드에 담긴 의미와 (다)에 나오는 공자의 말을 연결지어 '나(我)'를 설명하여라.

생각 나누기

1 글 (가)와 (라)에 근거하여 다음을 읽고, 바코드가 인간의 삶에 미치는 영향에 대하여 의견을 나누어 보자.

베리 칩이라고도 하는 생체 칩은 쌀알 크기의 정도의 칩으로, 신체에 심어서 신분증이나 카드처럼 사용할 수 있는 것이다. 스웨덴에서는 벌써 2만 명이 생체 칩을 이식했다고 한다. 미국 위스콘신 주의 한 IT 기업은 직원들 몸속에 생체 칩을 심기로 했다. 직원 85명 가운데 50명이 생체 칩 이식을 자진해서 선택했다. 이 칩을 이식하면 신용카드나 현금, 스마트폰 없이도 물건을 살 수 있고 신분증 없이 출입문을 열고, 컴퓨터에 로그인할 수 있다고 한다. 또한, 미국과 영국은 가석방 범죄자 등에게 추적 관리를 위한 생체 칩을 이식하는 것을 검토 중이라고 한다. 성경의 〈요한계시록〉에는 생체 칩 이식과 유사한 모습이 기록되어 있는데, 바코드와 같은 표식을 오른손이나 이마에 박으면 그걸 이용해 물건을 사고팔 수 있게 한다는 내용이다.

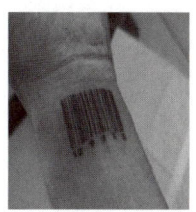
美·英 가석방 범죄자 등에 '생체칩' 이식 검토

1-1 생체 칩 이식으로 인하여 발생하는 인권 문제에 대하여 어떻게 생각하는가?

1-2 바코드가 인간을 상품 취급하는 것이라는 주장에 대하여 어떻게 생각하는가?

2 바코드처럼 우리 일상생활에 쓰이는 또 다른 숫자들(예를 들어, 자동차번호, 우편번호, 군번, 학번 등)을 제시하고 그 의미를 말해 보자.

3 글 (가)는 바코드와 체크숫자에 대하여 설명한 글이다. 물음에 답하여라.

3-1 바코드의 체크숫자가 형성되는 원리를 사례를 들어 설명하여라.

3-2 바코드의 체크숫자가 하는 역할을 서술하여라.

3-3 내 삶에서 바코드와 체크숫자의 역할을 하는 것은 무엇인지 제시하고 그 의미에 대해 이야기 나누어 보자.

4 바코드는 물건에 대한 정보를 담고 있으며 유통을 원활하게 하는 역할을 한다. 이를 더불어 살아가는 행복한 공동체를 위한 방안과 연결지어, '소통, 나눔, 기쁨'이라는 핵심어를 사용하여 인문학적인 관점에서 토론해 보자.

문제 풀이

★ 생각 던지기

1 홀수 번째 자리에 있는 수들의 합과 짝수 번째 자리에 있는 수들의 합을 3배해서 더한 총합이 10의 배수가 되도록 한다.

마지막 숫자를 x라 하면
(홀수 번째 수들의 합)+(짝수 번째 수들의 합)×3+x=10k
(8+0+0+7+7+1)+(8+2+0+0+0+2)×3=59
따라서 $x=1$

4 금 1꾸러미와 은 1꾸러미의 무게를 각각 x, y라 하면, 금 9꾸러미와 은 12꾸러미가 같으므로,
$9x = 12y, \quad y = \dfrac{12}{9}y = \dfrac{4}{3}y \quad \cdots$ ❶

또한, 금과 은 1꾸러미씩을 바꾸어 넣었으므로 금의 무게는 $(8x+y)$이고, 은의 무게는 $(11y+x)$가 된다. 금의 무게가 30냥 가벼워졌으므로 은의 무게에서 금의 무게를 뺀 것이 30냥이 된다. 이를 방정식으로 나타내면 다음과 같다.

$(11y+x)-(8x+y)=30 \quad \cdots$ ❷

❷식을 간단히 하면, $10y+7x=30 \quad \cdots$ ❸

❶식을 ❸에 대입하여 정리하면, $10\left(\dfrac{3}{4}x\right)+7x = 30, \quad \dfrac{1}{2}x = 30 \quad \therefore x = 60$

이것을 ❶식에 대입하면, $y = \dfrac{3}{4} \times 60 = 45$

따라서 금 1꾸러미는 60냥, 은 1꾸러미는 45냥이 된다.

★ 생각 넓히기

2 철수가 생각한 추억의 날을 x월 y일이라 하고, 질문의 순서에 따라 식을 만들어 보자.

추억의 달(月) x에 5를 곱하고, 12를 더하므로 $5x+12$ …❶

❶에 20을 곱하고, 추억의 날(日) y를 더하므로 $(5x+12)\times 20+y$ …❷

❷에서 365를 빼므로 $(5x+12)\times 20+y-365$ …❸

❸을 정리하면 $100x+y-125$ …❹

❹에 125를 더하면 $100x+y$ …❺

❺에서 얻은 수가 405이므로 $405=100\times 4+5=100x+y$에서 $x=4, y=5$

따라서, 철수가 생각하는 추억의 날은 4월 5일이고, 선생님의 안전장치 숫자는 125임을 알 수 있다. 철수가 계산 결과를 말해도 다른 사람들은 철수가 생각한 날짜를 맞출 수 없다. 그러나 계산 결과에서 선생님만 아는 안전장치 숫자 125를 더하면, 처음 철수가 생각한 날짜를 알 수 있다.

22 함수 – 행복은 내 안에 있다

함수의 뜻을 알고, 일대일 대응 원리와 합성함수의 개념과 원리를 통해 인간의 무의식속에 담겨 있는 획일성을 인지하고, 100점짜리 인생을 위한 자기주도적인 삶을 디자인할 수 있다.

(가) 함수(function)란 특정한 입력이 주어지면, 그에 따른 출력이 나오는 입력-출력 기계로 볼 수 있다. x를 $f(x)$로 대응(mapping)시킬 때 $f(x)$를 x에서의 함숫값이라 하고, 이 입력값의 집합을 f의 정의역(domain), 출력값의 집합을 치역(range)이라 한다. 함수는 하나의 입력에 대하여 하나의 출력만을 가진다. 함수에는 일대일 함수, 일대일 대응, 항등함수, 상수함수 등이 있다. 함수 $f: X \to Y$에서 집합 X의 임의의 원소 x_1, x_2에 대하여 $x_1 \neq x_2$일 때, $f(x_1) \neq f(x_2)$가 성립하는 함수 f를 일대일 함수라 하고, 일대일 함수이면서 공역과 치역이 일치하는 함수 f를 일대일 대응이라고 한다.

GAME

(나) 인간이라면 누구나 100점짜리 인생을 꿈꾼다. 그렇다면 100점짜리 인생이란 무엇일까? 다음과 같은 규칙을 이용해 발견해 보자.

알파벳 a부터 z까지를 원소로 가진 정의역 X와 1부터 26까지의 자연수를 원소로 가진 치역 Y가 있다. 함수 $f: X \to Y$에 대하여 a는 1에 대응하고, b는 2에 대응한다. 각각의 알파벳과 숫자가 이와 같이 대응하여 z는 26까지 일대일 대응하는 함수가 있다.

— 진대제, 《열정을 경영하라》

(다) 세 집합 X, Y, Z에 대하여 두 함수 $f: X \to Y$, $g: Y \to Z$가 주어졌을 때, 그림과 같이 집합 X의 각 원소 x에 대하여 f에 의해 Y의 원소 y가 대응하고, 다시 이 y에 대하여 g에 의해 Z의 원소 z를 대응시킬 수 있다. 이 함수를 f와 g의 합성함수라 하고 기호로 $g \circ f$와 같이 나타낸다. $g \circ f : X \to Z$에서 $y=f(x)$, $z=g(y)$, $\therefore z=(g \circ f)(x)=g(f(x))$

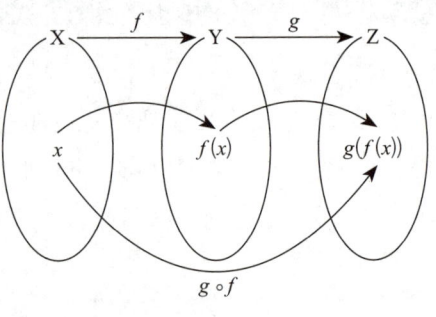

(라) 네 잎 클로버의 꽃말은 행운이고, 세 잎 클로버의 꽃말은 행복이다. 우리는 수많은 세 잎 클로버를 짓밟고 네 잎 클로버를 찾으려 한다. 행운을 얻기 위해 수많은 행복을 저버린다는 것이다.

네 잎 클로버의 유래는 다음과 같다. 나폴레옹이 전쟁 중 알프스산맥을 넘어가다가 우연히 네 잎 클로버를 발견한다. 신기한 마음에 살펴보려고 고개를 숙인 순간, 마침 적이 총을 쏘았고 고개를 숙인 덕분에 총알이 빗나가 목숨을 구했다고 한다. 이때부터 네 잎 클로버는 행운을 상징하게 되었다고 한다.

생각 던지기

1 글 (가)와 (다)를 읽고 함수, 일대일 함수, 일대일 대응, 합성함수의 개념을 설명하라.

2 글 (다)는 합성함수에 대하여 설명하고 있다. 물음에 답하여라.

2-1 그림은 대한, 민국, 만세가 가격 비교 사이트를 통해 구매하려는 상품을 어느 쇼핑몰 사이트에서 구매할지 정하는 과정을 나타낸 것이다. 세 사람이 사려는 물건을 각각 어느 쇼핑몰에서 구매할지 말하여 보자.

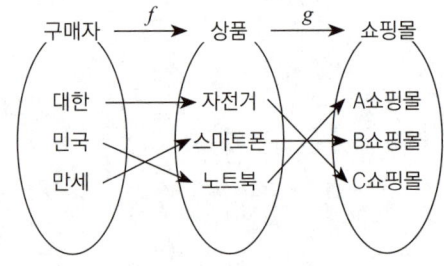

2-2 세 집합 A, B, C에 대하여 함수 f_1, f_2, f_3, f_4가 그림과 같이 정의되었다. 다음 중 함수가 정의될 수 있는 것은?

① $f_3 \circ f_1$ ② $f_2 \circ f_3 \circ f_4$
③ $f_1 \circ f_4 \circ f_3$ ④ $f_3 \circ f_4 \circ f_1$
⑤ $f_2 \circ f_3$

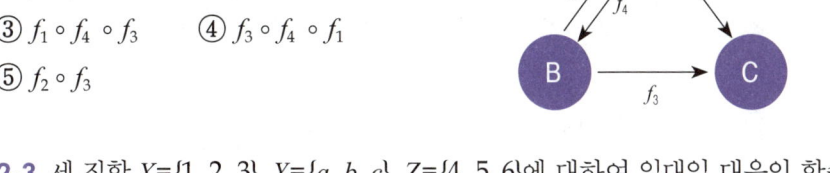

2-3 세 집합 $X=\{1, 2, 3\}$, $Y=\{a, b, c\}$, $Z=\{4, 5, 6\}$에 대하여 일대일 대응인 함수 $f: X \to Y$와 함수 $g: Y \to Z$가 $f(1)=a$, $g(c)=6$, $g(f(2))=4$를 만족시킬 때, $f(3)$과 $g(b)$를 구하여라.

3 글 (나)에서는 100점짜리 인생을 만드는 방법에 일대일 대응 개념을 이용하였다. 대한이 학급에서 '100점짜리 인생이란 무엇인가?'에 대하여 조사하였더니 다음과 같은 의견들이 제시되었다. 글 (나)의 대응 관계에 의하면 몇 점이 되는지 조사하여라.

> elegance, honor, merit, hard work,
> luck, knowledge, money, attitude, patriotism

3-1 내가 생각하는 100점짜리 인생은 무엇인지 이야기해 보고, 그 이유를 제시하라.
3-2 '행복은 마음먹기에 달렸다'는 말의 의미는 무엇인가?

4 글 (나)에서 제시한 규칙에 따르면 100점짜리 인생이란 마음먹기에 달렸다는 결론을 얻을 수 있다. 이에 대하여 대한이는 일렬종대로 줄 세우려는 우리 사회의 구조에서 '좌우향우'의 명령어로 방향만 바꾸어 준다면 모두가 1등이 될 수 있다고 주장한다. 그래서 각자가 생각하는 'elegance, honor, merit, patriotism' 등의 모든 요소를 100점짜리로 만들 수 있다고 한다. 대한이의 주장을 글 (다)에 근거하여 설명하여라.

🔍 생각 넓히기

1 글 (다)에 나오는 합성함수에 대한 설명에 의하면, 함수와 함수가 만난다고 해서 새로운 함수가 되는 것은 아니다. 내가 살면서 겪은 경험들을 이와 관련지어 이야기해 보자.

2 링컨은 '사람은 행복하기로 마음먹은 만큼 행복하다'고 말한다. 그렇다면, 내 삶에서 가장 행복했던 때와 그 이유를 설명해 보자.
   2-1 글 (라)를 근거로 내가 꿈꾸는 행운과 행복은 무엇인지 생각해 보자.
   2-2 내 삶에 존재하는 행운과 행복은 어떻게 구분 지을 수 있는가?
   2-3 나는 행운과 행복 중 우선순위를 어디에 두고 있는가?

3 다음에 근거하여 내가 추구하고자 하는 100점짜리 인생은 무엇인지 제시하고, 글 (가)~(라)의 개념을 이용하여 설명하여라.

> 인간은 타인의 눈길에서 지옥을 경험한다. 남의 눈에서 벗어나는 것이 얼마나 중요한지 모른다.   -장 폴 사르트르
>
> 극히 일부의 사람들만이 자신의 눈으로 보고 자신의 마음으로 듣는다.   -아인슈타인

GAME   **4** 다음과 같은 놀이를 통해 글 (다)에서 제시한 합성함수의 개념과 원리를 익혀 보자.

> 1부터 12까지 쓰인 시계에 대하여 다음과 같이 함수 f를 정의할 때, 다음 순서대로 따라 해 보자.
>
> | 시간(숫자) | 대응 | 대응 | 시간(숫자) | 대응 | 대응 | 시간(숫자) | 대응 | 대응 |
> |---|---|---|---|---|---|---|---|---|
> | 1 | one | 3 | 5 | five | 4 | 9 | nine | 4 |
> | 2 | two | 3 | 6 | six | 3 | 10 | ten | 3 |
> | 3 | three | 5 | 7 | seven | 5 | 11 | eleven | 6 |
> | 4 | four | 4 | 8 | eight | 5 | 12 | twelve | 6 |
>
> 1) 12시에서 시작한다.
> 2) 임의의 시간을 택하고, 택한 시간(숫자)에 대응하는 영문 스펠링 개수 만큼 이동한다. ⇨ f 관계이다.
> 3) 이동한 다음 해당 시간(숫자)에 대응하는 스펠링 개수만큼 다시 이동 한다. ⇨ $f \circ f$ 관계이다.
> 4) 다시 이동한 시간(숫자)에 대응하는 스펠링 개수만큼 이동한다. ⇨ $f \circ f \circ f$ 관계이다.
> 5) 그 결과는 얼마일까?
>
>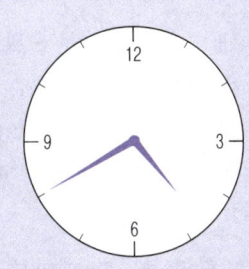
>
> 출처: 조동기, 〈수학유희〉 https://youtu.be/kIuFIthRspU

 생각 나누기

1 네 잎 클로버의 꽃말은 행운이고 세 잎 클로버의 꽃말은 행복이다. 사람들은 종종 수많은 세 잎 클로버를 짓밟고 네 잎 클로버를 찾으려 한다. 행운을 얻기 위해 수많은 행복을 저버리는 것이다. 이에 대한 나의 생각을 나누어 보자.

2 행운을 기다리며 안주하는 자세로 성공적인 삶을 이룰 수 있는가?
  2-1 행운이 내 삶을 바꿀 수 있는가?
  2-2 행운을 기대하는 이유는 무엇인가?

3 글 (다)를 읽고 물음에 답하여라.

3-1 누구나 이루고 싶은 꿈이 있다. 내가 이루고 싶은 꿈은 무엇인가?

3-2 꿈을 이루기 위해 나아가는 길에는 걸림돌이 존재하기 마련이다. 그것은 무엇일까?

3-3 걸림돌을 디딤돌로 만드는 방안은 무엇일까?

4 글 (나)와 (라)는 마음먹기에 따라 세상이 달라질 수 있다는 메시지를 제시한다. 그렇다면, 다음 가사에서 나타나는 인생이 뜻대로만 되지 않는 이유와 그에 따른 대안을 생각해 보자.

내 속엔 내가 너무도 많아 당신의 쉴 곳 없네
내 속엔 헛된 바램들로 당신의 편할 곳 없네
내 속엔 내가 어쩔 수 없는 어둠 당신의 쉴 자리를 뺏고
내 속엔 내가 이길 수 없는 슬픔 무성한 가시나무 숲 같네

바람만 불면 그 메마른 가지 서로 부대끼며 울어대고
쉴 곳을 찾아 지쳐 날아온 어린 새들도 가시에 찔려 날아가고
바람만 불면 외롭고 또 괴로워 슬픈 노래를 부르던 날이 많았는데

내 속엔 내가 너무도 많아서 당신의 쉴 곳 없네
바람만 불면 그 메마른 가지 서로 부대끼며 울어대고
쉴 곳을 찾아 지쳐 날아온 어린 새들도 가시에 찔려 날아가고
바람만 불면 외롭고 또 괴로워 슬픈 노래를 부르던 날이 많았는데
내 속엔 내가 너무도 많아서 당신의 쉴 곳 없네

- 하덕규, 〈가시나무〉

문제 풀이

★ 생각 던지기

2-1 대한이는 C쇼핑몰, 민국이는 A쇼핑몰, 만세는 B쇼핑몰에서 구매했다.

2-2 정답: ④번

2-3 함수 f가 일대일 대응이므로 $f(3)=b$ 또는 $f(3)=c$이다.
 i) $f(3)=b$이면 $f(2)=c$이어야 하고,
이때 $g(f(2))=g(c)=6$이 되어 $g(f(2))=4$라는 조건에 모순이다.
 ii) $f(3)=c$일 때, $f(2)=b$이고, $g(f(2))=g(b)$
한편, 조건에서 $g(f(2))=4$이므로 $g(b)=4$이다.

3 elegance=52점, honor=70점, merit=65점, hard work=98점, luck=47점, knowledge=96점, money=72점, Attitude=100점, patriotism=140점

4 elegance, honor, merit, patriotism의 초항을 바꾸면 된다. 각각 8, 6, 9, −2로 일대일 대응을 하면 모두 100점이 된다. 그러므로 남이 만들어 놓은 100점짜리 인생에 자신을 가두지 말고 자신이 추구하고자 하는 가치를 따라 초항을 정한다면 모두가 만족하는 인생을 살아갈 수 있다.

★ 생각 넓히기

4 어떤 수를 선택하더라도 모두 1로 귀결된다.
예를 들어, 7이라는 숫자를 선택했다면,
$f(7)=5$, $f(f(7))=f(5)=5+4=9$,
$f(f(f(7)))=f(f(5))=f(9)=9+4=13=1$

함수

23 함수 – 사랑은 고백(Go Back)이다

사랑은 고백(Go Back), 즉 가서 자신의 마음을 전하고 돌아오는 것이다. 사랑은 계산하는 순간 사라져 버리는 것이라는 사실을 발견할 수 있다.

(가) 공집합이 아닌 두 집합 X, Y에 대하여 X의 각 원소에 Y의 원소가 오직 하나씩만 대응할 때, 이 대응 f를 집합 X에서 Y로의 함수라 하고, 기호로 $f: X \to Y$와 같이 나타낸다. 예컨대 X={Black, Pink, White, …}, Y={1, 2, 3, …}에 대한 함수를 생각할 수 있다.

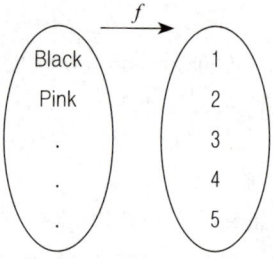

(나) 철수는 영희에게 아래와 같은 쪽지를 받았다. 쪽지에는 여러 가지 색으로 숫자들이 쓰여 있었다(그림에서는 편의상 각 숫자의 색깔을 괄호 안에 적어 주었다). 영희는 영어를 잘한다. 그리고 몇 달 전부터 철수의 친구들은 영희가 철수를 좋아하는 것 같다고 말했다. 쪽지에 숨겨진 의미는 무엇일까?

(다) Like와 Love의 차이점은 무엇일까? 두 단어는 우리말로 옮길 때 '좋아한다'와 '사랑한다'로 구분되기도 한다. Like가 머리로 좋아하는 것이라면 Love는 가슴으로 좋아하는 것이다. 서로 다른 점에 끌리는 것이 Love라면 비슷한 점에 끌리는 것이 Like이다. Love와 Like는 주객의 관계라고도 할 수 있다. 그 사람으로 인해 내가 행복해졌으면 하는 것이 Like라면 그 사람이 나로 인해 행복해졌으면 하는 것이 Love다. Like의 반대말은 Hate이지만 Love의 반대말은 존재하지 않는다. Like는 '~이기 때문에'라고 할 때 Love는 '~임에도 불구하고'라 말한다. Like는 욕심이 생기고 Love는 욕심을 포기한다. Like는 그 사람의 눈을 보고 싶은 것이라면 Love는 그 사람이 보는 것을 함께 바라보고 싶은 것이다.

(라) 사랑은 등식이 아니다
똑같이 주고받는 것은 사랑이 아니다

사랑하면 부등식이 된다
서로 더 많이 사랑하려 하기 때문에
부등호의 방향이 자꾸만 바뀌는 부등식이 된다

— 유예나, 〈사랑의 갈래〉

생각 던지기

1. 글 (나)에서 영희가 철수에게 보낸 쪽지 내용은 무엇인지 글 (가)에 근거하여 설명하여라.

2. 글 (다)에서는 Like와 Love의 차이점을 나열하고 있다. 자신이 생각하는 두 단어의 차이를 자신의 삶과 연결하여 설명하여라.

3. 글 (나)에서 영희가 철수에게 보낸 쪽지에 담긴 의미를 글 (다)와 (라)에 근거하여 설명하여라.

4 다음 문장들은 사랑에 대하여 말하고 있다. 글 (나), (다), (라)를 근거로 자신이 생각하는 사랑이란 무엇인지 정의하고 그 이유를 설명하여라.

아무런 기대 없이 사랑하는 자만이 참된 사랑을 안다.   - 시라

사랑은 하나를 주고 하나를 바라는 것이 아니다. 둘을 주고 하나를 바라는 것도 아니다. 아홉을 주고도 미처 주지 못한 하나를 안타까워하는 것이다.
                                      - 브라운

나는 사랑에 빠져 있는 가난한 젊은 남자를 만났다. 그의 모자는 다 낡았고 외투는 헤졌으며 팔꿈치가 튀어나와 있었고, 구두는 물이 샜지만 그의 영혼에는 별이 지나고 있었다.
                                      - 빅토르 위고

생각 넓히기

1 조선시대에는 '남녀칠세부동석'이라는 말이 있을 정도로 이성 교제에 대한 감시가 엄격해서 이성 교제를 하다 적발되면 멍석 말이를 당할 정도였다. 다음은 그럼에도 불구하고 몰래 사랑을 이어 갔던 당시 청춘의 프러포즈 내용이다. 어떤 의미일까?

남자가 여자에게 보낸 편지에는 "左糸右糸 中言下心"이라고 적혀 있었다.
이에 대하여 여자가 남자에게 보낸 편지에는 "左言頭有 右牛頭無"라고 적혀 있었다.

2 다음 글에서는 문과 학생들과 이과 학생들의 사랑 표현 방식이 다르다고 주장한다. 창의인성을 위한 융합적 사랑 표현은 과연 무엇일지 자신의 생각을 나누어 보자.

> 이과 학생들은 이성적이고 문과 학생들은 감성적이다. 수능에서도 이과 학생들은 수리 가형을, 문과 학생들은 수리 나형 시험을 치른다. 하지만 4차산업혁명 시대에는 창의인성을 위한 융합적 사고 역량이 필요하다.

3 수학을 좋아하는 한 쌍의 연인이 수학적 개념과 원리를 이용하여 다음과 같이 자신의 마음을 표현하였다.

> - 철수: 밸런타인데이에 왜 초콜릿을 녹였다가 굳혀서 다시 주는 거야? 그냥 사서 주는 게 낫지 않아?
>   영희: 그것은 미분했다가 적분하는 거야. 미분했다가 적분하면 적분상수가 생기잖아. 그게 사랑이라는 거야.
>
> - 영희는 철수에게 다음과 같이 쪽지를 보냈다.
>   "식 $(x^2+y^2-1)^3-x^2y^3=0$, $17x^2+16|x|y+17y^2=225$를 좌표평면 위에 나타내봐. 너를 향한 나의 마음이야!"

3-1 윗글에 나타난 수학적 개념과 원리는 무엇인가?

3-2 사랑의 마음을 전하는 방법에는 이처럼 수학적 개념과 원리를 이용한 것도 있다. 그런데 수학적 개념과 원리를 모른다면 이러한 마음을 어떻게 읽을 수 있을까?

> 💬 **생각 나누기**

1 어떤 생각을 하고, 무엇에 관심을 갖는지에 따라 보이는 것이 다르다고 한다. 그래서 사랑을 하면 세상 모든 것이 달라 보인다고도 한다. 그렇다면 다음 식에서 무엇을 발견할 수 있는가?

$$128\sqrt{e980}$$

1-1 성은이는 이 식에서 사랑을 찾을 수 있다고 하며 [보기]와 같이 주장했다. 성은이가 발견한 사랑은 어떤 방법으로 찾아낸 것인지 밝히고, 성은이의 주장에 담긴 의미에 대해 이야기해 보자.

> **보기**
> 사랑은 발견하는 것이며, 불필요한 부분을 가리는 것이다. 누군가를 사랑하고 싶다면 계산하지 않아야 한다. 사랑은 계산하는 순간 사라지기 때문이다.

1-2 다음 성경 구절과 관련된 자료를 찾고 그에 대한 이야기를 나누어 보자.

> 사랑은 허다한 모든 허물을 덮느니라. －〈베드로전서〉 4:8

2 김동길 교수는 강연에서 관계에서 가장 나쁜 것은 무관심이라는 이야기를 하며 "I love you! I hate you! Because I love you!"라고 말했다. 글 (다)와 (라)를 중심으로 이 문장에 담긴 사랑의 의미는 무엇인지 정의하고, 그러한 사랑을 우리 삶에 어떻게 적용시킬 수 있을지 이야기해 보자.

문제 풀이

★ 생각 던지기

1 • 숫자의 색깔은 그 색깔의 영문 단어를 나타낸다.
• 숫자는 색깔 영문 단어 중 필요한 문자의 순서를 나타낸다.

WHITE(흰색)의 3번째 글자　I
BLUE(파랑)의 2번째 글자　L
PINK(분홍)의 2번째 글자　I
BLACK(검정)의 5번째 글자　K
BLUE(파랑)의 4번째 글자　E
YELLOW(노랑)의 1번째 글자　Y
ORANGE(주황)의 1번째 글자　O
BLUE(파랑)의 3번째 글자　U

따라서 영희가 준 쪽지의 의미는 'I LIKE YOU'이다.

★ 생각 넓히기

1 上下左右有無 규칙에 따라 연결하면 戀과 許라는 한자어가 성립된다.
戀: 왼쪽에 糸, 오른쪽에 糸, 가운데에 言, 아래쪽에 心.
許: 왼쪽에 言이 있는데 머리가 있고, 오른쪽에 午가 있는데 머리가 없다.
즉, 남자의 '사모합니다'라는 사랑 고백에 여자가 '당신의 마음을 허락한다'는 답글을 보낸 것이다.

3

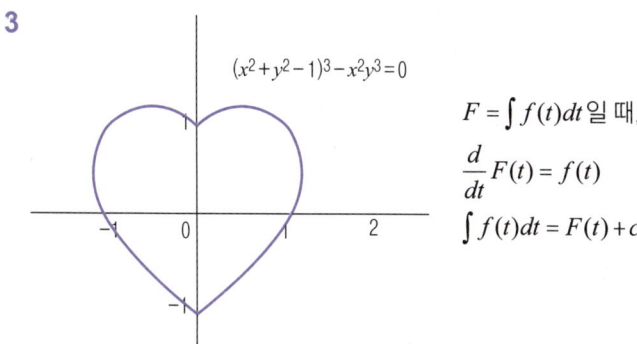

$F = \int f(t)dt$ 일 때,

$\dfrac{d}{dt}F(t) = f(t)$

$\int f(t)dt = F(t) + c$

★ 생각 나누기

1-1 수식의 윗부분을 가리면 'I Love You'라는 문자가 나타난다. 우리는 이 문제를 통해 사랑이라는 수식을 어떻게든 계산하려는 사람들이 있지만, 사랑은 계산하면 사라져 버리는 것이라는 의미를 찾을 수 있다.

$$128\sqrt{e980} \Rightarrow \text{Iloveyou}$$

24 함수 – 삶의 여백이 창의성을 만든다

함수의 뜻을 알고 일대일 대응의 원리를 이용하여 인간의 무의식 속에 담겨 있는 획일성을 인지하고 창의적인 삶을 디자인하는 역량을 기를 수 있다.

(가) 공집합이 아닌 두 집합 X, Y가 있어서 X의 각 원소에 Y의 원소가 하나씩 대응할 때, 이 대응을 X에서 Y로 가는 함수라고 하고, 문자 f를 써서 $f: X \rightarrow Y$로 나타낸다. 또, 함수 f에 의하여 X의 원소 x에 Y의 원소 y가 대응하는 것을 $f: x \rightarrow y$, $y=f(x)$ 등으로 나타낸다. 특히 $x_1 \neq x_2$이면 $f(x_1) \neq f(x_2)$가 성립하고 치역과 공역이 같은 함수 f를 일대일 대응이라고 한다.

GAME

(나) 다음과 같이 따라 해 보자.

1) 1~9 사이의 자연수를 하나 생각해 보자.
2) 그 수에 9를 곱하여 나온 값이 일의 자리면 그대로 두고, 10 이상이라면 두 자릿수를 더한다.
3) 그 수에서 5를 뺀다.
4) 오른쪽 그림과 같이 1~9의 숫자를 차례대로 A~I에 일대일 대응시킨 다음, 3)의 값에 해당하는 알파벳으로 시작하는 나라 이름을 하나 떠올린다.
6) 이 국가 이름의 두 번째 알파벳으로 시작하는 동물과 그 동물의 색깔을 떠올린다.
7) 당신이 떠올린 나라는 덴마크(Denmark), 동물은 코끼리(elephant), 색깔은 회색일 것이다.

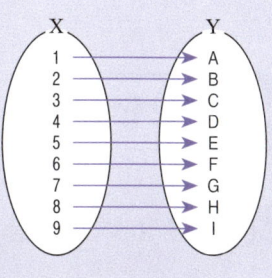

위와 같이 따라 하면 2)단계에서 9, 18, 27, 36, 45, 54, 63, 72, 81의 일의 자리 숫자와 십의 자리 숫자를 더한 값으로 모두 9가 나온다. 따라서 모든 사람은 4와 D를 떠올리게 된다. 그리고 대부분의 사람들이 D로 시작하는 나라로 Denmark를 떠올리고, E로 시작하는 동물은 Elephant, 색깔은 회색을 떠올리게 된다.

(다) A산에는 호랑이들과 여우들이 살고 있었다. 호랑이들과 여우들은 먹이를 가지고 자주 다투었다. 어느 날은 호랑이 대장과 여우 대장이 만나서 먹이에 대한 합의를 보려고 했다. 하지만 호랑이들과 여우들은 서로가 적이라는 생각을 버리지 못했기 때문에 결국 합의에 이르지 못하고 계속 싸우게 되었다. B산에는 사자들과 하이에나들이 살고 있었다. 이들 또한 먹이를 두고 계속 싸웠지만 사자 대장과 하이에나 대장은 호랑이와 여우들과는 다른 방법을 떠올렸다. 사자들이 먼저 먹이를 잡아먹으면, 하이에나들이 사자들이 먹고 남은 시체를 먹기로 한 것이다. 이러한 독특한 방법을 통해 사자와 하이에나들은 서로 공존하는 데 성공하였다.

(라) "D로 시작하는 나라의 이름은 덴마크입니다. 그럼, 우리 함께 외워 봅시다"라고 시작하는 수업이 있다. 반면, "D로 시작하는 나라의 이름은 어떤 것이 있을까요?" 하고 물어보며 참고 자료와 인터넷을 스스로 찾아보게 한 다음, "꼭 가보고 싶은 나라는 어디인가요? 그중에 오늘은 교재에 있는 덴마크에 대하여 알아보도록 할게요"라고 시작하는 수업도 있다. 두 수업 방식에는 어떤 차이가 있는가?

생각 던지기

1 글 (가)에서 알 수 있는 '함수, 일대일 함수, 일대일 대응'의 차이를 서술하라.

2 글 (나)에서 소개한 게임을 직접 해 보자.
  2-1 게임의 원리를 설명하여라.
  2-2 내가 생각한 나라 이름과 동물 이름, 색깔은 무엇인가?
  2-3 대부분의 사람들의 생각이 일치하는 원인은 무엇인가? 이에 대한 문제점과 그 대안을 제시하라.

3 글 (다)에서 어떤 산이 더 조화롭고 생존하기 유리한가?
  3-1 호랑이들과 여우들이 어리석다면 그 이유는 무엇인가?
  3-2 우리는 A산과 B산 중 어느 쪽과 더 닮은 삶을 살아야 하는가?

생각 넓히기

1 글 (나)의 게임을 해 보고 다음 물음에 답하여라.
  1-1 게임의 결과가 자신의 생각과 일치하였는가?
  1-2 그 이유는 무엇이라고 생각하는가?
  1-3 글 (나)에서 제시한 답과 다른 답을 하는 사람들은 어떤 특성을 지녔을까?

2 다음은 애플의 설립자 스티브 잡스가 창의력에 대해 했던 이야기들이다. 다음을 읽고 물음에 답하여라.

- 창조라는 것은 그냥 여러 가지 요소를 하나로 연결하는 것입니다. 창조적인 사람에게 어떻게 그렇게 창의적으로 일할 수 있느냐고 물으면 대답하지 못할 것입니다. 왜냐하면 그들은 실제로 무엇을 한 것이 아니라 단지 무언가를 본 것이기 때문입니다. 창의력은 그들이 경험했던 것을 새로운 것으로 연결할 수 있을 때 생겨나는 것입니다. 그러한 것은 그들이 다른 사람들보다 더 많은 경험을 하고, 그들의 경험에 대해서 더 많이 생각하기 때문에 가능한 것입니다.

- 제가 항상 반복해서 외우는 주문 중 하나는 '집중'과 '단순함'입니다. 단순함은 복잡함보다 어렵습니다. 생각을 단순하고 명료하게 만들려면 생각을 깨끗이 정리하는 노력이 필요하기 때문입니다.

- 우리는 인간이기 때문에 실수합니다. 우리는 실수를 빨리 알아냅니다. 그것이 애플이 세상에서 고객에게 가장 사랑받는 최고의 회사가 된 이유입니다.

2-1 내가 생각하는 창의력이란 무엇인지 제시하고 그 이유를 설명하여라.

2-2 2000년까지만 해도 미국을 포함한 교육 선진국들은 3R, 즉 독서(reading), 글쓰기(writing), 연산(arithmetic)을 강조했다. 하지만 4차산업혁명의 시대가 다가오면서 급격히 변화하는 미래를 이끌 인재가 갖추어야 할 4C 역량이 제시되고 있다. 의사소통 능력(communication), 협업 능력(collcaboration), 비판적 사고 능력(critical thinking), 창의력(creativity)이 그것이다. 이 같은 4C 역량을 키울 수 있는 방법은 무엇일지 토론해 보자.

💬 생각 나누기

1 최근에 여성의 안전과 권리에 대한 사회적 논의가 활발해지면서 여성 전용 주차장, 여성 전용 도서관 등 여성을 위한 많은 혜택들이 주어지고 있다. 하지만 어떤 사람들은 여성에게만 지나친 혜택이 주어지고 있다고 주장한다.

1-1 여성을 위한 특별한 정책에는 어떤 것이 있는가?
1-2 이러한 사회적 문제를 극복하기 위한 해결책을 제시하라.

2 생태계에서 창의적으로 유리한 생존 방식을 갖는 동물들이 많다. 예를 들어, 공생 관계를 이루는 동물들은 다른 동물들과의 협력을 통해 생존에 유리한 이점들을 가진다. 동물들이 이 밖에 어떤 창의적인 방식으로 생존해 나가는지 조사해 보자.

3 존 듀이는 '오늘의 아이들을 어제처럼 가르치면 아이들의 미래를 빼앗는 것'이라고 말한다. 글 (라)에서 각기 다른 수업 방식에 따라 결과가 어떻게 나타날지 예측해 보자.

3-1 우리나라와 유럽의 교육 방식에 대한 자료를 수집하여 비교하고, 각 나라의 교수 학습 방법에 대한 장단점을 제시해 보자.
3-2 4차산업혁명 시대에 맞는 교수법을 설계해 보자.

4 대부분의 사회 구성원들은 자신도 모르게 남들과 비슷한 생각을 하고 비슷한 행동을 하며 살아간다. 이러한 사례를 제시하고 그 이유가 무엇인지 토론해 보자.

5 '어머니' 하면 '아버지'라는 단어가 떠오르는 것처럼 다음과 같은 단어들은 자연스럽게 짝을 지어 연상된다.

> 책상-걸상, 숟가락-젓가락, 남자-여자, 영어-수학, 음악-미술

5-1 위와 같은 단어 짝짓기를 각 세대별로 나누어서 해 보자. 세대에 상관없이 똑같은 답을 한다면 그 이유는 무엇인가?
5-2 이러한 현상이 창의성과 어떤 관계가 있는지 이야기해 보자.

문제 풀이

★ 생각 던지기

2-1 9의 배수에 해당하는 9, 18, 27, 36, 45, 54, 63, 72, 81의 일의 자리 숫자와 십의 자리 숫자를 더하면 모두 9가 나온다. 따라서 9에서 5를 빼면 모두 4가 나오고 영어 알파벳과 일대일 대응하면 D와 연결된다.

2-3 대부분의 사람들은 D로 시작하는 나라로 Denmark를 떠올리고, E로 시작하는 동물은 Elephant를, 그리고 코끼리의 색깔로 회색을 떠올린다. 자신도 모르는 사이에 익숙해진 천편일률적인 사고와 삶의 모습이 만들어 낸 결과일 것이다. 그러므로 사회 구성원들이 자신만의 창의적인 생각을 지니고 다양한 삶을 살아갈 수 있도록 이끄는 교육이 이루어져야 한다.

25 치환, 수학의 알레고리 – 비전 있는 삶이 세상을 변화시킨다

치환의 개념과 원리를 이해하고 이를 '알레고리'라는 인문학적 개념과 연결시킨다. 이를 통해 인간에게는 꿈(dream)을 가진 사람으로서 자신이 이루고 싶은 야망(ambition)과 나를 통해 이루고 싶은 사람들의 소망인 비전(vision)이 동시에 있음을 발견할 수 있다. 오늘의 나는 누군가의 삶의 연속임을 인식하고 삶의 지혜를 통해 세상을 변화시킬 역량을 기를 수 있다.

(가) 이차함수 $y=ax^2+bx+c$에 대하여 최댓값과 최솟값을 구할 수 있다.

- $10^{-1} \leq x < 10^2$일 때, $y=100x^2 \div x^{\log x}$의 최댓값과 최솟값을 구하여라.
- $0 \leq x \leq \pi$에서 $y = \sin^2(x+\pi) + 2a\sin(\dfrac{\pi}{2}-x)-1$의 최댓값이 4일 때, 양수 a의 값을 구하여라.

(나) 알레고리는 '무언가 다른 것을 말하기(other speaking)'라는 의미를 지닌 그리스어 알레고리아(allegoria)를 어원으로 한다. 우유(愚喩), 우의(寓意), 풍유(諷諭)로 불리기도 하는 알레고리는 인물, 행위, 배경 등이 일차적 의미(표면적 의미)와 이차적 의미(이면적 의미)를 모두 가지도록 고안된 이야기이다. 예를 들면 《이솝 우화》와 같은 동물 우화는 일차적으로는 동물 세계를 보여주지만, 그 이면을 들여다보면 인간 세계에 대한 풍자와 교훈을 담고 있다.

– 한국문학평론가협회, 《문학비평용어사전》

(다) 호랑이는 죽어서 가죽을 남기고 사람은 죽어서 이름을 남기고
예수는 죽어서 사랑을 남겼습니다
그냥 왔다 그냥 가는 것이 아닌가 봅니다
왔다가 간 그 자리에 새 생명이 남아 있었지요
우리는 밑그림만 그리다 지쳐 있고 그 위에 포장되지 않은 순수함으로
당신의 향기 뿌리며 아름다움을 노래하네요
당신이 남기고 간 사랑으로 우리는 이렇게 살아 숨 쉬고 있습니다
영원에서 영원으로

— 박성은, 〈남기고 간 사랑〉

(라) 그림에 뛰어난 재능을 가진 두 친구 뒤러와 프란츠가 있었다. 이들은 동시에 대학에 합격하였지만 가정 형편이 어려워 함께 진학할 수 없었다. 뒤러는 프란츠에게 학비는 자신이 책임질 테니 먼저 학업을 마치라고 권했다. 그러나 프란츠도 마찬가지로 뒤러에게 학비를 지원하겠다고 하였다. 서로 양보 끝에 결국 뒤러가 먼저 진학하기로 결정했다. 프란츠는 혹시 자신의 마음이 변할지도 모르니 학업을 마치기 전까지는 만나지도 연락하지도 말자고 하였다. 이후 프란츠는 노동 현장에서 일하면서 뒤러의 학비를 대주었고, 덕분에 뒤러는 학

알브레히드 뒤러, 〈기도하는 손〉

업에 전념하여 졸업하기도 전에 세계적인 화가가 되었다. 약속한 대로 뒤러는 졸업 후 친구를 찾아갔다. 마침 친구는 일을 마치고 식사를 하기 위해 식사 기도를 하고 있었다. 뒤러는 기도가 끝나기를 기다리다 친구의 기도 소리를 듣게 되었다. "주여! 저의 손은 노동으로 굳어져 이미 그림을 그릴 수 없게 되었나이다. 제 몫의 능력을 내 친구 뒤러에게 주시고 주의 영광을 위해 그가 훌륭한 그림을 그릴 수 있게 도와주소서." 이때 뒤러가 친구의 기도에 벅차오르는 감동을 받고 그 자리에게서 스케치한 그림이 〈기도하는 손〉이라고 한다. 뒤러는 "기도하는 손이 가장 깨끗한 손이요, 가장 위대한 손이요, 기도하는 자리가 가장 큰 자리요, 가장 높은 자리이다"라는 말을 남겼다.

(바) 봄이 되면 수컷 가시고기는 암컷이 알을 낳을 곳을 마련하기 위해 바닥의 진흙이나 모래를 파내고 부드러운 물풀을 가져와 둥지를 만든다. 암컷 가시고기는 둥지에 알을 낳고 떠나 버리고 수컷은 알이 부화할 때까지 둥지를 지킨다. 아무것도 먹지 못하고 둥지를 지키던 수컷은 알이 부화할 때쯤 결국 죽음을 맞이하고, 태어난 새끼 가시고기들은 죽은 아빠의 몸을 먹으며 자란다. 죽을 때까지 자식에게 헌신하고 죽어서도 자식들에게 도움을 주는 가시고기야 말로 진정한 아버지의 모습일지 모른다.

생각 던지기

1 글 (가)는 이차함수 $y=ax^2+bx+c$와 관련이 있다. 다음 문제를 풀어라.

1-1 $y=x^2-2x+3$의 최솟값을 구하여라.

1-2 $y=x^2-2x+3$ $(1<x\leq 3)$의 최댓값과 최솟값을 구하여라.

1-3 $10^{-1}\leq x<10^2$일 때, $y=100x^2\div x^{\log x}$의 최댓값과 최솟값에 대하여 설명하여라.

1-4 $0\leq x\leq \pi$에서 $y=\sin^2(x+\pi)+2a\sin(\dfrac{\pi}{2}-x)-1$ 의 최댓값이 4일 때, 양수 a의 값을 구하여라.

1-5 x에 관한 방정식 $4^x+4^{-x}-2(2^x+2^{-x})+a=0$이 적어도 한 개의 실근을 가지기 위한 실수 a의 범위를 구하여라.

2 글 (나)~(라)의 공통된 핵심어를 제시하여 인문학적 의미를 설명하여라.

3 글 (다)와 (라)에 수학적 개념을 적용하여 이해해 보자.

3-1 글 (다)에서 '호랑이는 가죽을 남기고, 사람은 이름을 남기고, 예수는 사랑을 남긴다'는 내용을 수학적 치환의 개념을 적용하여 이해해 보자.

3-2 글 (라)에서 친구 프란츠를 x, 뒤러를 t로 치환한다면 남은 범위는 무엇이라고 할 수 있는가? 이에 대해 '뒤러의 뛰어난 작품들과 더욱 돈독해진 두 사람의 우정'이라고 답한다면 어떤 관점에서 해석한 것인가?

3-3 글 (라)에서 엿볼 수 있는 아름다운 모습에는 어떤 것이 있는가? 이를 통해 얻을 수 있는 교훈을 찾아보자.

4 글 (바)에 나오는 가시고기에서 제목을 따온 소설 《가시고기》는 부성애를 다룬 작품으로, 급성임파구성 백혈병을 앓는 어린 아들을 살리기 위해 헌신하는 아버지의 모습을 그리고 있다. "아빠는 죽어도 아주 죽는 게 아니란다. 세상에 널 남겨 놓은 한 아빠는 네 속에 살아 있는 거란다"라는 소설의 마지막 구절은 큰 감동을 준다. 이 구절을 수학적 개념인 '치환'을 적용하여 설명하고, 나는 어떤 모습으로 살아갈 것인지 자신의 생각을 나누어 보자.

생각 넓히기

1 수학의 치환이나 인문학의 알레고리가 갖는 공통적인 성질을 알아보고, 치환이나 알레고리가 가능한 근본적인 이유는 무엇인지 생각해 보자.

2 일상 속에서 발견할 수 있는 알레고리의 사례를 찾아보고, 그것이 무한대로 확장되어 해석될 수 있는 가능성을 발견해 보자.

3 다음은 어느 꼽추의 사랑 이야기이다. 치환의 개념과 원리를 이용하여 이야기에 담긴 의미를 설명하여라.

> 어느 꼽추와 예쁜 소녀가 한 마을에 살고 있었습니다. 꼽추는 예쁜 소녀를 사랑했지만 소녀는 그 사실을 몰랐습니다. 꼽추는 고민 끝에 소녀에게 고백하기로 결심했습니다. 꼽추는 소녀의 집에 찾아가 문을 두드렸습니다. 소녀가 나오자 꼽추는 얼굴을 내밀며 말했습니다.
> "난 당신을 사랑해요, 난 당신을……"
> 꼽추의 말이 끝나기도 전에 소녀는 문을 쾅 닫아 버렸습니다. 꼽추의 못생긴 겉모습이 싫었던 것이죠. 소녀가 닫아 버린 문 앞에 서서 꼽추는 혼잣말을 했습니다.
> "전 태어나기 전부터 당신을 알고 있었습니다. 제가 태어나기 전 하나님은 제가 깊은 사랑에 빠질 거라고 말씀하셨지요. 그러나 그 여자는 꼽추라고……. 그래서 전 말했습니다. 제가 대신 꼽추가 되게 해달라고."

3-1 꼽추와 소녀의 관계를 수학적 개념인 치환으로 설명할 수 있다. 이에 대하여 꼽추와 소녀 각각의 입장에서 감정의 변화를 설명하고, 그에 따른 행동 방향을 제시하여라.

3-2 아름다운 소녀의 원래 모습은 꼽추의 모습이었다. 그렇다면 오늘의 나는 누구의 모습으로 살아가고 있는가?

💬 생각 나누기

1 우리는 친구들과의 관계에서 계산적인 경우가 많다. 매점에서 지난번에 내가 샀다면 이번에는 네가 사야 한다는 마음이 있으며, 작은 것에도 손해를 보려 하지 않는다. 즉 우리가 우정이나 사랑이라고 부르는 관계에서도 주로 조건적으로 행동한다. 이 같은 모습을 에리히 프롬이 구분하는 사랑의 종류를 바탕으로 비판하고, 진정한 사랑을 위한 방안을 제시하여라.

> 에리히 프롬은 사랑의 종류를 세 가지로 나눈다. 이기적 사랑, 이타적 사랑, 교환적 사랑이다. 이기적 사랑은 진정한 사랑이 아니고, 이타적 사랑이 진정한 사랑에 가깝다는 사실에 대해서는 이견이 없다. 문제는 교환적 사랑이다. 에리히 프롬은 사람들이 교환적 사랑을 사랑으로 생각하는 것이 문제라고 주장한다. 하나를 주면 하나를 받아야 하는 사랑은 사랑보다는 교환에 가까운데, 사람들은 이것을 사랑으로 생각한다는 것이다.

2 영화 〈모스트〉에 나오는 다음 내용을 치환의 개념과 관련지어 설명하여라.

> 수많은 사람이 탄 기차가 엄청난 속도로 달려온다. 기차는 다리를 건너야 하는데, 다리는 평소 배가 이동할 수 있도록 허공에 올려진 상태이다. 다리를 내려서 연결하지 않으면, 기차는 강으로 곤두박질치게 되고 수많은 사람이 목숨을 잃는다. 그날따라 다리를 조작하는 사람은 아들을 데리고 출근했는데, 다리를 내리려는 순간 자신의 아들이 다리를 움직이는 거대한 기계장치로 들어가는 것을 보게 된다. 기차를 구하려면 아들을 포기해야 하는 절체절명의 순간에 아버지는 절규하며 레버를 내린다. 기차는 무사히 지나가고 아들은 희생된다.

2-1 영화 속에서 다리를 조작하는 아버지와 같은 상황에 처한다면, 나는 어떻게 행동할 것인가?

2-2 많은 사람을 위해 희생한다고 해도 어느 누구도 알아주지 않는다면 어떻게 하겠는가? 이와 관련된 사례를 들어 설명해 보자.

문제 풀이

★ 생각 던지기

1-1 $y=x^2-2x+3=(x-1)^2+2$ 따라서, $x=1$일 때, 최솟값 $y=2$

1-2 $y=x^2-2x+3$ $(1<x\leq 3)$
최솟값은 존재하지 않는다.
$x=3$일 때, 최댓값 $y=6$

1-3 $y=100x^2 \div x^{\log x}$ 양변에 상용로그를 취하여 정리하면,
$\log y = 2+2\log x - (\log x)^2$, $\log x = t$ 라고 하면,
$\log y = -(t-1)^2+3$, $(-1 \leq t < 2)$
$t=-1$일 때, 최솟값 $\log y = -1$ ⇨ $x=\dfrac{1}{10}$일 때, 최솟값 $y=\dfrac{1}{10}$
$t=1$일 때, 최댓값 $\log y = 3$ ⇨ $x=10$일 때, 최댓값 $y=10^3$

1-4 $y=\sin^2(x+\pi)+2a\sin(\dfrac{x}{2}-x)-1=\sin^2 x + 2a\cos x - 1 = -\cos^2 x + 2a\cos x$
$\cos x = t$라고 하면, $y=-t^2+2at$ $(-1 \leq t \leq 1)$
 i) $0<a<1$; $t=a$일 때, $y=a^2=4$ ∴ $a=2$는 조건에 맞지 않는다.
 ii) $a \geq 1$; $t=1$일 때, $y=-1+2a=4$ ∴ $a=\dfrac{5}{2}$

1-5 $4^x+4^{-x}-2(2^x+2^{-x})+a=0$이 적어도 하나의 실근을 가진다.
$4^x+4^{-x}=(2^x+2^{-x})^2-2$이므로
$2^x+2^{-x}=t$라고 하면 $2^x+2^{-x} \geq 2\sqrt{2^x \times 2^{-x}} = 2$
방정식 $t^2-2t+a-2=0$이 $t \geq 2$에서 적어도 하나의 실근을 가지면 된다.
$f(t)=t^2-2t+a-2=(t-1)^2+a-3$이라 놓으면, 최솟값이 0 또는 음수이면 적어도 하나의 실근을 갖게 된다.
따라서 $f(2) \leq 0$을 만족하면 된다.
$f(2)=a-2 \leq 0$, 따라서 $a \leq 2$이다.

2 (나)의 알레고리는 수학에서 대등한 무언가로 바꿔 넣는 치환의 성질과 유사하다. 이와 같은 성질을 글 (다)의 시(詩)에서 치환되는 두 단어의 개념과 연결하면 수많은 상상으로 마음의 여백을 발견할 수 있고, 무한에 가까운 영원한 삶을 설명할 수 있다. 이는 (라)에서처럼 다른 이들과의 관계에서 사랑이나 희생을 베푸는 방향으로 적용할 수 있다.

3-1 호랑이는 가죽으로 치환하고, 사람은 이름으로 치환하고, 예수님은 사랑으로 치환하고 있다.

3-3 뒤러의 〈기도하는 손〉은 친구에 대한 사랑과 헌신, 그리고 고마운 마음을 담아 그린 것이다. 친구를 위해 희생하고 진정으로 그 친구가 잘되기를 기도하는 우정이 아름답고, 또 그러한 친구의 마음을 알아주고 오늘날의 내가 친구의 기도 덕분에 있을 수 있음을 아는 뒤러의 마음도 아름답다.
알브레히드 뒤러가 훌륭한 화가가 될 수 있었던 것은 이처럼 훌륭한 친구가 있었기 때문이라는 교훈을 얻을 수 있다.

★ **생각 넓히기**

1 수학의 치환은 답을 구하기 위해 복잡한 식을 단순하게 바꾸는 역할을 한다. 이와 마찬가지로 인문학의 알레고리는 이해하기 어려운 추상적 설명을 이해할 수 있는 다른 사례로 바꾼다. 수학의 치환이 복잡한 식을 간단한 기호로 바꾸어 해답을 구하는 일에 도움을 준다면, 인문학의 알레고리는 어떤 하나의 현상에 적용되는 성질이 전혀 다른 현상에 적용될 수 있다는 가능성을 발견하도록 한다. 이로써 어떤 현상을 해석하는 우리의 시각을 무한대로 확장시켜 준다.

26 피타고라스학파 – 구름에는 물이 있고 너머에는 태양이 있다

피타고라스학파가 생각하는 수에 대한 철학을 통해 우리가 살아가는 시대에 따른 삶의 지혜를 발견할 수 있다.

(가) 그리스의 철학자이자 수학자인 피타고라스는 당대 그리스의 영적 지주로 추앙받아 신에 가까운 존재로 여겨졌다. '만물은 수로 되어 있다. 우주 만물은 정수의 비로 표현할 수 있다'는 것이 피타고라스학파를 지탱하는 철학이었다. 그러던 어느 날, 피타고라스학파의 일원이던 히파수스(Hippasus)가 직각삼각형에서 직각을 낀 짧은 두 변의 길이가 각각 1일 때, 빗변의 길이는 제곱하여 2가 되는 수, 즉 $\sqrt{2}$ 라는 것을 발견하며 무리수의 존재를 밝힌다. 기존의 믿음에 반하는 사실에 충격을 받은 피타고라스학파는 이 같은 진실을 은폐하려 했다. 그러나 계속해서 히파수스가 무리수의 존재를 발설하려고 하자 결국 이에 분개한 피타고라스의 제자들이 히파수스를 우물에 빠트려 익사시키고 말았다.

(나) 피타고라스학파는 수의 완전성(completeness)에 대하여 다음과 같이 생각했다. 자기 자신을 제외한 양의 약수를 모두 더한 값이 원래의 수와 같으면 '완전수'라 하고, 불완전수는 완전수를 기준으로 과잉수와 부족수로 나누었다. 과잉수는 자기 자신을 제외한 모든 양의 약수들을 더한 값이 자신보다 더 큰 수이고, 부족수는 자기 자신을 제외한 모든 양의 약수들을 더한 값이 자신보다 더 작은 수를 의미한다. 그리고 친화수(우애수)는 진약수의 합이 서로 엇갈리면서 같아지는 한 쌍의 수를 말한다.

GAME

(다) 연산에는 사칙연산과 이항연산이 있다. 새로운 연산을 다음과 같이 정의할 때, 다음을 따라 해 보면 어떤 숫자가 나올까? 그 숫자는 완전수인가?

> (옆으로)는 자연수의 각 자릿수를 더하는 연산으로 정의하자.
> (위로)는 임의의 자연수를 더하는 연산으로 정의하자.
> (아래로)는 임의의 자연수를 빼는 연산으로 정의하자.

첫째, 임의의 자연수를 생각하라.
둘째, (위로)의 연산을 하라.
셋째, (아래로)의 연산을 하라.
넷째, (옆으로)의 연산을 하라.
다섯째, (곱하기 2)의 연산을 하라.
여섯째, (옆으로)의 연산을 하라.
일곱째, (옆으로)의 연산을 하라.
여덟째, (곱하기 9)의 연산을 하라.
아홉째, (옆으로)의 연산을 하라.
열 번째, (더하기 7)의 연산을 하라.
열한 번째, (빼기 2)의 연산을 하라.
열두 번째, (곱하기 2)의 연산을 하라.

(라) "자, 보라구 이 멋진 일련의 수를 말이야. 220의 약수의 합은 284. 284의 약수의 합은 220. 바로 우애수야. 쉬이 존재하지 않는 쌍이지. 페르마도 데카르트도 겨우 한 쌍씩밖에 발견하지 못했어. 신의 주선으로 맺어진 숫자지. 아름답지 않은가? 자네 생일과 내 손목시계에 새겨진 숫자가 이렇게 멋진 인연으로 맺어져 있다니."

— 오가와 요코, 《박사가 사랑한 수식》

(마) 하나님은 천지 창조 이전에도 존재하여 천지 만물을 6일에 걸쳐 창조하였다고 한다. 제1일에는 빛이 있으라 하여 빛을 만들고, 제2일에는 천공(天空), 제3일에는 땅과 식물(植物), 제4일에는 태양과 달 그리고 별, 제5일에는 물고기와 새, 제6일에는 땅의 생물과 동물 그리고 이를 다스리는 인간을 하나님이 자기 형상을 따라 창조하였다. 제7일에는 창조의 일이 완성되었음을 축복하여 휴식하고 이날을 성스럽게 하였다. 6일차에 완전한 천지 창조가 이루어졌고, 6일 이전까지는 세상이 만들어지는 과정이었으며, 7일에는 천지 창조 후 안식을 가졌다.

생각 던지기

1 완전수의 형태인 메르센 소수를 이용한 수식 $2^{n-1} \times (2^n - 1)$을 통해 1~50까지의 자연수 중 홀수인 완전수가 있는지 판별하고, 다음 문제를 해결하라.

> 어느 초등학교에서 줄을 설 때 제비뽑기를 하여 자신이 서는 순서의 번호가 자신의 번호를 제외한 약수들끼리 합쳤을 때 자기 자신이 나올 경우 사탕을 준다고 한다. 반 학생이 25명일 때 사탕을 받는 학생의 수는 몇 명인가? (단, 1번은 가상의 학생으로서 존재하며, 제비뽑기는 2번부터 시작한다.)

2 글 (다)에서 제시한 대로 따라 해 보자. 출발은 모두 달라도 그 결과는 항상 28이라는 완전수가 나온다. 그 이유를 수학적으로 설명하여라.

3 다음 글에서 완전수가 아니지만 완전수처럼 받아들여지는 이유는 무엇인가? 우리 삶에서 이와 같은 사례를 찾아보고 그 이유가 무엇인지 이야기해 보자.

> 완전수가 아니지만 완전수처럼 받아들여지는 수들이 있다. 천지 창조에서 하나님이 6일 동안 세상을 창조한 후 7일차에 휴식을 취했다고 하여 7이 완전수로 받아들여지기도 하고, 사람의 손발가락 개수인 10이 사람들에게 안정감을 주는 수로 여겨져 완전수처럼 받아들여지기도 한다. 이와 같이 사람들이 완전수가 아닌 수에서 완전함을 느끼는 이유는 바로 완전하지 않은 것에서도 완전함을 추구하려고 하기 때문이다. 7과 10은 모두 과잉수, 혹은 부족수에 해당되는데, 너무 넘치거나 혹은 너무 부족한 수들이 완전해지기를 바람으로써 이 수들에 각각 의미 부여를 하는 것이다. 즉, 사람들은 모든 것에서 완전함을 추구한다는 것을 알 수 있다.

4 성경 〈창세기〉 32장을 보면 야곱이 형 에서를 위해 염소와 양을 보냈는데 그 수가 각각 220마리이다. 글 (나)와 (라)를 중심으로 이 수의 의미를 설명하여라.

생각 넓히기

1 글 (나)에서는 완전수와 불완전수에 대하여 설명하고 있다. 불완전함은 불안, 불평, 불만의 이미지를 떠오르게 하고, 완전함은 평강, 행복, 만족의 이미지를 떠오르게 한다. 나는 어떤 삶을 살고 있는지 살펴보고, 완전한 삶을 위한 방안은 무엇일지 이야기해 보자.

2 다음 글을 읽고 글 (라)를 이용하여 친화수의 의미를 설명하고, 내 삶의 친화수는 무엇인지 그 이유를 설명하여라.

> 친화수란 두 수의 쌍으로, 어느 한 수의 진약수를 모두 더하면 다른 수가 되는 것을 말한다. 사전적으로는 이와 같으나 글 (라)에서는 '신의 주선'과 '멋진 인연'이라는 표현을 사용하였다. 친화수에는 불완전한 것들끼리의 만남이 궁극적으로는 완전함에 도달할 수 없음에도 불구하고 그들만의 조화와 합성으로 아름답고 소중한 가치를 만들어 낸다는 의미가 담겨 있다.

3 글 (나)에서는 세상 만물을 부족수와 초월수, 그리고 완전수로 표현할 수 있다고 말한다. 이에 근거하여 우리 삶과 관련된 사례를 들고 그 의미를 설명하여라.

4 글 (나)와 (라)의 개념을 통해 글 (마)에서 핵심어를 제시하고 그 의미를 설명하라.

5 다음 구절과 관련하여 글 (나)에서 문제를 제기하고, 글 (라)에 근거하여 아름다운 관계를 위한 방안을 제시하여라.

> 우리는 모두 불완전합니다. 따라서 스스로를, 서로를 용서할 줄 알아야 합니다.
> – 닉 부이치치

생각 나누기

1 다음 글을 읽고 글 (나)와 (라)에 근거하여 '나(我)'를 설명하여라.

> 표시선이 그어진 컵이 있다. 그 표시선에 한참 못 미치는 양의 물이 담긴 컵과 딱 맞게 담긴 컵, 그리고 과도하게 넘치는 컵이 있다. 표시선에 미치지 못하거나 넘치는 컵의 물은 버려지는데, 넘치는 컵의 물을 부족한 컵의 표시선에 맞게 채운다면 두 컵 모두 버려지지 않을 것이다.

2 완전수와 불완전수를 통해 인간의 삶을 조명해 보자. 초월수와 부족수는 불완전수지만 이들이 조화를 이루면 친화수(우애수)가 될 수 있다. 이 같은 개념을 우리 사회에 적용한 사례를 찾아보고 그 의미를 설명하여라.

3 다음 글을 읽고, 글 (나)와 (다)에서 설명하는 완전수와 불완전수의 개념에 의거하여 그 의미를 설명하여라.

> 무슨 욕망이든 충족되지 않은 상태는 즐길 만하다
> 그 상태는
> 충족에서 얻을 수 있는 것과 비교할 수 없는
> 또 불만에서 얻을 수 있는 것과 비교할 수 없는
> 이상하게 술렁거리고
> 항상 시작하고 있는 것 같고
> 시간이 무슨 싹과도 같이 느껴지는
> 그런 상태의 소용돌이 속에 있게 한다
> 충족되지 않은 상태의 즐거움이여
>
> – 정현승, 〈충족되지 않은 상태의 즐거움〉

4 태초에 창조된 세상은 완전한 세상이었다. 이후 아담과 하와의 범죄로 인하여 세상은 어두워졌다. 그러나 하나님은 세상을 사랑하셔서 이 땅에 독생자 예수를 보내어 제2의 창조를 통해 다시 완전한 세상을 우리에게 선물하셨다. 다음 글을 읽고 빛으로 오신 그분의 이름의 의미를 말하여라.

> 아들을 낳으리니 이름을 예수라 하라. 이는 그가 자기 백성을 그들의 죄에서 구원할 자이심이라 하니라. 이 모든 일이 된 것은 주께서 선지자로 하신 말씀을 이루려 하심이니. 이르시되, 보라 처녀가 잉태하여 아들을 낳을 것이요 그의 이름은 임마누엘이라 하리라 하셨으니 이를 번역한즉 하나님이 우리와 함께 계시다 함이라.
> – 〈마태복음〉 1:21~23
>
> 하나님이 세상을 이처럼 사랑하사 독생자를 주셨으니 이는 그를 믿는 자마다 멸망하지 않고 영생을 얻게 하려 하심이라. – 〈요한복음〉 3:16

5 성경에 등장하는 숫자는 영계와 육계를 이어 주고, 창조의 중요한 원리이자, 진리와 과학의 기반이 된다. 성경에 등장하는 숫자들에 대하여 조사해 보자.

문제 풀이

★ 생각 던지기

1 제시된 식은 $2^{n-1} \times (2^n - 1)$의 형태이다. 메르센 소수 부분인 $2^n - 1$은 항상 소수가 되어야 하며, 유리수와 0은 완전수가 아니므로 n은 2부터 대입하면, 메르센 소수 부분이 순서대로 3, 7, 15, …이 된다. 즉, 1~50까지 완전수의 개수는 메르센 소수가 3, 7인 완전수 2개이지만 이는 각각 6, 28로 짝수이므로 1~50까지 홀수인 완전수의 개수는 0개이다. 또한 (나)와 (라)를 참고하면 1~50의 범위 이외에 모든 자연수 범위에서도 아직까지 공개된 홀수인 완전수는 없으며, 존재할 가능성이 희박하다는 것을 파악할 수 있다.

이 문제는 1~25까지 완전수의 개수를 구하는 문제와 동일하다. 우선 1~25까지 소수인 1, 3, 5, 7, 11, 13, 17, 19, 23이 제외된다. 즉, 이 수들을 제외하고 난 후 $2^{n-1} \times (2^n - 1)$의 형태가 나오고 메르센 소수 부분이 소수가 되는 조건을 충족시키면 된다. 우선 완전수는 양의 정수이기 때문에 $2^n - 1$에 존재하는 n은 1부터 충족시키나 문제의 조건을 반영하여 2부터 대입한다. 그렇다면 메르센 소수 부분은 3, 7, 15, 31, …의 순서로 커지고 구하고자 하는 수가 25까지의 수인 것을 감안하면 3, 7, 15를 성립시키는 n은 2, 3, 4가 고려될 수 있다. 그러나 2^{n-1}의 n 부분에 같은 수를 대입하였을 때 25보다 작은 수는 6밖에 존재하지 않는다. 즉 사탕을 받을 수 있는 학생은 단 한 명이다.

2 항상 28이 나온다. 그리고 28의 약수는 1, 2, 4, 7, 14, 28이다.
따라서 1+2+4+7+14=28이므로 완전수이다.

★ 생각 나누기

5 〈성경과 숫자 이야기〉

숫자	상징	설명
1	하나님의 수, 처음, 유일, 절대, 단일, 통일, 고독	시간적으로 0(현재)으로부터 정방향으로의 시작을 의미하며, 공간적으로는 1차원, 즉 점을 의미한다.
2	분리, 짝, 결합, 조화, 사랑, 증인, 분쟁	1이 남성수라면 1로부터 나온 2는 여성수라고 할 수 있다. 1이 홀수의 기원이라면 2는 짝수의 기원이 된다. 홀수는 안정적이지만 균형이 맞지 않고 짝수는 불안정하지만 균형이 맞는다. 2는 상대적인 개념으로 자연계에서 남성과 여성, 낮과 밤, 빛과 어두움, 높음과 낮음, 강함과 약함 등으로 나타난다.
3	하늘 수, 영적인 완전수, 부활수, 확정, 거룩, 삼각형	1 다음의 최초의 홀수이자 2에서 1이 더해진 수이다. 1은 점을 이루고 2는 선분을 이룬다면 삼각형은 최초의 도형(면)을 이룬다. 3은 완전함을 의미하는데 과거-현재-미래, 원인-과정-결과, 처음-중간-마지막 등을 표시할 수 있다.
4	땅의 완전수, 창조, 물질, 질서, 안정, 방향, 세상, 실용, 방어, 사각형	하늘의 완전수 3에 1이 더해진 수로 땅의 완전수라고 할 수 있다.
5	결합, 은혜, 영적, 초월, 오감, 절반의 완성, 오각형	5는 2와 3을 더한 수이거나 4에 1이 더해진 수다. 2는 여성수이고 3은 남성수이므로 5는 결합, 내지는 완전을 의미한다. 또는 땅의 완전수 4에 1이 더해진 수이므로 초월, 내지는 영적인 수라 할 수 있다. 성경에서는 모세오경, 즉 구약을 의미한다.
6	땅의 완성수, 창조의 수, 구원의 수, 사람의 수, 불완전, 일하는 기간, 육각형	6은 1+2+3의 값이자 1×2×3의 값이다. 6은 완성수로 하나님은 천지를 6일 동안 창조하셨고 6번째 날에 짐승과 인간을 창조하셨다.
7	완전수, 땅의 완전수, 안식, 거룩, 성취, 언약, 예수님의 수, 완전한 구원, 인생의 수	7은 3(하늘 수)과 4(땅 수)가 합쳐진 것으로 완전수를 의미한다. 7은 또한 6에 1이 더해진 수로 6일 동안 일하고 하루를 쉼으로 완전한 기간을 의미하기도 한다.
8	부활, 할례, 새 출발, 새 생명, 더 높은 차원, 하늘에서 완전, 영적인 세계, 승리, 모든 방면	8은 땅의 완전수 7에 1이 더해져 이 세상을 초월한 하늘(영적인 세계)의 완전수라 할 수 있다. 예컨대, 7음계(도, 레, 미, 파, 솔, 라, 시)에서 한 음이 더해지면 한 옥타브(차원)가 높은 새로운 도가 나온다.
9	신성, 불완전, 부족	9는 3의 제곱이자 10에서 1이 부족한 수이다. 하늘의 수인 3이 두 번 곱해졌으므로 신성한 수라 할 수 있다. 예수님이 3시에 십자가에 달려 6시부터 날이 어두워지고 9시에 돌아가셨으니, 3의 배수가 기점이 된 것을 볼 수 있다.

27 부등식과 부등식의 영역 – 부분과 전체를 동시에 볼 수 있는 안목

부등식의 개념과 원리를 통해 인간이 비교하고 비교당하는 존재임을 인식하고, 더불어 살아가는 아름다운 공동체를 위한 방안을 찾아볼 수 있다.

(가) 두 실수 a, b 사이에는 반드시 대소 관계가 존재한다. 이때 부등식이 바뀌는 경우와 바뀌지 않는 경우가 있다. 두 실수 a, b에 대하여 $a > b$이면, 역수 $\frac{1}{a}, \frac{1}{b}$ 의 대소 관계는 어떻게 될지 생각해 보고 다음 물음에 답하여라.

> 1이 아닌 양수 a, b가 어떤 양수 x에 대하여 부등식 $\log_a x - \log_a(x+1) > \log_b x - \log_b(x+1) > 0$을 만족시킬 때, 세 수 $1, a, b$의 크기를 비교하여라.

(나) 태초에 어떤 직업이 제일 먼저 생겼는지에 대하여 외과의사, 엔지니어, 정치인이 이야기를 나누고 있었다. 외과의사가 말했다. "아담의 갈비뼈로 여자를 만들었으니까 의사가 제일 먼저 있던 직업입니다." 그러자 엔지니어가 말했다. "세상은 창조된 것이니까 엔지니어가 먼저 있던 직업인데요." 마지막으로 정치인이 말했다. "아닙니다. 이 세상의 창조는 혼돈에서 나온 것이니까 정치인이 제일 먼저 있던 직업입니다."

(다) 다음 문제를 풀어라.

> ㄱ. x에 대한 부등식을 풀어라.
> - $x^{3x+1} > x^{x+5}$ (단, $x > 0$) 　• $\log_x(3x-2) > 2$
>
> ㄴ. $\int_0^3 (x-1)dx$ 와 $\int_0^3 |x-1|dx$의 값을 구하여라.
>
> ㄷ. 두 실수 a, b에 대하여 $a*b = \begin{cases} \dfrac{a+b}{2} & (a < b) \\ ab & (a \geq b) \end{cases}$ 일 때, $\int_0^2 (x^2 * 1)dx$의 값을 구하여라.

(라) 사람은 자신을 넓은 맥락에서 보는 것이 아니라 한 배를 탄 사람들과 비교함으로써 국지적으로 자신에 대한 관념을 형성한다. 이처럼 교육 현장에서 상대적 박탈감을 느끼는 현상을 '큰 물고기 작은 연못 효과(big fish little pond effect)'라고 한다. 큰 연못은 뛰어난 학생들을 데려가서 기를 꺾어 버리는 반면, 작은 연못은 원하는 무엇이든 할 수 있는 기회를 극대화할 수 있다는 것이다. 이는 교육심리학자 허버트 마시(Herbert W. Marsh)가 만든 말로 학생의 '자아관념'이 동료 학생들의 능력과 부정적인 상관관계를 맺고 있다는 가설에서 출발했으며 특히 자신감이 약한 학생들에게 큰 효과를 발휘한다.

GAME

(마) 다음과 같은 카드놀이를 통해 연립부등식의 개념과 원리를 익혀 보자.

1) 한 벌의 카드(반 벌이어도 상관없다)를 준비하여 상대에게 임의로 나누어 섞도록 한다.
2) 자신에게는 뒷면이 보이게 들고 상대에게만 앞면이 보이도록 두 장의 카드를 한 쌍씩 보여 주면서 14에서 앞장 카드의 숫자를 뺀 값이 뒷장의 숫자보다 크면 O, 아니면 X라고 대답하도록 한다. 이때 O라고 대답한 카드 쌍은 책상 왼쪽에 뒷면이 보이도록 순서대로 모아 놓고 나머지 카드들은 버린다.
3) 책상 왼쪽에 모아 놓은 카드를 2)와 동일한 방법으로 상대에게 보여 주되 이번에는 11에서 앞장의 숫자를 뺀 값이 뒷장의 숫자보다 작으면 O, 아니면 X라고 답하게 한다. 마찬가지로 O라고 대답한 카드 쌍은 책상 왼쪽에 뒷면이 보이도록 순서대로 놓고 나머지 카드들은 버린다.
4) 2), 3)의 과정을 거친 후 남은 카드 쌍의 숫자를 확인하기 전에 게임을 시작할 때 적어둔 "모든 카드 쌍에 적힌 두 수의 합은 12나 13이다"라는 쪽지를 상대에게 보여 준다.
5) 왼쪽에 남아 있는 카드 쌍들을 뒤집어 숫자를 확인하면 종이에 적어 둔 것과 같은 결과가 나온다.

– 소동기, 〈수학유희〉 https://youtu.be/DK9doRbC4ok

생각 던지기

1 글 (가)에 제시된 문제를 해결하여라.

2 글 (가)~(라)의 공통점을 핵심어로 제시하고, 그에 따른 장점과 단점을 구분하여 말하여라.

3 글 (가)의 내용과 연관 지어 글 (나)를 설명하고, 무엇이 문제인지 자신의 생각을 제시하여라.

4 글 (다)에 나오는 문제들을 해결하고, 문제들의 공통점과 그로부터 얻을 수 있는 교훈을 말하여 보자.

4-1 $\log x = n + \alpha$ (단, n은 정수, $0 \leq \alpha < 1$)일 때, $\log x^2$와 $\log \dfrac{1}{x}$의 정수 부분과 소수 부분을 표현하여라.

4-2 두 함수 $y=f(x)$, $y=g(x)$의 그래프가 다음과 같을 때, 부등식 $\log_{g(x)} f(x) \leq 1$의 해를 구하여라.

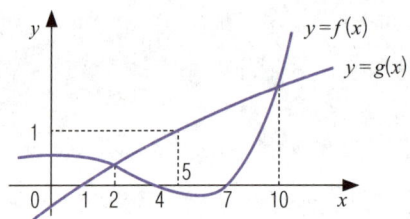

GAME

5 그림과 같이 삼등분된 세 원판에 숫자들이 쓰여 있다. A, B, C 세 사람이 A대B, B대C, C대A의 순서로 두 사람씩 시합을 하는데, 각각 자기의 원판에 화살을 쏘아 맞힌 원판의 숫자가 큰 사람이 이기는 것으로 하였다.

 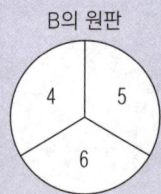 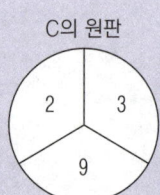

A의 원판   B의 원판   C의 원판

5-1 이에 대하여 대한이와 민국이는 다음과 같이 주장한다. 누가 옳은지 생각해 보고, 주장에 대한 근거를 논리적으로 설명하여라.

> 대한: 부등식의 성질 $a > b$, $b > c$이면 $a > c$가 성립한다.
> 민국: 부등식의 성질 $a > b$, $b > c$이면 $a > c$가 성립하지 않는다.

5-2 민국이의 주장에 들어맞는 사례를 제시하고 설명하여라.

생각 넓히기

1 '용의 꼬리가 되지 말고 닭의 머리가 되라'는 속담이 있다. 탈무드에서는 '사자의 꼬리보다 여우의 머리가 되라'고 한다. 다음 글을 읽고 그 의미를 긍정적 측면과 부정적 측면에서 각각 설명해 보자.

> 삶의 작은 일에도 그 맘을 알기 원하네
> 그 길 그 좁은 길로 가기 원해
> 나의 작음을 알고 그분의 크심을 알며
> 소망 그 깊은 길로 가기 원하네
> 저 높이 솟은 산이 되기보다 여기 오름직한 동산이 되길
> 내 가는 길만 비추기보다는 누군가의 길을 비춰 준다면
>
> 내가 노래하듯이 또 내가 얘기하듯이 살길
> 난 그렇게 죽기 원하네
> 삶의 한 절이라도 그분을 닮기 원하네
> 사랑 그 높은 길로 가기 원하네
>
> 사랑 그 좁은 길로 가기 원하네
> 그 깊은 길로 가기 원하네
> 그 높은 길로 가기 원하네
>
> — 한웅재, 〈소원〉

2 우리 격언에 '열 길 물속은 알아도 한 길 사람 속은 모른다'는 말이 있다. 그 의미를 밝히고, 그에 따른 해결 방안을 글 (가)~(라)에 근거하여 제시하여라.

 3 글 (마)에 제시된 카드놀이를 통해 부등식의 영역에 대한 개념과 원리를 익혀 보자. 카드놀이의 결과가 항상 "남은 카드 쌍 수의 합은 12나 13이 된다"로 나오는 이유를 설명하여라.

생각 나누기

1 부등식이란 대소 관계를 나타내는 기호이다. 부등식의 개념에 인문학적으로 접근해 보면 우리는 늘 서로를 비교하며 살아가는 존재라는 사실을 깨달을 수 있다. 다음 글을 읽고, 이를 근거로 더불어 살아가는 공동체를 만들기 위한 방안을 이야기해 보자.

> 내 이름은 돌
> 사람들은 이 이름 안에 슬픔을 심어 놓았다
> 나는 그 슬픔을 벗어나기 위해 만년을 울었다
> 비가 내릴 때는 눈물을 흘렸고
> 파도가 밀려올 때는 소리 내어 울었다
>
> 사람들은 백 년을 살면서 힘들어 하지만 나는 만년을 그렇게 살았다
> 하지만 사람들이여, 나를 보아라
> 내가 불행해 보이느냐? 여기에 허무가 있느냐?
> 아직도 내가 슬퍼 보이느냐?
> 아니다
> 나는 지금 희망 안에 있다
> 나는 부딪힐수록, 깎이고 작아질수록, 더 깊고 맑아지고 있다
> 더 부드러워지고 당당해지고 있다
> 나는 끝까지 좋을 것이다. 한 알의 모래가 될 때까지
>
> — 정용철, 〈돌들의 편지〉

2 글 (가)에 근거하여 다음을 설명하여 보자.

- 덧셈 동네에서 '0'은 모든 구성원들의 있는 모습 그대로를 인정해 주는 역할을 하지만, 곱셈 동네에서 '0'은 모든 구성원들을 자신으로 만들어 버리는 강력한 힘을 가진다.

- 미분의 세계에는 참으로 신기한 일들이 벌어진다.
 $\dfrac{d}{dx}(x^n + \sin x + \log x + a^x + e^x)$
 ⇨ 모두가 달아나지만 e^x는 두려워하지 않는다.
 $\dfrac{d}{dy}(x^n + \sin x + \log x + a^x + e^x)$
 ⇨ 이번에도 모두가 달아나고 있지만 e^x는 가만히 있다. 어떻게 되었을까?

- 주의 궁정에서의 한 날이 다른 곳에서의 천 날보다 나은즉 －〈시편〉84:10

- 닭이 달걀을 품는다고 모두 병아리가 되는 것은 아니다. 품을수록 오히려 썩어 버리는 것도 있다. 그것은 유정란인가, 무정란인가에 따라 다르다.

3 다음은 윤흥길이 쓴 소설 〈장마〉의 줄거리이다. 물음에 답하여라.

6.25 전쟁으로 서울에 살던 외할머니는 시골의 딸네 집으로 피난을 내려와 친할머니가 계신 집에 같이 살게 된다. '나(김동만)'의 삼촌은 빨치산이 되어 산속 생활을 하고, 국군 소위인 외삼촌은 소대장으로 전쟁터에서 싸우고 있다. 어느 날 외할머니는 아들이 전사했다는 통지를 받고, 그 이후로 빨치산을 향해 저주를 퍼붓는다. 이로 인해 친할머니는 노발대발하고, 두 할머니는 서로 반목하는 사이가 된다. 이후 빨치산 소탕 작전으로 가족들은 삼촌이 죽었을 거라고 생각하지만, 할머니만은 점쟁이의 말대로 아들의 생환을 굳게 믿으며 아들을 맞을 준비를 한다. 그러나 예언한 날이 되어도 아들은 나타나지 않고 그 대신 구렁이 한 마리가 집 안으로 들어온다. 할머니는 졸도를 하고 집안이 발칵 뒤집히는데, 외할머니는 구렁이에게 말을 붙이며 위로하고 동네 아낙의 말에 따라 머리카락을 태워 구렁이를 내보낸다. 그 후 할머니는 외할머니와 화해하고 일주일 후에 숨을 거둔다.

3-1 윗글에서 두 할머니가 하나가 될 수 없었던 원인은 무엇인가?

3-2 갈등하던 등장인물들이 하나가 될 수 있었던 매개체는 무엇이며, 그 의미는 무엇인가?

3-3 위 소설은 갈등을 겪던 등장인물들이 하나가 되어 가는 과정을 서술하고 있다. 아름다운 공동체를 만들기 위해서는 글 (다)처럼 전체로 보는 것이 아니라 부분적으로 나누어 생각해야 한다는 수학적 원리를 '역지사지(易地思之)'와 관련지어 서술하라.

문제 풀이

★ 생각 던지기

1 • a, b의 부호가 같을 때 $0 < a < b$ 또는 $a < b < 0$이면 $\dfrac{1}{a} > \dfrac{1}{b}$

a, b의 부호가 서로 다를 때 $a < 0 < b$이면 $\dfrac{1}{a} < \dfrac{1}{b}$

• $\log_a x - \log_a(x+1) > \log_b x - \log_b(x+1) > 0$

$\log_a \dfrac{x}{x+1} > \log_b \dfrac{x}{x+1} > 0$ 에서 $0 < \log_{\frac{x}{x+1}} a < \log_{\frac{x}{x+1}} b$

$0 < \dfrac{x}{x+1} < 1$이므로 감소함수이다. 따라서 $1 > a > b > 0$

4

ㄱ. • $x^{3x+1} > x^{x+5}$

 i) $0 < x < 1$; $3x+1 < x+5$, $\Rightarrow x < 2$ ∴ $0 < x < 1$
 ii) $x > 1$; $3x+1 > x+5$, $\Rightarrow x > 2$ ∴ $x > 2$
 따라서, $0 < x < 1, x > 2$

• $\log_x(3x-2) > 2$

 i) $0 < x < 1$; $3x-2 < x^2$ $\Rightarrow x^2 - 3x + 2 > 0$ ∴ $0 < x < 1$
 ii) $x > 1$; $3x-2 > x^2$ $\Rightarrow x^2 - 3x + 2 < 0$ ∴ $1 < x < 2$
 따라서, $0 < x < 2, x \neq 1$

ㄴ. $\int_0^3 (x-1)dx = \left[\dfrac{1}{2}x^2 - x\right]_0^3 = \dfrac{3}{2}$

$\int_0^3 |x-1|dx = \int_0^1 (1-x)dx + \int_1^3 (x-1)dx = \dfrac{5}{2}$

ㄷ. $\int_0^2 (x^2 * 1)dx = \int_0^1 \dfrac{x^2+1}{2}dx + \int_1^2 x^2 dx = 3$

4-1 $\log x^2 = 2\log x = 2(n+\alpha)$

 i) $0 \leq \alpha < \dfrac{1}{2}$; $2n + 2\alpha$
 ii) $\dfrac{1}{2} \leq \alpha < 1$; $(2n+1) + (2\alpha - 1)$

$\log \dfrac{1}{x} = -\log x = -(n+\alpha) = -n - \alpha = (-n-1) + (1-\alpha)$

부등식과 부등식의 영역

4-2 i) $0 < g(x) < 1$일 때, $\log_{g(x)} f(x) \leq 1$의 해는 $1 < x \leq 2$
ii) $g(x) > 1$일 때, $\log_{g(x)} f(x) \leq 1$의 해는 $7 < x \leq 10$
따라서, $\log_{g(x)} f(x) \leq 1$의 해는 $1 < x \leq 2$, $7 < x \leq 10$이다.

5 (A, B)의 경우: (1, 4), (1, 5), (1, 6), (7, 4), (7, 5), (7, 6), (8, 4), (8, 5), (8, 6)
⇨ A가 이기는 경우 6가지, B가 이기는 경우 3가지이므로 A가 승리한다.
(B, C)의 경우: (4, 2), (4, 3), (4, 9), (5, 2), (5, 3), (5, 9), (6, 2), (6, 3), (6, 9)
⇨ B가 이기는 경우 6가지, C가 이기는 경우 3가지이므로 B가 승리한다.
(C, A)의 경우: (2, 1), (2, 7), (2, 8), (3, 1), (3, 7), (3, 8), (9, 1), (9, 7), (9, 8)
⇨ C가 이기는 경우 5가지, A가 이기는 경우 4가지이므로 C가 승리한다.
따라서 A > B이고 B > C이지만, C > A이므로 대한이의 주장은 잘못되었다.
이는 보통의 수 계산이 아닌 확률의 계산이기 때문이다.

5-2 가위바위보 게임에서 '바위 > 가위, 가위 > 보' 관계가 성립하지만 '바위 < 보'가 된다. 이를 통해 가위, 바위, 보가 함께 있으면 평화를 유지하지만 어느 누구라도 빠지면 반드시 갑을 관계가 되어 균형이 깨진다는 점을 알 수 있다.

★ 생각 넓히기

3 앞장의 숫자를 한 점의 x좌표, 뒷장의 숫자는 한 점의 y좌표로 생각하고,

i) '14-앞장의 숫자가 뒷장의 숫자보다 크다'를 수식으로 표현하면
⇨ $14 - x > y$

ii) '11-앞장의 숫자가 뒷장 숫자보다 작다'를 수식으로 표현하면
⇨ $11 - x < y$

iii) '14-앞장의 숫자가 뒷장 숫자보다 크고, 11-앞장의 숫자가 뒷장 숫자보다 작다'를 수식으로 표현하면
⇨ $\begin{cases} 14 - x > y \\ 11 - x < y \end{cases}$

따라서 결과적으로 항상 카드 쌍에 적힌 두 수의 합은 12나 13이 된다.

다섯 번째 생각여행

명제

명제와 퍼지 함수

함수의 그래프

실수의 완비성

0과 무한대

연산과 연립방정식

연산

걸림돌을 디딤돌이 되게 하라

28 명제 – 진리가 너희를 자유케 하리라

어떤 상황에서는 개개인의 이해와 관점에 따라 참과 거짓이 상반되는 문제가 생기기도 한다. 명제의 개념과 원리를 이용하여 이 같은 상황에서 참과 거짓을 판별할 수 있는 지혜를 발견할 수 있다. 또한, 우리 사회에서 옳고 그름의 문제는 공동체가 추구하는 삶의 가치 기준에 대한 문제임을 알 수 있다.

(가) 그 내용의 참(true) 또는 거짓(false)을 명확하게 판별할 수 있는 문장이나 식을 명제라고 한다. 내용이 항상 옳은 명제를 참인 명제라 하고 내용이 한 가지라도 옳지 않은 경우 거짓 명제라고 한다.

(나) 변수의 값에 따라 참, 거짓이 판별되는 문장이나 식을 조건이라 한다. 두 조건 p, q에 대하여 명제 'p이면 q이다'를 기호로 $p \rightarrow q$로 나타내고, p를 가정, q를 결론이라고 한다.

> 두 조건 p, q의 진리집합을 각각 P, Q라고 할 때,
> - $P \subset Q$를 만족하면,
>   명제 $p \rightarrow q$는 참이고, p는 q가 되기 위한 충분조건이라고 한다.
> - $P \supset Q$를 만족하면,
>   명제 $p \rightarrow q$는 거짓이고, p는 q가 되기 위한 필요조건이라고 한다.
> - $P = Q$를 만족하면,
>   명제 $p \rightarrow q$는 참이고, p는 q가 되기 위한 필요충분조건이라고 한다.

(다) 진리함수이론이란 언어의 구조에 대한 비트겐슈타인의 설명이다. 비트겐슈타인이 밝히는 언어는 자연과학적 명제의 총체이다. 따라서 언어의 구조는 명제들이 어떻게 정돈될 수 있느냐로 해결된다. 즉, 모든 명제들은 요소명제들에 대한 진리조작의 결과들이며 진리조작은 요소명제들로부터 진리함수가 생겨나는 방식이다.

(라) 내가 그의 이름을 불러주기 전에는
그는 다만 하나의 몸짓에 지나지 않았다
내가 그의 이름을 불러주었을 때
그는 나에게로 와서 꽃이 되었다

내가 그의 이름을 불러준 것처럼
나의 이 빛깔과 향기에 알맞은
누가 나의 이름을 불러다오

그에게로 가서 나도 그의 꽃이 되고 싶다
우리들은 모두 무엇이 되고 싶다
너는 나에게 나는 너에게
잊혀지지 않는 하나의 눈짓이 되고 싶다

– 김춘수, 〈꽃〉

GAME

(마) 한 회사에서 사원을 뽑을 때 면접관이 검은색 모자 3개와 흰색 모자 2개를 가져와 세 지원자 A, B, C에게 보여 주었다. 그리고 지원자들이 눈을 감은 상태에서 검은색 모자를 각각 하나씩 씌워 주고 면접을 보게 하였다. 면접관은 다음 조건을 만족하면 직원으로 채용하겠다고 하였다.

1) 자신이 쓴 모자는 볼 수가 없고, 나머지 두 사람의 모자는 볼 수 있다.
2) 자기가 쓰고 있는 모자의 색깔을 바로 맞추면 채용된다.

하지만 조건을 들은 이후로도 선뜻 바로 나서는 사람 없이 약간의 시간이 흘렀다.

생각 던지기

1 글 (가)를 읽고, 다음 문장이 명제인지 판별하고 그 이유를 설명하여라.

- 방탄소년단은 걸그룹이다.
- 인간은 사회적 동물이다.
- 박성은 선생님은 여자 선생님이다.
- 박성은 선생님은 잘생겼다.

2 조건 p, q가 다음과 같을 때, p가 q이기 위한 필요조건이지만 충분조건은 아닌 것을 있는 대로 모두 고르고 그 이유를 설명하여라. (단, x, y는 실수, A, B, C는 집합이다.)

보기
ㄱ. $p : x-1=0$ $q : x^3-1=0$
ㄴ. $p : x+yi=0$ $q : x=0, y=0$
ㄷ. $p : A \subset (B \cup C)$ $q : A \subset B$ 또는 $A \subset C$

2-1 x, y가 실수일 때, 세 조건 $p : |x+y| = |x| + |y|$, $q : x^2+y^2=0$, $r : xy=0$에 대하여, 다음 중에서 항상 옳은 것을 모두 고르시오.

보기
ㄱ. q는 r이기 위한 충분조건이다.
ㄴ. r은 p이기 위한 필요조건이다.
ㄷ. r은 q이기 위한 필요충분조건이다.

3 다음은 비트겐슈타인의 《논리철학논고》에 나오는 내용이다. 글 (다)와 관련하여 물음에 답하여라.

> 그림 안에서 그림의 요소들은 대상의 대리물인 것처럼, 명제 안에서 그 요소들은 세계의 사물들의 대리물이 된다. (중략) 그림이 가능한 것은 그림의 요소들이 특정한 '방식'으로 결합되어 있기 때문이다. 이와 마찬가지로 언어의 요소들도 특정한 방식으로 결합되어 그에 해당되는 세계의 사실에 대해 말해 준다.

논리 결합자에는 논리합(또는), 논리곱(그리고), 조건논리(⇒)가 있다.

p	q	p ∧ q
T	T	T
T	F	F
F	T	F
F	F	F

p	q	p ∨ q
T	T	T
T	F	T
F	T	T
F	F	F

p	q	p ⇒ q
T	T	T
T	F	F
F	T	T
F	F	T

3-1 두 명제 p, q에 대하여 'p: 비가 온다, q: 덥다'라고 한다면, 논리 결합자를 이용하여 복합명제를 만들고 참과 거짓을 구분하여라.

3-2 그림과 같은 논리회로가 있다. A, B에 0 또는 1의 신호를 입력하면 C, D에서 0 또는 1의 신호가 출력된다. 이때 회로 중 각 유닛의 작용은 표의 내용대로이다. C, D에서 얻어지는 신호가 C=0, D=1인 경우, 다음 중 이 회로의 상태를 바르게 말하고 있는 것은 무엇인가?

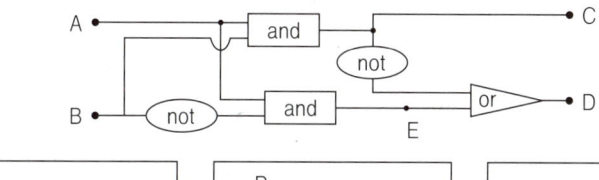

입력		출력
P	Q	X
0	0	0
0	1	0
1	0	0
1	1	1

입력		출력
P	Q	X
0	0	0
0	1	1
1	0	1
1	1	1

입력	출력
P	X
0	1
1	0

① A에 입력되는 신호는 항상 0이다.
② B에 입력되는 신호는 항상 0이다.
③ A, B에 입력될 가능성이 있는 신호의 조합은 두 가지가 있다.
④ A에 입력되는 신호가 0이면 B에 입력되는 신호에 관계없이 성립한다.
⑤ E를 흐르고 있는 신호는 항상 0이다.

4 글 (마)에서 A, B, C가 상대방의 모자 색깔을 보면서 자신이 쓰고 있는 모자 색깔을 어떻게 알 수 있는지 논리적으로 설명하여라.

5 시(詩)를 감상하는 방법은 다양하다. 글 (라)에서 제시한 김춘수의 〈꽃〉을 글 (나)에 근거하여 설명하여라.

🔍 생각 넓히기

1 우리 사회에 참과 거짓을 나눌 수 있는 것은 얼마나 있는가? 그 기준은 무엇인가?
  1-1 모든 일에 참과 거짓을 구분하려는 이분법적 사고는 우리 삶에 어떠한 영향을 미치는가?

2 글 (가)에 나오는 명제의 정의를 배운 대한이가 '거짓이 없는 세상이었으면 좋겠다'고 말하자 민국이는 다음을 근거로 들어 아름다운 공동체를 위한 방안을 제시하였다. 민국이의 주장에 담긴 의미에 대하여 이야기해 보자.

> - 4월 1일 만우절(萬愚節)은 서로 가벼운 거짓말을 주고받으면서 즐거워하는 날로, 이날에는 유쾌한 거짓말이 허락된다. 그런데 조선시대 궁중 문화에도 지금의 만우절과 비슷한 날이 있었다고 한다. 바로 첫눈이 내리는 날인데, 이날만큼은 궁궐 사람들이 임금에게 가벼운 거짓말을 해도 용서해 주었다고 한다. 첫눈이 많이 오면 이듬해 풍년이 든다고 생각했기 때문에 첫눈 내리는 날을 기쁘게 여겨 그날은 가벼운 거짓말도 눈감아 준 것이다.
>
> - 地之穢者 多生物, 水之淸者 常無魚
>   더러운 땅에 생물이 많이 살고, 맑은 물에 고기가 살지 않는다.

3 성경 〈열왕기상〉 3:16~28에는 솔로몬 왕의 지혜로운 판결에 대한 이야기가 나온다. 한 집에 사는 두 여인이 사흘 간격으로 각각 아이를 낳았는데, 어느 날 한 아이가 간밤에 죽었다. 두 여인은 살아 있는 아이를 두고 서로 자신의 아이라고 주장하며 솔로몬을 찾아와 시비를 가려 달라고 했다. 두 사람 중 한 명은 분명 거짓말을 하고 있는 상황에서 솔로몬은 어떻게 참과 거짓을 구분하였을까?

4 다음 시를 감상하고, 글 (나)에서 제시한 필요조건, 충분조건, 필요충분조건의 개념과 원리를 이용하여 설명하여라.

> 태양이 바다에 엷은 빛을 비출 때 나는 너를 생각한다
> 희미한 달빛이 샘물 위에 비출 때 나는 너를 생각한다
> 먼 길 위에 먼지가 일어날 때 나는 너를 떠올린다
> 깊은 밤, 좁은 오솔길에
> 낯선 이들이 비틀거리며 다가올 때
> 그곳에서 아득한 소리를 내며 파도가 일어날 때
> 나는 너의 소리를 듣는다
>
> 모든 것이 침묵 속에 있을 때
> 가만히 숲속으로 가서 나는 때때로
> 바람이 속삭이는 이야기를 듣는다
> 나는 너와 함께 있다
> 너는 아직도 멀리 있지만
> 내게는 가깝구나
> 태양이 지고 이어 별빛이 반짝인다
> 아! 그곳에 네가 있다면…
>
> — 괴테, 〈연인 곁에서〉

 생각 나누기

1 글 (나)의 조건명제로 다양한 인간관계를 해석할 수 있다. 우리가 꿈꾸는 이상적인 인간관계는 필요충분조건의 관계가 성립할 때 이루어질 것이다. 다음 두 연인의 대화에서 그 의미를 발견하여라.

> 철수: 주말에 뭐하니? 같이 영화 보자.
> 영희: 좋아! ……OK! (필요충분조건)
> 철수: 어떤 영화?
> 영희: 액션 영화! ……OK! (필요충분조건)
> 철수: 밥은 뭐 먹을 거야?
> 영희: 나는 짜장면! 너는?
> 철수: 소고기 ……NO!

2 우리 사회에서 갈등이 일어나는 이유는 사람들마다 가지고 있는 기준과 관점이 다르기 때문일 것이다. 다음 그림을 근거로 '아전인수(我田引水)'와 '역지사지(易地思之)'라는 사자성어를 이용하여 문제점과 그 대안을 토의해 보자.

3 다음 글은 행복의 기준에 대한 내용이다. 물음에 답하여라.

> 인간은 누구나 행복한 삶을 원한다. 그럼에도 많은 사람들은 자신이 행복하다고 생각하지 않는다. 돈을 많이 가진 부자들, 높은 지위를 가진 사람들, 그리고 명예를 가지고 있는 사람들은 행복할 것이라고 생각한다. 그러나 그들에게 행복한가를 물으면 자신 있게 답하지 못한다. 자신이 세운 행복의 기준이 너무 높게 설정되어 있기 때문이고, 추구하는 행복의 가치가 다르기 때문이다. 우리보다 부유하지 않고 가난하게 사는 나라 사람들의 행복지수가 오히려 높다고 한다. 왜 그럴까? 그들은 행복의 기준을 현실적으로 잡고 실현 불가능한 기준에 매달리지 않으며 오히려 지금에 만족하고 모든 것에 감사하며 살아가기 때문이라고 한다.

3-1 자신이 생각하는 행복을 정의하고, 그것을 위해 지금 어떤 노력을 하고 있는지 서술하여라.

3-2 내가 속한 공동체가 행복하기 위한 조건은 무엇인가?

GAME

4 다음 글을 읽고 물음에 답해 보자.

> 한 나그네가 갈림길에 이르러서 어느 길로 가야 목적지에 도달할지 몰라 난처해하고 있었다. 갈림길 옆에 두 사나이가 서 있는데, 한 사나이는 반드시 거짓말만 하고, 또 한 사나이는 진실만을 말한다고 한다. 나그네는 어느 쪽이 진실을 말하는 사람인지 알지 못한다.

4-1 나그네는 어떤 사람에게 무어라고 물으면 좋을까?
4-2 왜 세상에는 진실과 거짓이 동시에 존재하는가?
4-3 인생에는 수많은 갈림길이 있다. 우리는 그 상황에서 매순간 선택을 해야 한다. 선택의 기준은 무엇인지 예를 들어 설명해 보자.

5 명제란 참과 거짓을 말하는 문장이나 식을 말한다. 이때 참과 거짓을 가리는 가치 기준이 중요하다. 다음 글에 근거하여 물음에 답하여라.

> 어느 강사가 '나는 유혹받는 인생을 살고 싶다'라는 주제로 강연을 하였다. 그는 '돈, 명예, 여자'라는 세 가지 유혹을 받고 싶다고 말하며, 그 이유는 유혹을 당하는 것도 자신에게 그만한 능력이 있어야 가능하기 때문이라고 말했다. 그리고 두 번째 이유는 그러한 유혹이 내게 왔을 때 'NO!'라고 거절하기 위해서라고 했다.

5-1 유혹이란 자신의 마음이 흔들리는 것을 말한다. '돈, 명예, 여자' 각각에 대하여 자신이 생각하는 유혹의 기준은 어느 정도인지 이야기 나누어 보자. 예를 들어, 어느 정도 액수의 돈이면 나의 마음이 움직일 것인가? 그것이 그 사람의 가치 기준이 될 것이다.

5-2 이러한 유혹을 받기 위해 내가 갖추어야 할 것은 무엇인가? 이를 위해 어떤 노력을 할 것인가?

5-3 위 내용 외에 받고 싶은 유혹이 있다면 무엇인가?

6 글 (가), (나), (다)에서 '그리고(and)'와 '또는(or)'의 차이는 무엇인가? 둘 모두를 얻으려는 생각과 둘 중 하나를 선택해야 한다는 생각의 차이이다. 우리 삶에서도 두 마리 토끼를 동시에 잡기 불가능해 보일 때가 많다. 그렇다면 두 마리 토끼를 다 잡는 방법은 무엇인지, 다음 글을 읽고 그 방법을 생각해 보자.

> 어느 마을에 두 아들을 둔 할머니가 있었다. 할머니의 큰아들은 우산 장사이고 작은아들은 짚신 장사였다. 할머니는 햇볕이 쬐는 날이면 큰아들의 장사가 안 될 것을 걱정했고, 비가 쏟아지는 날이면 작은아들의 장사를 걱정했다. 그러니 해가 떠도 걱정, 날이 흐려도 걱정이었다. 이를 지켜보던 한 현자(賢者)는 할머니를 위로하며 근심과 걱정에서 헤어날 방법을 가르쳐 주었다. "할머니, 부정적으로 생각하지 마시고 좀 더 긍정적인 면을 생각해 보세요. 해가 뜨면 작은아들의 장사가 잘될 것을 기뻐하고 비가 오면 큰아들의 장사가 잘될 것을 기뻐하십시오. 그러면 비가 와도 걱정이 없고 해가 떠도 걱정이 없을 것입니다."

문제 풀이

★ 생각 던지기

1 • 방탄소년단은 남자 아이돌 그룹이므로 명확히 거짓인 명제이다.
• 인간은 사회적 동물이므로 참인 명제이다.
• 박성은 선생님은 남자 선생님이므로 명확히 거짓인 명제이다.
• 박성은 선생님은 잘생겼다는 기준이 불명확하므로 명제라 할 수 없다.

2 x, y가 실수이므로

ㄱ. $p : x-1=0$
$q : x^3-0 \Leftrightarrow (x-1)(x^2+x+1)=0$에서 $x^2+x+1\neq0$이므로,
필요충분조건

ㄴ. $p : x+yi=0$ 복소수 상등 관계에 의하여 $q : x=0, y=0$이므로,
필요충분조건

ㄷ. $p : A \subset (B \cup C)$　　$q : A \subset B$ 또는 $A \subset C$
다음 벤다이어그램과 같은 경우가 있다.

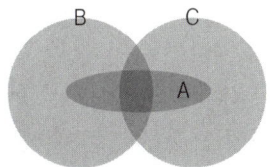

따라서, 필요조건

2-1 $p : |x+y|=|x|+|y|$ 양변을 제곱하여 정리하면,
$x^2+2xy+y^2=x^2+2|xy|+y^2$에서 $xy=|xy|$가 성립해야 한다.
∴ $xy \geq 0$
$q : x^2+y^2=0$, ⇨ 실수 x, y에 대해서는 $x=y=0$
$r : xy=0$ ⇨ $x=0$ 또는 $y=0$
따라서 $Q \subset R \subset P$가 성립한다.
∴ 정답: ㄱ

4 현재 A, B, C는 검은색 모자를 쓰고 있다. A 입장에서 생각해 보자. A가 눈을 뜨면 B, C가 쓰고 있는 검은색 모자 2개가 보일 것이다. 처음 보여준 모자 종류는 검은색 모자 3개와 흰색 모자 2개이므로 자신이 쓴 모자는 검은색이 될 수도, 흰색이 될 수도 있다고 생각한다. 만일 자신(A)의 모자가 흰색이라면, B에게는 상대가 쓴 흰색 모자와 검은색 모자가 하나씩 보일 것이다. 그리고 B가 쓴 모자가 흰색이라면 C에게는 자신을 제외한 둘의 모자가 둘 다 흰색인 것이 보일 테니 망설임 없이 자신(C)의 모자가 검은색이라고 답할 것이다. 그런데 C가 주춤거린다는 것은 둘 다 흰색이 아니라는 것이다. B도 마찬가지로 확신하지 못하고 주춤거리고 있었으므로 A는 자신의 모자가 흰색이 아니라 검정색이라는 것을 알 수 있다. 즉, 서로 주춤거리는 모습을 통해 자신의 모자 색깔을 맞출 수 있는 것이다.

5 시의 화자(나)를 p, 시의 대상(너)을 q라고 하면,
1연은 아무 관계가 아니다.
2연은 p는 q이기 위한 충분조건이고, q는 p이기 위한 필요조건이다.
3연은 q는 p이기 위한 충분조건이고, p는 q이기 위한 필요조건이다.
4연은 p는 q이기 위한 필요충분조건이다.

★ 생각 넓히기

4 '너'를 떠올리는 충분조건은 '태양이 바다에 옅은 빛을 비출 때, 희미한 달빛이 샘물 위에 비출 때, 먼 길 위에 먼지가 일어날 때, 깊은 밤 좁은 오솔길에 낯선 이들이 비틀거리며 다가올 때, 그곳에서 아득한 소리를 내며 파도가 일어날 때' 등임을 알 수 있다. 하지만 '너'의 부재로 인해 화자는 자신이 그리워하는 '너'를 얻지 못한다. 따라서 필요충분조건을 충족하지 못한다고 할 수 있다.

★ 생각 나누기

1 인간관계에서 서로 필요충분조건의 관계가 많을수록 좋겠지만, 때로는 필요조건에만 해당되거나 충분조건에만 해당되는 경우도 많다. 이를 전제로 서로 다름을 이해하고 인정하며 품어 줄 때 더 아름다운 관계가 만들어질 것이다.

4-1 이중부정(이중긍정)의 질문을 하여 진실을 캐낼 수 있다.

수학적으로 접근한다면, 이중긍정: $(+)(+)=+$, 이중부정: $(-)(-)=+$

어느 사나이에게든 상관없이 이렇게 묻는다. "만일, 당신에게 '내가 가야 할 길은 이 길입니까?' 하고 묻는다면 당신은 '네'라고 대답하겠습니까?" 나그네가 물은 사나이가 진실을 말하는 사람이라면 대답대로 길을 가면 될 것이고, 만일 그 사나이가 거짓말만 하는 사람이라도 마찬가지다. 거짓말쟁이 사나이는 거짓말을 두 번 해야만 되며 처음의 거짓말을 부정함으로써 사실을 말해 버리게 되고 마는 것이다.

29 명제와 퍼지 함수 – 다양성을 인정할 때 세상이 아름답다

명제의 개념과 원리를 중심으로 퍼지 논리를 이용하여 우리 삶의 애매모호함을 분명하게 하는 방법을 발견하고 삶의 융통성을 배울 수 있다.

(가) 퍼지 논리(fuzzy logic) 혹은 퍼지 이론(fuzzy theory)이라고도 한다. 아제르바이잔 출신 미국인 수학자이면서 공학자인 롯피 자데(Lotfi A. Zadeh)가 처음으로 제안했다. 우리가 흔히 알고 있는 명제 혹은 집합에서는 참, 거짓과 같이 객관적으로 뜻이 명확한 것들만을 다룬다. 그러나 그런 이상적인 상황과는 달리, 실제 생활에서는 뭐든지 참이나 거짓으로 정확하게 나뉘지 않는다. 이 애매모호한 기준을 다루기 위해 생긴 수학적 도구가 퍼지 이론이다. 따라서 퍼지 이론에서는 불분명하거나 주관적인 기준 역시 명제, 집합 따위를 이용해 설명할 수 있다.

(나) 퍼지 집합론과 상반되는 집합론은 크리스프 집합론이다. 이는 참과 거짓 두 가지 값만 쓰는 논리를 따른다. 그래서 어떠한 집합에 속하면 1, 속하지 않으면 0이라는 값을 쓴다. 반면 퍼지 집합론은 어느 정도 부분적으로 참으로 나타낸다. 보통 [0, 1] 범위의 실수 값으로 표현한다.

GAME

(다) 버드나무골에 사는 갑순이는 그 동네에서는 널리 알려진 미인으로 복사꽃같이 화사한 두 뺨을 가진 아낙이다. 동네 총각들은 갑순이만 봐도 마음을 설레며 오매불망 한 마디 말이라도 붙여 보고 싶어 한다. 이런 갑순이가 어느 날 서울 나들이를 가게 되었다. 서울에는 이것저것 구경할 것도 많고, 갑순이에게는 신기한 것 투성이었다. 그러다 갑순이 눈에 미인 판별 컴퓨터라는 것이 들어왔다. 그런데 갑순이가 컴퓨터 앞에 서자 '미인이 아닙니다'라는 판별이 나오는 것이 아닌가. 갑순이는 화가 치밀어 '이런 나쁜 컴퓨터'라며 투덜댔다. 왜 이런 일이 생겼을까?

미인 판별 컴퓨터

미인이 아닙니다

254

(라) 2001년 3월 아프가니스탄을 점령하고 있던 탈레반 이슬람 정권은 유네스코 세계 문화유산이자 세계 최대의 불상인 바미안 석불을 이슬람 율법에 위배되는 우상으로 규정하고, 무참히 파괴하였다. 이러한 탈레반 정권의 행동은 자신의 문화를 기준으로 하여 다른 문화를 열등하다고 평가하는 자문화중심주의에 해당된다. 자문화중심주의는 다른 문화에 대한 이해를 방해하고 다른 문화권과 갈등을 일으킬 수 있으며, 원만한 문화 교류를 저해하여 국제적 고립을 초래할 수 있다.

(마) 티베트에는 사람이 죽으면 그 시신을 새의 먹이로 주는 조장(鳥葬) 풍습이 있다. 이 풍습은 높은 곳에 자리 잡고 있는 티베트의 건조한 자연환경과 영혼이 떠난 육체는 더는 의미가 없다고 생각하는 불교적 세계관의 영향을 받아 만들어졌다. 이러한 조장 풍습은 그들이 처한 특수한 환경과 사회적 상황에 적응하여 만들어진 문화이기 때문에 문화상대주의적 태도를 갖고 바라보아야 한다.

생각 던지기

1 퍼지 이론은 '예'와 '아니오'밖에 모르는 기계의 맹점을 보완하고자 하는 취지에서 생겨났다. '퍼지'란 '경계가 불분명하다, 애매모호하다'는 뜻의 단어로, 판단 기준을 세분화했음을 의미한다. 글 (다)에서 동네에서 소문난 미인인 갑분이가 컴퓨터 판정에서는 '미인이 아니다'라는 판정을 받게 된 이유를 글 (나)에 근거하여 설명하여라.

2 퍼지 함수처럼 명확한 기준을 중심으로 두 집단으로 나누지 않고 애매한 경우의 수까지 고려하는 방법의 장점은 무엇일까? 다음 활동을 통해 알아보자.

> KBS 〈개그콘서트〉에는 '애정남'이라는 코너가 있었다. 이 제목은 '애매한 것들을 정해 주는 남자'의 준말이다. 코너에 나온 소재들은 어떤 것이 있었는지 찾아보자.

3 실생활 속에서 퍼지 이론의 개념과 원리를 적용한 사례를 들어 설명해 보자.

4 다음 글을 읽고 퍼지 함수의 개념과 원리를 자신의 가치관에 적용하여 설명하여라.

> 이전에 '내가 누구를 만났는가, 내가 무엇을 선택했는가, 내가 무엇을 경험했는가'에 따라 오늘날 나의 모습이 형성되었다면, 이제는 '내가 누구를 만날 것인가, 내가 무엇을 선택할 것인가, 내가 무엇을 경험할 것인가'에 대한 설렘과 기대를 가지고 살아가는 사람이 되었다.

5 글 (라), (마)는 자문화중심주의와 문화상대주의에 대하여 설명하고 있다. 우리 문화에서 각각에 대한 사례를 들어 설명하여라.

5-1 자문화중심주의와 문화상대주의 관점을 퍼지 함수와 연관 지어 설명하라. 그리고 이와 관련하여 점차 경계가 없어지는 글로벌 시대에 바람직한 국가 간 관계는 어떠해야 할지, 더불어 살아가는 행복한 공동체를 위한 방안을 제시하여라.

생각 넓히기

1 내가 세상을 바라보는 관점을 함수로 나타낸다면, 크리스프 함수와 퍼지 함수 중 어느 쪽에 해당하는가?

2 내 삶에 퍼지 함수를 적용한다면 어떠한 변화가 일어날까?

3 퍼지 이론을 사회에서 발견할 수 있을까? 발견할 수 없다면 어떠한 분야에 필요할지 생각해 보고 이야기 나누어 보자.

4 다음 글을 읽고, 내 삶에서 이와 비슷한 애매모호한 사례들은 무엇이 있는지 생각해 보자.

> 세상에는 정말 다양한 경우의 수가 존재한다. 명확하게 '그렇다, 아니다'로 나눌 수 없는 문제가 무수하며, 어떠한 기준에 애매하게 걸쳐져 있는 경우가 대부분이다. 기준을 토대로 정확하게 두 집단으로 나누려 한다면 혼돈이 생기고 세상을 단적으로만 바라보게 될 것이다. 하지만 퍼지 함수는 극과 극 사이의 애매한 기준을 모두 고려하여 다양성을 인정할 수 있게 한다.

4-1 우리가 자주 사용하는 말 중에 '아무거나, 거시기, 네 맘대로 해' 같은 것들이 있다. 이런 말들로 의사소통이 잘되는 경우도 있지만 그렇지 못한 경우도 많다. 그 이유는 무엇인지 설명하여라.

 생각 나누기

1 우리 사회는 완전한 흑백논리처럼 이것 아니면 저것만 추구하는 경향이 있다. 그러나 때로는 이렇게도 저렇게도 생각해 보는 애매모호함이 빛을 발할 때가 있다. 다양한 사람들과 공존하며 아름다운 공동체를 만들기 위한 방안은 무엇일지, 다음 글을 참고하여 자신의 생각을 말해 보자.

> 아무리 서로를 이해하려고 노력해도 반드시 한계가 있기 마련이고, 타협점을 찾지 못한다면 아무 소용이 없다. 하지만 서로 이해하려는 노력을 포기한다면 갈등은 더욱 심해질 것이고, 더 나아가 서로 무관심으로 일관하는 비인간적인 상황이 전개될 것이다. 그러므로 공동체의 모든 사람이 상대를 있는 그대로 받아들이고, 갈등 상황에서 본인의 가치관만 앞세우는 것이 아니라 역지사지의 자세와 객관적인 사고를 가지고 문제를 바라보며 타협점을 찾는 것이 매우 중요하다.

2 퍼지 이론은 우리 삶의 모든 상황에서 필요할까? 다음 글을 읽고 어떤 상황에서 퍼지 이론이 작동되어야 할지 생각해 보자.

> 극과 극이 아닌 그 중간 단계를 인정하여 각각을 존중하는 것도 분명히 중요하다. 그러나 이슬람의 '명예 살인' 풍습과 같이 생명 존중이나 인간의 존엄성을 부정하는 문화와 가치관까지 인정하고 받아들여서는 안 된다고 생각한다. 우리가 어떤 주제에 대해 토론해 볼 수 있는 것은 그것이 도덕적 규범을 벗어나지 않는다는 전제가 있을 때만 성립한다. 모든 상황에서 반드시 퍼지 이론의 적용이 필요한 것은 아니라고 생각한다.

문제 풀이

★ 생각 던지기

1 컴퓨터에는 미인의 조건으로 키 165~175cm, 몸무게 48~52kg, 얼굴 너비와 길이의 비율 1:1.4, 코 높이 2~2.5cm가 저장되어 있었다. 하지만 갑분이의 키는 164.5cm로 기준에 미달되었다.

3
- 기존의 ON/OFF 버튼밖에 없던 전기밥솥에 퍼지 이론을 적용하면, 온도를 더 세밀하게 통제하여 고온으로 취사를 하거나, 밥이 적당한 온도로 유지되도록 보온을 하는 등 더 다양하게 사용할 수 있다.
- 기존 가로등에 퍼지 함수를 적용하면, '아침 7시에 끄고 저녁 7시에 켜라'처럼 경계가 명확한 명령어가 아니라 '날이 어두워지면 켜고, 날이 밝아지면 꺼라'와 같은 명령어를 넣을 수 있다. 그러면 해가 지는 시간이 바뀌어도 전기를 낭비하는 일이 없도록 효율적으로 사용할 수 있다.

5 글 (라)에는 문화의 우열을 가리고 이해하지 않으려는 자문화중심적 관점이 드러나며, 글 (마)에는 문화의 다양성과 맥락을 이해하는 문화상대주의적 태도가 드러난다. 글 (라)와 같은 관점은 크리스프 관점처럼 우와 열을 가리거나, 자신의 문화를 기준으로 두 집합으로 나누어 세상을 좁은 시야에서 바라보는 것이다. 반면에 글 (마)와 같은 관점은 다양한 환경과 사람들의 풍습, 사회적 배경을 이해하며 각각의 다양성을 인정하는 것으로 글로벌 사회로 나아가는 현재에 필요한 관점이다.

30 함수의 그래프 – 하얀 백지에 무엇을 그릴 것인가?

함수의 그래프를 통해 긍정적 사고의 중요성을 깨닫고 행복한 삶을 디자인하는 역량을 기를 수 있다.

(가) 함수를 표현하는 방법 중 하나는 그래프이다. 정의역이 X이고 공역이 Y인 함수 f의 그래프는 입력과 출력의 순서쌍들로 이루어진 집합 $\{(x, f(x)) | x \in X\}$이다. 이때 정의역과 공역이 모든 실수로 이루어진 집합이면 함수의 그래프는 데카르트 평면, 즉 좌표평면의 점들로 구성된다.

GAME

(나) 수학 시간에 선생님은 다음 함수의 그래프들은 어떤 의미를 표현한 것이라고 하셨다. 학생들은 이와 관련하여 자신의 이야기를 발표하였다.

ㄱ. $(x+4)^2+y^2=1$, $x=2(-2 \leq y \leq 2)$
    $y=x+4(2 \leq x \leq 6)$, $x=6(-2 \leq y \leq 2)$

ㄴ. $(x-4)^2+y^2=1$, $x=-2(-2 \leq y \leq 2)$
    $y=x-4(-6 \leq y \leq -2)$, $x=-6(-2 \leq y \leq 2)$

학생들은 다음과 같은 이야기들을 발표했다.
- 'NO!'를 거꾸로 쓰면 전진을 의미하는 'ON!'이 된다.
- 연필이 움직이는 동안 희망도 따라 움직인다.
- 나를 힘들게 하는 것! 그것이 나의 꿈이다.
- 실패는 용서해도 포기는 용서 못한다.
- 앞에 있는 돌을 보고 약자는 걸림돌이라고 하지만 강자는 디딤돌이라 한다.

(다) 바닷가에 매어둔
작은 고깃배
날마다 출렁거린다
풍랑에 뒤집힐 때도 있다
화사한 날을 기다리고 있다
머얼리 노를 저어 나가서
헤밍웨이의 바다와 노인이 되어서
중얼거리려고

살아온 기적이 살아갈 기적이 된다고
사노라면
많은 기쁨이 있다고

– 김종삼, 〈어부〉

(라) 두 친구가 사막 여행을 하고 있었다. 사막을 지나던 두 친구는 사소한 말다툼을 했다. 화를 이기지 못한 한 친구가 그만 다른 친구의 뺨을 때리고 말았다. 그러자 뺨을 맞은 친구는 아무 말 없이 모래 위에 '오늘 친구에게 뺨을 맞았다'고 적었다. 그리고 다시 여행을 떠난 두 친구는 이윽고 오아시스를 만났다. 물을 만난 기쁨에 달려가던 한 친구가 오아시스 옆의 늪에 빠지고 말았다. 좀 전에 친구에게 뺨을 맞은 그 사람이었다. 허우적대면서 점점 늪 속으로 빠져들고 있을 때 다른 친구가 달려와 그의 손을 잡았다. 친구의 도움으로 늪에서 빠져나온 그는 바위에 '오늘 친구가 내 생명을 구해 줬다'고 적었다. 이를 본 친구가 물었다. "왜 아까는 모래에 적고, 지금은 바위에 적는 것인가?" 친구가 대답했다. "자네가 나의 뺨을 때렸을 때엔 용서의 바람이 불어와 미움을 지워 버릴 수 있도록 모래에 적었다네. 그리고 자네가 나를 구해 준 지금은 그 어떤 증오의 폭풍이 불어도 지울 수 없도록 바위에 적는 것이라네."

생각 던지기

1 글 (가)를 통해 함수 그래프의 뜻을 알 수 있다.

1-1 좌표평면을 왜 데카르트 평면이라고도 하는지 조사하여 발표해 보자.

1-2 자신만의 함수 표기법을 만들어 보고, 좌표평면 위에 나타내는 방법과 무엇이 다른지 비교해 보자.

2 글 (나)의 함수를 좌표평면 위에 나타내 보자.

2-1 글 (나)의 함수가 의미하는 것은 무엇인가?

2-2 $(|x|-1)^2+(|y|-1)^2=2$를 좌표평면 위에 나타내 보고, 다음 글을 통해 행운과 행복의 의미에 대해 토론해 보자.

> 네 잎 클로버의 꽃말은 행운이고, 세 잎 클로버의 꽃말은 행복이다. 우리는 수많은 세 잎 클로버를 짓밟고 네 잎 클로버를 찾으려 한다. 행운을 얻기 위해 수많은 행복을 저버린다는 것이다.
> 네 잎 클로버의 유래는 다음과 같다. 나폴레옹이 전쟁 중 알프스산맥을 넘어가다가 우연히 네 잎 클로버를 발견한다. 신기한 마음에 살펴보려고 고개를 숙인 순간, 마침 적이 총을 쏘았고 고개를 숙인 덕분에 총알이 빗나가 목숨을 구했다고 한다. 이때부터 네 잎 클로버는 행운을 상징하게 되었다고 한다.

3 글 (다)를 읽고 물음에 답하여라.

3-1 긍정적 사고와 관련 있는 행은 어디인가?

3-2 인생을 나타낸 시어는 무엇인지 찾고, 그 의미를 설명하여라.

3-3 두 번째 연에서 화자가 하고자 하는 말은 무엇인가?

3-4 긍정적 사고와 관련하여 이 작품의 주제를 이야기해 보자.

생각 넓히기

1 다음 내용과 글 (다)를 읽고 삶의 태도에 대해 생각해 보자.

> 중국 국경 지방에 한 노인이 살고 있었다. 그러던 어느 날 노인이 기르던 말이 국경을 넘어 오랑캐 땅으로 도망쳤다. 이에 이웃 주민들이 위로의 말을 전하자 노인은 "이 일이 복이 될지 누가 압니까?" 하며 태연자약(泰然自若)했다. 그로부터 몇 달이 지난 어느 날, 도망쳤던 말이 암말 한 필과 함께 돌아왔다. 주민들은 "노인께서 말씀하신 그대로입니다" 하며 축하하였다. 그러나 노인은 "이게 화가 될지 누가 압니까?" 하며 기쁜 내색을 하지 않았다. 며칠 후 노인의 아들이 그 말을 타다가 낙마하여 그만 다리가 부러지고 말았다. 이에 마을 사람들이 다시 위로하자 노인은 역시 "이게 복이 될지도 모르는 일이오" 하며 표정을 바꾸지 않았다. 그로부터 얼마 지나지 않아 북방 오랑캐가 침략해 왔다. 나라에서는 징집령을 내려 젊은이들이 모두 전장에 나가야 했지만 노인의 아들은 다리가 부러진 까닭에 전장에 나가지 않아도 되었다. 이로부터 '새옹지마'란 고사성어가 생겨났다.

1-1 글 (다)의 시와 윗글을 읽어 보면, 우리는 어떤 가치관을 가지고 살아가야 하는가?

1-2 온갖 시련이 있을지라도 긍정적인 사고를 해야 하는 이유는 무엇인가?

1-3 '인간만사 새옹지마(人間萬事 塞翁之馬)'라고 한다. 인간 세상에서 일어나는 모든 일이 새옹지마이니 눈앞에 벌어지는 결과에만 너무 연연하지 말라는 뜻이다. 이에 대한 자신의 생각을 말하여라.

2 꿈을 향해 걸어갈 때 반드시 힘든 상황을 겪게 된다. 어떠한 태도로 그 문제를 극복할 것인가?

2-1 주변에 긍정적인 사고를 가진 사람과 부정적인 사고를 가진 사람의 사례를 들고, 각 사람의 삶의 태도에 대한 원인과 결과를 비교하여 설명해 보자.

2-2 긍정적인 사고와 비판적인 사고는 둘 다 상황에 따라 필요한 자세이다. 이에 대한 자신의 생각을 구체적인 사례를 들어 설명해 보자.

3 긍정적인 사고를 가지고 세상을 살아가려고 하지만 종종 뜻대로 되지 않을 수도 있다. 즉 노력해서 될 일이 있고, 때로는 인정하고 받아들여야 할 일도 있다. 이와 관련하여 다음 글을 근거로 우리가 살아가야 할 인생의 로드맵을 소개해 보자.

> 인간에게는 여섯 개의 쓸모 있는 기관이 있다. 그중 눈, 귀, 코는 통제할 수 없지만, 입, 손, 발은 어떻게 해서라도 통제할 수 있다.
>
> -《탈무드》

생각 나누기

1 드라마 〈로맨스가 필요해〉에서 "사랑이라는 말은 단순히 당신을 좋아한다는 말이 아니다. 당신을 통해 새로운 나를 만들겠다는 말이다"라는 대사가 나온다. 이 말의 의미를 담아낸 자취 방정식을 만들어 보고, 이에 대한 자신의 생각은 어떤지 말해 보자.

2 미국의 심리학자 윌리엄 제임스(William James)는 '행복해서 웃는 것이 아니라 웃어서 행복하다'라고 했다. 많은 사람들이 긍정적인 사고를 강조하지만 살다 보면 뜻대로 되지 않는 일들 때문에 자신도 모르게 부정적인 사고를 하게 된다. 그렇다면 긍정적 사고를 가지기 위해서 어떤 노력을 해야 하는지 글 (나)를 근거로 설명하여라.

2-1 다음은 성경에 나오는 이야기로, 이스라엘 백성이 가나안 땅을 정탐하고 돌아와 보고한 내용이다. 10명의 정탐꾼은 적에 비해 자신들의 모습이 연약한 메뚜기와 같다고 부정적인 보고를 하지만, 여호수아와 갈렙만은 적을 '밥'으로 비유하며 긍정적인 보고를 한다. 그 원인과 결과의 차이는 어디에서 오는지 생각해 보자.

> 사십 일 동안 땅을 정탐하기를 마치고 돌아와 바란광야 가데스에 이르러 모세와 아론과 이스라엘 자손의 온 회중에게 나아와 그들에게 보고하고 그 땅의 과일을 보이고 모세에게 말하여 이르되, 당신이 우리를 보낸 땅에 간즉 과연 그 땅에 젖과 꿀이 흐르는데 이것은 그 땅의 과일이니이다. 그러나 그 땅 거주민은 강하고 성읍은 견고하고 심히 클 뿐 아니라 거기서 아낙 자손을 보았으며 우리는 능히 올라가서 그 백성을 치지 못하리라. 그들은 우리보다 강하니라 하고 이스라엘 자손 앞에서 그 정탐한 땅을 악평하여 이르되 우리가 두루 다니며 정탐한 땅은 그 거주민을 삼키는 땅이요 거기서 본 모든 백성은 신장이 장대한 자들이며 거기서 네피림 후손인 아낙 자손의 거인들을 보았나니 우리는 스스로 보기에도 메뚜기 같으니 그들이 보기에도 그와 같았을 것이니라.
>
> 그 땅을 정탐한 자 중 눈의 아들 여호수아와 여분네의 아들 갈렙이 자기들의 옷을 찢고 이스라엘 자손의 온 회중에게 말하여 이르되 우리가 두루 다니며 정탐한 땅은 심히 아름다운 땅이라. 여호와께서 우리를 기뻐하시면 우리를 그 땅으로 인도하여 들이시고 그 땅을 우리에게 주시리라 이는 과연 젖과 꿀이 흐르는 땅이니라. 다만 여호와를 거역하지는 말라. 또 그 땅 백성을 두려워하지 말라. 그들은 우리의 밥이라. 그들의 보호자는 그들에게서 떠났고 여호와는 우리와 함께 하시느니라. 그들을 두려워하지 말라.
>
> — 〈민수기〉 13:25~14:10

3 글 (라)에서 '감사는 바위에 새기고 분노는 모래에 새기라'고 말한다. 다음 글을 읽고 물음에 답하여라.

> 세상에는 잘못 살고 있는 세 부류의 인간이 있다. 성급하게 화를 내는 인간, 쉽게 용서하는 인간, 너무 완고한 인간이다. —《탈무드》

3-1 이와 관련하여 자신이 경험한 사례를 나누어 보자.

3-2 윗글에서 세상을 잘못 살고 있는 세 부류의 인간에 대하여 생각해 보고, 그에 따른 교훈을 우리 삶에 적용해 보자.

4 다음 글을 읽고 행복에 대하여 생각해 보자.

> 펜실베이니아대 심리학부 교수 마틴 셀리그먼(Martin Seligman)은 '긍정적 삶을 만들기 위해서는 외부의 도움보다는 자신의 의지가 훨씬 중요하다'며 '행복은 누가 가르쳐 주거나 훈련시키는 게 아니라 스스로의 발견과 창조를 통한 자기화의 과정'이라고 주장했다. 그는 행복의 3대 조건으로 '즐거움, 몰입, 삶의 의미'를 꼽은 뒤 '부정적 정서를 약화시키는 강점의 신호를 인지하고 자신보다 좀 더 큰 어떤 것(이웃, 사회)에 대한 헌신을 통해 만족을 이끌어 내라'고 조언했다.

4-1 자신이 생각하는 행복의 3대 조건을 제시하고, 그 이유를 서술하여라.

4-2 행복은 외부에서 찾는 것이 아니라 스스로의 내면에서 찾는 것이라는 주장에 동의하는가? 사례를 들어 이야기해 보자.

문제 풀이

 생각 던지기

2

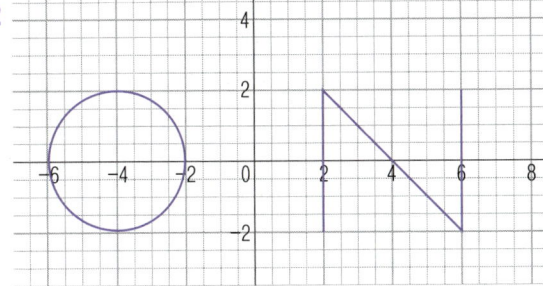

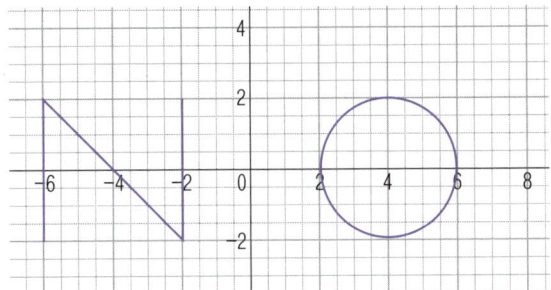

2-2 i) $x \geq 0, y \geq 0$; $(x-1)^2+(y-1)^2 \leq 2$

ii) $x \geq 0, y < 0$; $(x-1)^2+(y+1)^2 \leq 2$

iii) $x < 0, y \geq 0$; $(x+1)^2+(y-1)^2 \leq 2$

iv) $x < 0, y < 0$; $(x+1)^2+(y+1)^2 \leq 2$

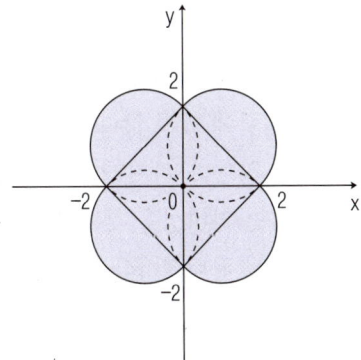

함수의 그래프 **267**

31 실수의 완비성 – 부족함을 채워 주는 최고의 듀엣

집합론과 극한의 기본이 되는 실수의 완비성을 이해하면, 실수를 구성하는 유리수와 무리수의 차이점을 알고, 유리수와 무리수가 만나 서로의 부족함을 채워 주어 수직선을 완성한다는 사실을 알 수 있다. 이를 통해 우리가 꿈꾸는 아름다운 세상은 주어지는 것이 아니라 서로 다른 개개인의 상부상조와 십시일반을 통해 만들어 가는 것임을 발견할 수 있다.

(가) 두 자연수 a와 b에 대하여 b가 a보다 뒤에 온다는 의미인 a < b가 전제로 올 때, $a < \frac{a+b}{2} < b$가 성립한다. a와 b를 유리수로 바꿔도 $a < \frac{a+b}{2} < b$는 마찬가지로 성립한다. 이와 같이 두 유리수 사이에는 또다시 유리수가 존재하게 되는데, 이것을 유리수의 조밀성이라고 한다.

(나) $\sqrt{2}$는 하나의 실수이다. 우리가 $\sqrt{2}$로 다가가는 유리수열을 만들면 $\sqrt{2}$는 1.4142…로 무한히 이어지므로 1, 1.4, 1.41, 1.414, …와 같이 무한히 가깝게 다가가는 유리수열을 만들 수 있다. 이것은 위로유계(有界)인 증가수열이 되어 발산한다고 할 수 있다. 하지만 이 수열은 어떠한 대상으로 무한히 다가가면서도 그 대상은 유리수라는 수의 집합에 있지 않다. 그 수는 무리수이다. 따라서 유리수는 완비성(completeness)을 지니지 않는다. 하지만 유리수라는 집합에 모든 유리수열들의 극한값인 무리수를 추가한다면 완비성을 갖춘 실수라는 집합을 얻을 수 있다. 이와 같이 유리수라는 수의 집합에서 완비성이라는 성질을 갖추도록 수를 확장함으로써 실수라는 새로운 집합에 도달할 수 있고, 이 실수의 체계는 수직선상에 연속적으로 대응시킬 수 있다. 이를 실수의 완비성이라고 한다.

(다) 레모라는 농어목 빨판 상어과의 바닷물고기로, 상어와 같이 자신보다 몸집이 큰 물고기에 기생하여 생존하는 종이다. 레모라는 상어의 몸체에 붙어 상어의 기생충과 먹이 찌꺼기 등을 주식으로 삼는다. 바다에 서식하는 물고기들의 공통적인 골칫거리는 바로 기생충인데, 바다의 왕이라 불리는 상어도 예외가 아니다. 레모라는 상어에게 위협이 되는 기생충까지 모조리 먹어치우기 때문에 상어에게는 큰 도움이 된다. 결국 상어는 많은 에너지를 소비하지 않고도 레모라에게 먹이를 제공하고, 레모라는 상어의 위협적인 기생충을 제거해 주는 완벽한 공생 관계를 이룬다고 할 수 있다.

(라) 스위스 바젤 대학에서 베르누이 형제들에 의해 만들어진 두 번째 식은 자연수 제곱을 역수로 하여 무한히 더해 가는 문제이다. 거의 백 년이 지나도록 풀리지 않던 이 문제는 1735년, 자연수 제곱의 역수의 합의 수렴값을 처음으로 증명한 레온하르트 오일러에 의해 구해졌다.

- $\sum_{n=1}^{\infty} \dfrac{1}{n} = 1 + \dfrac{1}{2} + \dfrac{1}{3} + \dfrac{1}{4} \cdots = \infty$

- $\sum_{n=1}^{\infty} \dfrac{1}{n^2} = \dfrac{1}{1^2} + \dfrac{1}{2^2} + \dfrac{1}{3^2} \cdots = \dfrac{\pi^2}{6}$

- $\sum_{n=1}^{\infty} a_n = \lim_{n \to \infty} \sum_{k=1}^{n} a_n \fallingdotseq \int_{a}^{b} f(x)dx$

📖 생각 던지기

1 글 (가)는 유리수의 조밀성을 설명하고 있다. 다음을 참고하여 물음에 답하여라.

> 임의의 서로 다른 두 실수 a, b (a < b) 사이에는 항상 유리수 q ∈ Q ∩ (a, b)가 존재한다.

1-1 유리수의 조밀성으로는 직선을 채울 수 없는 이유를 설명하여라.

1-2 유리수로 직선을 채울 수 없다면, 유리수가 아닌 실수에는 무엇이 있는지 글 (나)를 이용하여 설명하여라.

2 글 (나)에 나오는 유리수와 무리수의 관계를 글 (다)의 내용을 이용하여 설명하여라.

3 글 (라)에서 유리수를 무한히 더하면 무리수가 나온다. 그 이유는 무엇인가?

3-1 수학자 오일러는 다음과 같은 등식을 발견하였다. 이 등식을 이용하여 무한급수 $\frac{1}{1^2}+\frac{1}{3^2}+\frac{1}{5^2}+\frac{1}{7^2}+\cdots$ 의 값을 구하여라.

$$\frac{1}{1^2}+\frac{1}{2^2}+\frac{1}{3^2}+\frac{1}{4^2}+\cdots=\frac{\pi^2}{6}$$

생각 넓히기

1 레모라와 상어는 서로 공생 관계인 대표적인 생물이다. 글 (다)를 읽고 다음 물음에 답하여라.

  1-1 레모라와 상어 외에 자연에서 찾을 수 있는 공생 관계를 조사해 보자.

  1-2 지금까지 살면서 다른 사람과 서로 도움을 주고받은 적이 있는지 생각해 보고, 구체적인 사례를 들어 이야기해 보자.

2 유리수와 무리수는 물과 기름처럼 하나가 될 수 없는 속성을 가지고 있다. 그런데 글 (라)의 두 번째 식에서는 유리수(자연수 제곱의 역수)에 무한이 더해지면 무리수가 되는 결과가 나타난다. 우리 삶에서 이 원리가 적용되는 사례를 제시하고, 그 의미를 논리적으로 설명하여라.

3 다음 글에는 일제강점기 당시 공동체의 합일로 광복을 이루어 내자는 시인의 희망이 담겨 있다. 이처럼 우리 공동체가 한마음이 된다면 해결할 수 있는 것은 무엇이 있는지 생각해 보자.

새끼 오리도 헌신짝도 소똥도 갓신창도 개니빠지도 너울쪽도 짚검불도 가락잎도 머리카락도 헝겊조각도 막대꼬치도 기왓장도 닭의 깃도 개터럭도 타는 모닥불

재당도 초시도 문장(門長) 늙은이도 더부살이도 아이도 새사위도 갓사둔도 나그네도 주인도 할아버지도 손자도 붓장사도 땜쟁이도 큰개도 강아지도 모두 모닥불을 쪼인다

모닥불은 어려서 우리 할아버지가 어미아비 없는 서러운 아이로 불상하니도 몽둥발이가 된 슬픈 역사가 있다

— 백석, 〈모닥불〉

💬 생각 나누기

1 공동체의 힘은 사회적으로 놀랍고 긍정적인 변화를 일으킨다. 하지만 때로는 독일의 홀로코스트, 르완다의 투치족 대학살과 같은 끔찍한 역사적 사건으로 이어지기도 했다. 이것은 대중을 이끈 지도자의 잘못인가, 아니면 지도자의 명령을 따른 공동체의 잘못인가?

2 다음 이야기를 읽고, 인간이 서로 도우며 살아가야 하는 이유에 대해서 생각해 보자.

> 눈보라가 몰아치는 추운 겨울이었다. 한 나그네와 한 남자는 산 너머 아랫마을로 가던 도중 길을 잃고 헤매고 있었다. 그들이 산 중턱에 이르렀을 때 눈 속에 쓰러진 백발이 성성한 노인을 발견하게 되었다. 두 사람은 이 노인을 모시고 갈지 말지에 대해 서로 의견이 갈렸다. 나그네는 "이 분을 모시고 내려갑시다. 우리가 모른 체한다면 이 분은 분명 죽고 말 것이오"라고 말했고, 남자는 "안 돼요. 우리도 죽을지 모르는데 누구를 도와준단 말이오"라며 뒤도 돌아보지 않고 혼자 산 아래로 내려가 버렸다. 나그네는 자신의 옷을 벗어 노인의 몸을 감싼 뒤 노인을 등에 업고 산을 내려갔다. 비록 노인을 업어 걸음걸이가 느려졌지만, 노인의 체온 덕에 혼자 걸을 때보다는 따뜻했다. 나그네는 한참 걸은 끝에 노인과 함께 마을에 도착하였는데, 마을 입구에는 혼자 내려간 남자가 얼어 죽어 쓰러져 있었다.

3 실수의 완비성은 공생 관계, 또는 더불어 살아가는 삶의 의미를 담고 있다. 사람을 나타내는 한자 '人'의 모양을 살펴보면 혼자서는 설 수 없고 누군가 받쳐 주어야 사람이 된다는 의미를 찾을 수 있다. 이에 근거하여 내 삶의 완비성을 설명하여라.

4 완비성은 실수의 개념으로 유리수와 무리수가 함께 있을 때 가능하다. 그렇다면, 무한급수는 완비성이 아니지만 정적분은 완비성이다.

  4-1 내가 생각했던 완비성이 무너져 버렸던 사례를 발표해 보자.

  4-2 4-1에서 완비성이 무너진 것을 스스로 발견했던 경우와 타인의 지적으로 발견했던 경우로 나누어 보자. 그에 따른 나의 반응과 행동은 어떻게 달랐는가?

문제 풀이

★ 생각 던지기

3-1 $\dfrac{1}{1^2}+\dfrac{1}{2^2}+\dfrac{1}{3^2}+\dfrac{1}{4^2}+\cdots = \dfrac{1}{1^2}+\dfrac{1}{3^2}+\dfrac{1}{5^2}+\cdots+\dfrac{1}{2^2}(\dfrac{1}{1^2}+\dfrac{1}{2^2}+\dfrac{1}{3^2}+\cdots)=\dfrac{\pi^2}{6}$

$\dfrac{1}{1^2}+\dfrac{1}{3^2}+\dfrac{1}{5^2}+\cdots+\dfrac{1}{2^2}(\dfrac{1}{1^2}+\dfrac{1}{2^2}+\dfrac{1}{3^2}+\cdots)=\dfrac{\pi^2}{6}$

$\dfrac{1}{1^2}+\dfrac{1}{3^2}+\dfrac{1}{5^2}+\cdots+\dfrac{1}{2^2}\times(\dfrac{\pi^2}{6})=\dfrac{\pi^2}{6}$

$\therefore \dfrac{1}{1^2}+\dfrac{1}{3^2}+\dfrac{1}{5^2}+\dfrac{1}{7^2}+\cdots = \dfrac{\pi^2}{6}-\dfrac{1}{2^2}\times(\dfrac{\pi^2}{6})=\dfrac{\pi^2}{8}$

실수의 완비성 **273**

32 0과 무한대 - 무한의 사고가 세상을 품는다

0과 무한대의 개념을 통해 인간의 삶을 조명하고, 그에 따른 삶의 지혜를 발견할 수 있다.

(가) 0은 –1보다 크고 1보다 작은 정수이다. 0은 기수법으로서 공백을 나타내는 역할을 한다. 이 외에도 '무(無)'의 의미, 또는 시작점을 나타낼 때 사용되며, 양수와 음수를 가르는 기준점이 되기도 한다. 무한대는 영원에서 영원으로 시작도 끝도 없는 무한(無限)을 나타내는 기호이다. 0과 무한대의 개념은 다양하게 사용되지만 함수의 극한에서는 순간의 상태를 나타낸다.

(나) 집합에는 유한집합과 무한집합이 있다. 힐베르트의 무한 호텔은 무한집합을 잘 설명한다. 무한 호텔에는 무한 개의 방이 있다. 방의 번호는 1에서부터 시작해 무한히 존재한다. 어느 날, 호텔방이 모두 찼는데 한 손님이 찾아와서 방을 달라고 했다. 방이 모두 찼음에도 불구하고 지배인은 손님에게 방을 마련해 주었다. 다음 날에는 신혼부부 5쌍이, 그리고 그다음 날에는 셀 수 없는 무한대의 사람들을 태운 버스가 호텔에 도착했다. ⓐ그때마다 지배인은 즐거운 마음으로 모든 손님들이 호텔에 머물 수 있도록 방을 배정하였다.

(다) 민국이는 다음 식의 값에 대한 개념과 원리를 이용하여 인간의 양면성을 엿볼 수 있다고 주장하면서, 숫자 0이 '덧셈 동네에서는 모든 사람에게 peace maker이지만 곱셈 동네에서는 모든 사람을 0으로 만들어 버리는 독재자가 된다'고 했다.

> ㄱ. $0+x=x$ ㄴ. $0 \times x=0$

(라) 네가 나를 모르는데 난들 너를 알겠느냐
한치 앞도 모두 몰라 다 안다면 재미없지
바람이 부는 날엔 바람으로
비 오면 비에 젖어 사는 거지
그런 거지 음음음 어허허
산다는 건 좋은 거지 수지맞는 장사잖소
ⓑ알몸으로 태어나서 옷 한 벌은 건졌잖소
우리네 헛짚는 인생살이 한 세상 걱정조차 없이 살면
무슨 재미 그런 게 덤이잖소

- 김국환, 〈타타타〉

(마) 옛날 어느 마을에 형제가 살고 있었는데, 형은 부자였고 동생은 가난했다. 어느 날, 동생은 요술 맷돌을 가지게 되었다. 원하는 것을 말하며 요술 맷돌을 오른쪽으로 돌리면 한없이 원하는 것이 나오고, 왼쪽으로 돌리면 멈췄다. 동생은 요술 맷돌을 이용해 부자가 되었고, 이웃들을 도우며 행복하게 살았다. 형은 이 소문을 듣고 동생을 찾아갔다. 동생에게 요술 맷돌을 빌린 형은 배를 타고 다른 나라로 도망갔다. 다른 나라에서 소금을 팔아 큰돈을 벌기 위해서였다. 배를 타고 가는 동안 형은 "소금 나와라!"라고 외쳤다. 그러자 요술 맷돌에서는 소금이 끊임없이 나오기 시작했고, 형은 당황한 나머지 맷돌을 멈추는 방법을 잊어버리고 말았다. 결국 형은 끝없이 소금이 나오는 요술 맷돌과 함께 바닷속으로 가라앉았다.

생각 던지기

1 세 명의 학생에게 수직선 위에 차례로 0, 1, 2를 표시하도록 해 보자. 이 활동을 통해 글 (가)의 내용과 다음 파인만의 일화에서 얻을 수 있는 교훈은 무엇인지 말해 보자.

> 미국의 이론 물리학자 파인만(Richard Feynman)은 자서전에서 아무리 복잡한 계산이라도 척척 암산으로 해결했던 천재를 만났던 이야기를 한다. 수학의 기본 개념도 모르면서 단지 계산만 잘했던 천재 암산가에 대해서 파인만은 다음과 같이 적고 있다. "그는 숫자를 조작할 줄은 알았지만, 수에 대해서는 무지했다."

2 다음을 증명해 보자.
  2-1 $a \div 0$이 불능인 것을 증명하여라.
  2-2 $0 \div 0$은 수(數) 전체가 됨을 증명하여라.

3 [보기]에 나오는 식의 값을 구하고, 글 (나)의 밑줄 친 ⓐ를 논리적으로 설명할 수 있는 것을 찾아 그 이유를 말하여라.

> **보기**
>
> ① $\infty + 1 = ?$ ② $\infty + 10 = ?$ ③ $\infty - 2020 = ?$ ④ $\infty + \infty = ?$
>
> ⑤ $\infty - \infty = ?$ ⑥ $\infty \times 2020 = ?$ ⑦ $\infty \times 0 = ?$ ⑧ $\dfrac{\infty}{\infty} = ?$

4 다음 글을 읽고 물음에 답하여라.

> 물을 채운 컵 속에 파란 잉크 한 방울을 떨어뜨리면 잉크가 순식간에 퍼져서 물이 파랗게 변한다. 다음에는 물통 속에 잉크 한 방울을 떨어뜨리면 전보다는 옅은 색으로 물들 것이다. 이런 식으로 계속 목욕통의 물, 수영장의 물…처럼 점점 큰 통에 담긴 물에 잉크 한 방울을 떨어뜨리다 보면 언젠가는 물 색깔이 변하지 않고 그대로인 것을 볼 수 있다. 즉, 물의 양이 많아질수록 확산된 잉크 입자를 볼 수 없게 되는 것이다. 그러나 아주 정밀한 감지 장치(感知裝置, sensor)를 사용하면 미량의 잉크 입자라도 검출할 수 있다.

4-1 글 (가)에서 '0'과 '무한대'의 의미와 관계를 설명하여라.

4-2 $\frac{\infty}{\infty}$, $\infty - \infty$, $0 \times \infty$의 값은 0이 될 수도 있고, $\pm\infty$로 발산할 수도 있으며, 수렴할 수도 있다. 다음 식의 값을 구하여라.

① $\lim\limits_{x \to \infty} \dfrac{2x+1}{3x^2-2x+1}$ ② $\lim\limits_{x \to \infty} \dfrac{4x^2-4x+1}{2x^2+3x-5}$ ③ $\lim\limits_{x \to \infty} \dfrac{4x^2-3x+2}{3x+2}$

④ $\lim\limits_{x \to 0} \dfrac{1}{x}(1+\dfrac{1}{x-1})$ ⑤ $\lim\limits_{x \to \infty}(\sqrt{x^2+3x+4}-x)$ ⑥ $\lim\limits_{x \to 1} \dfrac{x^3-1}{x-1}$

⑦ $\lim\limits_{x \to 0} \dfrac{1}{x}(\dfrac{1}{\sqrt{x+1}}-1)$ ⑧ $\lim\limits_{x \to -\infty}(\sqrt{x^2+3x+4}+x)$

5 글 (마)에 대하여 다음 물음에 답하여라.

5-1 극한 $\lim\limits_{x \to \infty} \dfrac{1}{x^2}$의 극한값을 구하고, x가 욕심이라고 할 때, 글 (마)에 근거하여 배울 수 있는 교훈은 무엇인지 생각해 보자.

5-2 글 (마)는 인간의 욕심에 대한 이야기이다. 인간에게 있어서 무한대로 커지는 것은 무엇일까? 이에 대한 사례를 들고, 그에 따른 원인과 결과를 제시하여 어떠한 삶을 살아갈 것인지 이야기 나누어 보자.

생각 넓히기

1 글 (나)의 0의 덧셈과 관련하여 다음 물음에 답하여라.

1-1 세계화에 따라 상대방을 있는 그대로 인정해 주는 '편견 없음'의 중요성이 커지고 있다. 0을 어떻게 긍정적으로 해석할 수 있는가?

1-2 많은 사람들의 목표는 영향력 있는 사람이 되는 것이다. 0을 어떠한 사람이라고 해석할 수 있는가?

2 글 (다)를 근거로 다음 물음에 답하여라.

  2-1 특정 인물이나 계층에 권력이 집중되어 있는 것을 '독재'라고 한다. 역사 속의 독재 사례를 찾아보고, 0의 개념과 관련지어 해석해 보자.

  2-2 견인불발(堅忍不拔)이라는 고사성어는 '굳게 참고 견디어 뜻을 변치 아니한다'는 의미를 가지고 있다. 이와 연관 지어 0을 어떻게 해석할 수 있는가?

  2-3 0의 개념을 사람으로 치환할 때, 글 (라)의 밑줄 친 ⓑ는 무엇을 의미하는가?

  2-4 살면서 겪는 모든 일이 순조로울 수는 없다. 그럼에도 불구하고 우리가 좌절할 필요가 없는 이유는 무엇인지 글 (라)에 근거하여 답하여라.

  2-5 다음 글을 읽고, 우리는 기준점이자 출발점으로서 어떤 모습을 보여야 하는지 답하여라.

> 개인은 기준이요 출발점이다. 사람에게는 다양한 모습이 있다. 따라서 개인이 집단에서 어떤 모습을 드러내느냐에 따라 그 집단은 긍정적인 집단이 될 수도 있고 부정적인 집단이 될 수도 있다. 또한 인간의 삶은 유한하지만 무한한 삶을 사는 방법도 존재한다. 바로 무한한 사고를 가지는 것이다. 무한한 사고를 가질 때 비로소 유한한 인간이 세상 모든 것을 품을 수 있게 된다.

3 무한한 삶을 살기 위해서는 어떠한 태도를 가져야 하는가? 글 (마)와 다음 글을 참고하여 답하여라.

> '무한대'에는 다양한 종류가 있다. 수열의 극한에서의 무한대, 함수의 극한에서의 무한대, 집합에서의 무한대, 숫자에서의 무한대가 있다.

4 인간은 0처럼 모든 것의 기준점이면서 출발점이다. 또한 인간은 무한대의 가능성을 가지고 있다. [보기]를 읽고 $0 \times \infty$는 어떻게 해석할 수 있는지 자신의 생각을 나누어 보자.

> **보기**
>
> $0 \times \infty$의 값은 무엇일까? 그 값은 정할 수 없다. 함수의 극한 또는 수열의 극한에서 사례를 찾아볼 수 있다. $0 \times \infty$의 값은 0이 될 수도 있고, 무한대일 수도 있고, 어떤 수일 수도 있다.

 **생각 나누기**

1 다음은 글 (가)에 근거하여 '무한'에 대하여 설명하고 있다. 수학은 약속으로부터 출발하기 때문에 용어의 엄밀성이 요구된다. 그렇다면, 인생의 엄밀성이란 어떤 의미일지 자신의 생각을 나누어 보자.

> '무한'은 상태를 나타내는 용어이다. 수학에서 무한이라고 하면 수열과 함수의 극한, 그리고 무한의 요소를 가진 집합에서 그 의미를 찾아볼 수 있다. 하지만 무한에 대해 '수(數)' 혹은 그 밖의 다른 것으로 오해하는 상황이 종종 발생한다. 이는 무한이 의미하는 바를 명확히 하지 않았기 때문이다.

2 글 (가)는 기수법에서 0의 위치가 중요함을 제시한다. 예를 들어, 숫자 1004에서 1 앞에 0을 넣으면 01004가 되어 어떤 영향도 주지 않지만 1 뒤에 넣으면 10004가 되어 숫자의 크기가 기하급수적으로 커진다. 0이 나 자신이라고 가정할 때, 대한이는 무용지물(無用之物)이라는 사자성어를 이용해 자신의 생각을 주장하고, 민국이는 이와 정반대의 주장을 하였다. 둘의 주장에 비추어 현재 나는 어느 위치에 있는지 돌아보고 그에 따른 삶의 방향을 제시하여라.

3 글 (나), (다), (라)를 근거로 숫자 0과 무한대의 의미를 자신의 삶과 연결지어 어떻게 살아갈 것인지 핵심어를 제시하여 설명하여라.

문제 풀이

★ 생각 던지기

1 수직선 위의 점 0은 모든 자유가 허용된 것으로 아무 곳에나 표시해도 된다. 하지만 그 점이 수직선의 기준이 된다.

1은 절반의 자유가 허용된 것으로 오른쪽 어느 곳이나 표시해도 된다. 하지만 그 점은 오른쪽 수들의 기본 단위가 된다.

2는 자유가 전혀 없다. 1이 표시된 그 길이만큼의 위치에 정확히 표시되어야 한다.

2-1 세 수 a, b, c가 있다. (단, $a \neq 0$, $c \neq 0$인 실수)

이때, $a \div b = c \Leftrightarrow c \times b = a$이다.

따라서 $b = 0$이라고 할 때 $a \div 0 = c \Leftrightarrow c \times 0 = a$가 된다.

그러나 항상 $c \times 0 = 0$이 성립하므로 a와 c가 어떤 수라도 $c \times 0 = a$는 성립하지 않는다.

따라서 0이 아닌 실수를 0으로 나누는 것은 불가능하다.

2-2 세 수 a, b, c가 있다. (a, b, c는 실수)

이때, $a \div b = c \Leftrightarrow c \times b = a$이다.

$a = 0$, $b = 0$이라고 하면 우변은 '$c \times 0 = 0$'이 되고, c가 어떤 수인 경우에도 성립한다.

즉, $0 \div 0 = c$는 어떤 수를 답으로 해도 성립하기 때문에 값이 정해지지 않는다.

3 정답: ①, ②, ④

① $\infty + 1 = \infty$ ② $\infty + 10 = \infty$ ③ $\infty - 2020 = \infty$ ④ $\infty + \infty = \infty$

⑤ $\infty - \infty =$ (알 수 없음)   ⑥ $\infty \times 2020 = \infty$ ⑦ $\infty \times 0 =$ (알 수 없음)   ⑧ $\dfrac{\infty}{\infty} =$ (알 수 없음)

4-2 ① $\lim\limits_{x\to\infty}\dfrac{2x+1}{3x^2-2x+1} = \lim\limits_{x\to\infty}\dfrac{\dfrac{2}{x}+\dfrac{1}{x^2}}{3-\dfrac{2}{x}+\dfrac{1}{x^2}} = \dfrac{0}{3} = 0$

② $\lim\limits_{x\to\infty}\dfrac{4x^2-4x+1}{2x^2+3x-5} = \lim\limits_{x\to\infty}\dfrac{4-\dfrac{4}{x}+\dfrac{1}{x^2}}{2+\dfrac{3}{x}-\dfrac{5}{x^2}} = \dfrac{4}{2} = 2$

③ $\lim\limits_{x\to\infty}\dfrac{4x^2-3x+2}{3x+2} = \lim\limits_{x\to\infty}\dfrac{4x-3+\dfrac{2}{x}}{3+\dfrac{2}{x}} = \infty$

④ $\lim\limits_{x\to 0}\dfrac{1}{x}(1+\dfrac{1}{x-1}) = \lim\limits_{x\to 0}\dfrac{1}{x}\times\dfrac{x}{x-1} = \lim\limits_{x\to 0}\dfrac{1}{x-1} = -1$

⑤ $\lim\limits_{x\to\infty}(\sqrt{x^2+3x+4}-x) = \lim\limits_{x\to\infty}\dfrac{3x+4}{\sqrt{x^2+3x+4}+x} = \lim\limits_{x\to\infty}\dfrac{3+\dfrac{4}{x}}{\sqrt{1+\dfrac{3}{x}+\dfrac{4}{x^2}}+1} = \dfrac{3}{2}$

⑥ $\lim\limits_{x\to 1}\dfrac{x^3-1}{x-1} = \lim\limits_{x\to 1}\dfrac{(x-1)(x^2+x+1)}{x-1} = \lim\limits_{x\to 1}(x^2+x+1) = 3$

⑦ $\lim\limits_{x\to 0}\dfrac{1}{x}(\dfrac{1}{\sqrt{x+1}}-1) = \lim\limits_{x\to 0}\dfrac{1}{x}\times\dfrac{1-\sqrt{x+1}}{\sqrt{x+1}} = \lim\limits_{x\to 0}\dfrac{1}{x}\times\dfrac{-x}{\sqrt{x+1}(1+\sqrt{x+1})} = \lim\limits_{x\to 0}\dfrac{-1}{\sqrt{x+1}(1+\sqrt{x+1})} = -\dfrac{1}{2}$

⑧ $x=-t$로 치환하면,

$\lim\limits_{x\to -\infty}(\sqrt{x^2+3x+4}+x) = \lim\limits_{t\to\infty}(\sqrt{t^2-3t+4}-t)$

$= \lim\limits_{t\to\infty}\dfrac{-3t+4}{\sqrt{t^2-3t+4}+t} = \lim\limits_{t\to\infty}\dfrac{-3+\dfrac{4}{t}}{\sqrt{1-\dfrac{3}{t}+\dfrac{4}{t^2}}+1} = -\dfrac{3}{2}$

5-1 함수 $f(x)=\dfrac{1}{x^2}$ 의 그래프에서 x의 값이 한없이 커질 때 $f(x)$의 값은 0에 한없이 가까워지고, x의 값이 음수이면서 그 절댓값이 한없이 커질 때 $f(x)$의 값은 0에 한없이 가까워진다.

즉, $\lim\limits_{x \to \infty} \dfrac{1}{x^2}=0$, $\lim\limits_{x \to -\infty} \dfrac{1}{x^2}=0$이다.

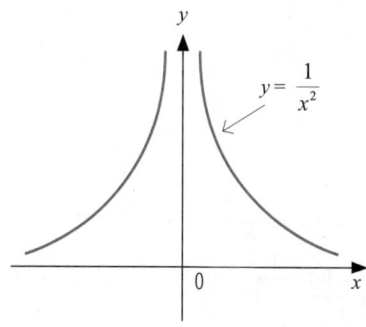

★ 생각 나누기

3 글 (나): 무한의 사고가 세상을 품을 수 있다.

글 (다): 인간은 때와 장소에 따라 전혀 달라질 수 있다. 인간의 양면성을 인정해야 한다.

글 (라): 인간은 빈손으로 왔다가 빈손으로 가는 존재이다.

33 연산과 연립방정식 – 약속이 있는 삶의 철학 이야기

셈의 기본이 되는 사칙연산의 개념과 연산의 규칙을 통해 계획의 중요성과 삶의 우선순위, 그리고 사회의 존재 이유를 탐구해 본다. 또한, 곱셈이라는 연산 법칙에서 협력하는 공동체를 위한 방안을 발견할 수 있다.

(가) 사칙연산이란 산수의 기본이 되는 덧셈, 뺄셈, 곱셈, 나눗셈의 네 가지 연산을 일컫는다. 기호로는 각각 +, −, ×, ÷로 표현한다. 사칙연산에는 다음과 같은 몇 가지 법칙과 우선순위가 존재한다.

1) 괄호 안을 먼저 계산한다.
2) 곱셈과 나눗셈을 계산한다. (단, 0으로는 나눌 수 없다.)
3) 마지막으로 덧셈과 뺄셈을 계산한다.
4) 동순위 연산이 2개 이상이면, 왼쪽에서 오른쪽 순서대로 한다.

GAME

(나) 미국의 한 수학 시험에 '48÷2(9+3)의 값을 구하라'는 문제가 출제되었다. 수식만 보면 단순해 보이지만 문제를 푸는 방식에 따라 답이 2와 288로 나뉘어서 정답에 대한 논쟁이 일어났다. 이 문제는 미국의 한 인터넷 커뮤니티에서 전파되어 전 세계 커뮤니티와 학계를 뒤흔들었다.

(다) '수학을 하면 눈물이 난다'를 오른쪽과 같이 표현할 때, 식을 완성하여 증명하여라. 단, $\{h | 1 \leq h < 5, h$는 홀수$\}$, $\{m | 1 \leq m \leq 10$인 소수$\}$이다.

$$\begin{array}{r} math \\ + \ math \\ \hline tears \end{array}$$

(라) 아버지 주름살 세 개, 어머니 주름살 두 개, 모두 여섯
어머, 계산이 맞지 않네 너무 넓어 너무 깊어 셀 수 없었나
나 때문에 생겨난 것이어서 보이지 않는 것일까
눈을 비비고 이제라도 찾아보아야지

너무 깊이 감추어진 세월 이야기들
생각하다 세어 보니 이미 보이지 않네
여쭙다 이제 그만 잠이 들었네

— 박성은, 〈어버이〉

생각 던지기

1 글 (가)를 읽고 다음 물음에 답하여라.

1-1 다음의 나열된 숫자들 사이에 사칙연산 부호(+, −, ×, ÷)를 이용하여 100을 만들어라. 예를 들면, '99+(9÷9)×(9÷9)=100'과 같은 식을 두 가지 이상 만들어라.

> 999999

1-2 인간의 행복을 위한 삶의 목적이 100을 만들어 가는 것이라고 가정할 때, 대한이는 똑같은 조건이라도 목적에 이르는 다양한 방법이 있다고 주장한다. 대한이의 주장에 맞추어 행복을 위한 삶의 방안을 제시하고 설명하여라.

2 글 (나)에 제시된 문제의 답으로 2와 288이라는 결과가 나왔다. 서로 다른 결과가 나온 원인을 제시하고, 우리의 삶에서도 이와 같은 갈등이 생긴다면 어떻게 할 것인지 생각해 보자.

3 글 (다)에서 제시된 문제를 덧셈의 원리를 이용하여 설명하여라.

4 삶의 모든 이야기를 글 (다)와 같이 수학적으로 표현하고 설명할 수 있는 것은 아니다. 대한이가 주장한 다음 내용을 참고하여, 이와 같은 방법으로 자신의 이야기를 나누어 보자.

> 'family'와 'friend'를 더하면 'me', 즉 나 자신이 된다. 이에 대한 증명은 수학적 계산이 아니라 내가 걸어온 삶이 말해 준다.

5 다음은 사회계약론에 관한 글이다. 사칙연산의 규칙이 등장하게 된 것은 사회가 등장하게 된 근거를 설명하는 사회계약론과 유사한 점이 많다. 사회계약론을 통해 사칙연산의 정의와 규칙의 등장 배경을 자신만의 언어로 설명하여라.

> 대표적인 사회계약론자로는 루소, 홉스, 로크 등이 있는데, 이들은 '인간은 사회계약을 통해 자연 상태에서 사회공동체의 구성원으로 전환하며 개인은 시민이 된다'는 사상적 기반을 깔고 있다. 이들이 생각하는 사회는 모두 암묵적 계약을 통해 이루어지는데, 그 근거는 각각 달라서 평등과 자유, 자기보존, 재산권(신체의 자유)을 지키기 위해서라는 차이점이 있다. 어쨌거나 핵심은 사회는 개인의 자발적 의사로 필요에 따라 형성되었다는 것이다. 이는 사칙연산 규칙이 편리성과 복잡성 해결이라는 이유로 자연스레 형성된 것과 비슷하다. 단순히 사회뿐 아니라 사회의 법도 마찬가지인데, 다만 더 구체화되어 기록될 뿐이다.

생각 넓히기

1 사칙연산에는 연산의 규칙과 우선순위가 있다. 이러한 우선순위를 가지고도 글 (나)와 같이 서로 다른 계산 결과가 나올 때는 어떤 태도를 취해야 할지 '약속'이라는 단어를 이용해 설명하여라.

2 토마스 에디슨은 "어떤 것이 자신의 계획대로 되지 않는다고 해서 그것이 불필요한 것은 아니다"라고 말했다. 계획대로 이루어지지 않는 삶에서 우리가 얻을 수 있는 가치는 무엇인가?

3 양수와 음수 그리고 0을 개인이 가진 능력치라고 할 때, 제시된 수의 곱셈을 근거로 곱셈의 연산법칙에서 얻을 수 있는 교훈을 나누어 보자.

> ㄱ. $3 \times (-5) = -15$와 $(-3) \times (-5) = 15$
> ㄴ. $3 \times 0 = 0$과 $(-3) \times 0 = 0$

3-1 자신이 음수인 경우와 양수인 경우에 각각 나타나는 연산 결과에 대해 인문학적으로 접근하여 자신을 소개해 보자.

3-2 각각의 경우에 대하여 어떻게 대처할 것인지 자신의 생각을 나누어 보자.

3-3 자신이 0인 경우에는 어떤 상황이 일어날지 생각해 보고, '노력'이라는 단어를 사용하여 그에 따른 대처 방안을 이야기해 보자.

3-4 곱셈 공식 $(a+b)^2 = a^2 + 2ab + b^2$에서 얻을 수 있는 인문학적 교훈을 깨닫고, 더불어 살아가는 아름다운 공동체를 위한 방안을 이야기해 보자.

생각 나누기

1 사회는 수많은 약속으로 이루어져 있다. 약속은 지키기 위해 있는 것이라는 사람과 어길 수도 있다고 주장하는 사람이 있다면, 이에 대하여 나는 어떤 의견을 가지는지 논리적으로 설명하여라.

2 글 (라)를 중심으로 (나)에서 제시된 논쟁거리를 해결할 방안을 제시하여라.

3 생각 던지기 5에 나오는 사회계약론의 의미를 설명하고, 이와 유사한 사례를 들어 자신의 생각을 나누어 보자.

4 다음 글을 읽고 글 (나)의 논쟁에 대한 자신의 생각을 주장하여라.

> 페르마의 마지막 정리에 얽힌 이야기에 의하면 등식 2+2=5를 증명할 수 있지만, 칠판의 여백이 부족하므로 여기서 멈춘다.

5 글 (가)를 보면, 사칙연산은 규칙에 따라 ×, ÷, +, − 순서로 계산한다. 그러나 사람마다, 또는 장소에 따라 다양하게 사용되기도 한다. 대한이가 친구를 따라간 성당의 신부님께서는 하나님의 사칙연산은 −, +, ×, ÷ 순으로 계산한다고 말씀하셨다. 다음을 살펴보고 이 같은 하나님의 사랑, 또는 부모님의 사랑에 대한 이야기를 나누어 보자.

> 미리 정하신 그들을 또한 부르시고 부르신 그들을 또한 의롭다 하시고 의롭다 하신 그들을 또한 영화롭게 하셨느니라. −〈로마서〉 8:30
>
> 1) − (빼기/죄 사함): 사람의 죄를 먼저 빼 주신다. 하나님과 친밀하려면 죄 사함을 먼저 받아야 하기 때문이다.
> 2) + (더하기/칭의): 의로움을 더해 주신다. 죄를 빼고, 의로움을 더해서 의인으로 불러 주신다.
> 3) × (곱하기/복 주심): 죄를 빼고, 의를 더해 주신 후에 복을 100배까지 곱해 주신다. (마태복음 13:1~9)
> 4) ÷ (나누기/고난과 저주와 사랑): 우리의 저주와 고난을 나누어 지시고, 사랑을 나누어 주셨다.

문제 풀이

★ 생각 던지기

1-1 $99+(9+9)\div(9+9)=100$
$99+(9\times9)\div(9\times9)=100$

2
- 2인 경우:
$48\div2$와 $(9+3)$ 사이에 곱셈 기호가 없기 때문에 $2(9+3)$을 한 항으로 간주하여 먼저 계산하여야 한다. 그러므로 $48\div\{2(9+3)\}=48\div24=2$이다.

- 288인 경우:
$48\div2$와 $(9+3)$ 사이에는 곱셈 기호가 생략되어 있을 뿐이다. 사칙연산에서 곱셈과 나눗셈은 왼쪽부터 계산한다. 그러므로 $48\div2\times(9+3)=288$이다.

3 $\{h\mid 1\leq h<5, h\text{는 홀수}\}$, $\{m\mid 1\leq m\leq 10$인 소수$\}$이므로
$h=\{1, 3\}$, $m=\{2, 3, 5, 7\}$이다.
'수학을 하면 눈물이 난다'를 수식으로 표현해 보면,

$$\begin{array}{r} math \\ +\ math \\ \hline tears \end{array}$$

천의 자리 숫자인 m과 m을 더했을 때 받아올림을 하면, 만의 자리 t는 1이다. 따라서 t=1
$\{h\mid 1\leq h<5, h\text{는 홀수}\}$ 5 미만이므로 받아올림되지 않는다. 따라서 r=2

$$\begin{array}{r} ma1h \\ +\ ma1h \\ \hline 1ears \end{array}$$

백의 자리 a와 a를 더하여 a가 나오는 수는 0밖에 없으므로 a=0
h=1일 때, 이미 t=1인데 t와 h는 같은 값을 가질 수 없으므로 h는 1이 될 수 없다.

$$\begin{array}{r} ma1h \\ +\ ma1h \\ \hline 1ea2s \end{array} \qquad \begin{array}{r} m01h \\ +\ m01h \\ \hline 1e02s \end{array}$$

h=3일 때, s=6

$$\begin{array}{r} m013 \\ +\ m013 \\ \hline 1e026 \end{array}$$

m=2, 3, 5, 7이 가능하므로

ⅰ) m=2 or m=3

m+m ≥ 10이어야 하므로 m은 2나 3이 될 수 없다.

ⅱ) m=5

e=0이 되지만 a=0이므로 a와 e는 같은 값을 가질 수 없다. 따라서 m=5는 성립하지 않는다.

$$\begin{array}{r} 5013 \\ +\ 5013 \\ \hline 1e026 \end{array}$$

ⅲ) m=7

$$\begin{array}{r} 7013 \\ +\ 7013 \\ \hline 1e026 \end{array} \quad \text{e=4가 되어} \quad \begin{array}{r} 7013 \\ +\ 7013 \\ \hline 14026 \end{array}$$

∴ m=7, a=0, t=1, h=3, e=4, r=2, s=6의 경우로 식이 성립한다.

따라서 { h | 1 ≤ h < 5, h는 홀수 }, { m | 1 ≤ m ≤ 10인 소수 }일 때 '수학을 하면 눈물이 난다'.

★ 생각 넓히기

3 곱셈이 주는 교훈

첫째, 0이 아닌 양수와 음수의 곱과 음수와 음수의 곱에 관한 법칙이다. 예컨대, 세 수 −1, −5, +3을 개인이 가진 능력치라고 가정하자. 이들은 각각 서로 다른 자신의 능력을 나타내는 것으로 +3이 가장 크다. 그러나 −1과 −5가 협력한다면 상황은 달라진다. −1×−5=5가 되며, +3보다 더 높은 성취를 보여준다. 반면에 나의 능력이 양수인데 상대가 음수라면 오히려 협력하는 것이 악수가 된다. 그렇다고 그런 사람들을 피하는 사회는 아름답지 못하다. 그들에게 절댓값이라는 새로운 방법으로 도움을 주어 더불어 살아갈 수 있는 방안을 찾아야 한다. 하지만 무엇보다도 본인이 음수가 되지 않기 위해 철저히 자기계발을 해야 한다.

둘째, 어떤 수에 0을 곱하면 모든 값이 0이 된다. 이것은 본인의 노력과 연관 지어 설명할 수 있는데, 아무리 큰 수(재능, 남의 도움, 신뢰 등)의 능력을 가지고 있다 할지라도 본인의 노력이 0이라면 결과는 0이 된다. 노력 부족으로 목표를 이루지 못하는 일이 없도록 늘 경계해야 한다.

셋째, 다항식의 곱셈공식이다. $(a+b)^2 = a^2 + 2ab + b^2$에 집중해 보자. a와 b라는 사람이 있다고 가정하면, 각각을 제곱하여 더하면 $a^2 + b^2$인데, a와 b를 더하여 제곱하면 2ab가 더해져 있음을 알 수 있다. $(a+b)^2 = a^2 + 2ab + b^2$라는 수식을 통해 협력하면 더 나은 결과를 얻을 수 있다는 사실을 발견하고, 곱셈으로부터 더불어 살아가는 아름다운 공동체를 만드는 법을 배울 수 있다.

34 연산 – 둘이 될 순 없어

'닫혀 있다'는 개념을 통해 소속감의 의미를 알고, 사칙연산과 이항연산이 가진 규칙(연산)을 배우며 이중성이 아름다운 공동체를 만들어 간다는 사실을 발견할 수 있다.

(가) 집합 S를 실수 집합 R의 부분집합이라고 하자. 집합 S에 정의된 연산 $*$가 S의 임의의 두 원소 a와 b에 대하여 $a*b \in S$를 만족한다고 하자. 집합 S의 어떤 원소 e가 모든 $x \in S$에 대하여 $x*e=e*x=x$를 만족할 때, 원소 e를 집합 S의 연산 $*$에 대한 항등원이라고 하고, 어떤 원소 $a \in S$에 대하여 $a*x=x*a=e$를 만족할 때, 원소 x를 a의 연산 $*$에 대한 역원이라고 한다. 예를 들어 $S=R$이고 $a*b=a+b+ab$라면 0은 집합 S에 존재하는 연산 $*$에 대한 유일한 항등원이 된다.

(나) 둘에서 하나를 빼면 하나일 텐데
너를 뺀 나는 하나일 수 없고
하나에다 하나를 더하면 둘이어야 하는데
너를 더한 나는 둘이 될 순 없잖아
언제나 하나여야 하는데 너를 보낸 후
내 자리를 찾지 못해 내 존재를 의식 못해
둘에서 하날 빼면 하나일 순 있어도
너를 뺀 나는 하나일 순 없는 거야

— 원태연, 〈둘이 될 순 없어〉

GAME (다) 다음은 어떤 집단이 가지고 있는 '문화'를 나열한 것이다. 어떤 집단을 의미하는가?

$$2+7=9, \quad 10+6=4, \quad 11+12=11$$

(라) 에미 뇌터(Emmy Noether)는 독일 출신의 여성 수학자로 뇌터의 정리를 발견하였고, 아인슈타인과 함께 일반 상대성 이론을 발전시켰으며, 이항연산을 만들었다. 아인슈타인이 인정한 천재 수학자로도 유명하다.

뇌터는 힐베르트와 클라인, 아인슈타인 등 당대 유명한 수학자들에게 실력을 인정받고 함께 연구에 참여할 정도로 뛰어났지만, 유럽 학계의 뿌리 깊은 여성 차별 문화와 편견에 부딪혀야 했다. 괴팅겐 대학교는 "어떻게 여성이 대학 강단에 설 수 있는가, 이후 정교수가 되려 하고 이사회 위원이 되려 하지 않겠는가? 그것은 학칙에 위배되는 것이다"라고 하면서 그녀를 받아들이지 않았다. 그러나 뇌터를 지지하던 힐베르트는 "이곳은 성별을 구분해야 하는 대중목욕탕이 아니라 대학이다"라고 반박하며 지속적으로 그녀를 도왔다. 1919년 독일혁명으로 여성의 인권이 향상되면서 에미 뇌터는 마침내 교수로 임명되고 수학자로서 경력을 쌓아 나갔다. 하지만 행복은 오래가지 못했다. 1933년 나치 정부가 들어서면서 유대인이라는 이유로 교수 자리를 잃고 수학적 업적마저 인정받지 못하게 되었다. 이후 미국으로 건너가 브린모어대학교에서 다시 강단에 서지만 1935년 지병이 악화되어 수술 중에 생을 마감하였다.

생각 던지기

1 자연수의 집합에서 사칙연산 각각에 대해 닫혀 있는지 글 (가)에 근거하여 설명하여라.

2 글 (가)에 근거하여 글 (나)의 내용을 설명하여라.

 3 글 (다)를 읽고 물음에 답하여라.
3-1 이 집단의 구성원(원소)을 모두 나열하여라.
3-2 이 집단의 모든 구성원을 항상 있는 모습 그대로이게 만들어 주는 원소(항등원)는 무엇인가?
3-3 글 (다)의 규칙에 맞게 '2-7'의 값을 구하여라.

🔍 생각 넓히기

1 글 (나)에는 수학적 관점과 인문학적 관점 사이의 차이가 나타난다. '나-너'의 상황에서 어떻게 할 것인지 이야기해 보자.

2 집합 A={0, 1, 2, 3}에서 연산 ⊕를 표와 같이 정의할 때, 글 (가)에 근거하여 다음 물음에 답하여라.

⊕	0	1	2	3
0	0	1	2	3
1	1	2	3	0
2	2	3	0	1
3	3	0	1	2

2-1 다음 중 옳지 않은 것은?

① 연산 ⊕에 대하여 닫혀 있다.
② 연산 ⊕에 대하여 결합법칙이 성립한다.
③ 항등원은 0이고, 3의 역원은 0이다.
④ 2⊕(x⊕3)=3을 만족하는 x=2이다.

2-2 연산 ⊕에 대하여 교환법칙이 성립하는지 밝혀라.

2-3 일상의 삶에서 교환법칙이 성립하지 않아 의사소통이 어려운 사례와 교환법칙이 성립하지 않음에도 불구하고 의사소통이 잘되는 사례를 들어 행복한 인간관계를 위한 소통 방법을 제시하여라.

생각 나누기

1 글 (다)는 여성 수학자 에미 뇌터의 일화를 소개하고 있다. 그 내용을 글 (가)에 근거하여 다음 식에 대입해 보면 '항등원'과 '역원'은 무엇일까?

   1-1 뇌터의 수학적 업적 + '역원' = 0

   1-2 뇌터의 수학적 업적 + '항등원' = 뇌터의 수학적 업적

2 에미 뇌터는 대단한 능력을 지닌 수학자였다. 그녀는 뛰어난 과학자였지만 당대의 사회적 문제인 성차별로 어려움을 겪었다. 하지만 그녀에게는 힐베르트라는 좋은 멘토가 있었다. 만약 내가 당대 최고의 실력자임에도 차별적 문화 때문에 실력을 인정받지 못하고 부당한 대우를 받는다면, 그 상황을 어떻게 극복하겠는가?

   2-1 나에게는 지금 힐베르트와 같은 멘토가 있는가?

   2-2 에미 뇌터는 여성이라는 점과 유대인이라는 이유로 차별 대우를 받았다. 현재 우리 사회에 나타나고 있는 차별적 문화는 무엇인지 사례를 들고, 이러한 사회적 편견을 없애는 방법에 대해 이야기해 보자.

문제 풀이

★ 생각 던지기

1 공집합이 아닌 어떤 집합 S에서 임의의 원소 2개를 뽑아 어떤 연산을 한 결과가 항상 집합 S의 원소일 때, 집합 S는 그 연산에 대해서 닫혀 있다고 한다.

예컨대, a, b를 수의 집합 A의 임의의 원소라고 할 때,
a+b∈A이면 A는 덧셈에 대하여 닫혀 있다.
a−b∈A이면 A는 뺄셈에 대하여 닫혀 있다.
a×b∈A이면 A는 곱셈에 대하여 닫혀 있다.
a÷b∈A이면 A는 나눗셈에 대하여 닫혀 있다. (단, b≠0)

따라서, 자연수의 집합 N에서 덧셈과 곱셈에 대하여 닫혀 있다.
한편, 뺄셈과 나눗셈에 대하여는 닫혀 있지 않다.
예컨대, $3-5=-2 \notin N$, $3 \div 2 = \dfrac{3}{2} \notin N$

2 자연수 집합에서 덧셈에 대하여 닫혀 있지만 뺄셈에 대하여는 닫혀 있지 않다. 예컨대, 3−5=−2이므로 자연수 집합에서 존재하지 않는다. −2는 자연수 집합의 원소가 아니기 때문이다.
2−1, 3−1 등은 모두 뺄셈의 범위에서 닫혀 있어서 계산할 수 있지만 '나'에서 '너'를 빼면 수학적 계산은 성립하지 않는다. 그 이유는 '나−너'는 마음의 범위에서 닫혀 있지 않기 때문이다.

3 제시된 자료는 '시계'라는 문화를 나타내고 있다.

3-1 {1, 2, 3, 4, 5, 6, 7, 8, 9, 10, 11, 12}

3-2 항등원은 12

3-3 2−7=14−7=7

★ 생각 넓히기

2-1 정답: ④
연산 결과가 항등원 0이 되는 원소를 찾으면 된다.
따라서 $3 \oplus x = 0$을 만족하는 $x = 1$이다.

★ 생각 나누기

1 (에미 뇌터의 수학적 업적) $\oplus$ (역원 x) = 0
⇨ 에미 뇌터의 수학적 업적을 0으로 만들어 버린 요인은 여성 차별 문화와 유대인에 대한 편견이다.

(에미 뇌터의 수학적 업적) $\oplus$ (항등원 e) = (에미 뇌터의 수학적 업적)
⇨ 에미 뇌터의 수학적 업적을 그대로 인정받을 수 있었던 요인은 힐베르트라는 동료의 존재와 독일 혁명으로 인한 여성 인권의 향상 때문이었다.

여섯 번째 생각여행

도형 분할의 역설

도함수

미분법 활용

정적분

경우의 수

수와 숫자

행복은 주어지는 것이
아니라 **만들어 가는 것**

35 도형 분할의 역설 – 보이는 것과 보이지 않는 것의 양면성

도형 분할의 역설을 통해 가시적인 것과 실제적인 완벽함 사이의 괴리를 관찰하고, 보이는 것과 보이지 않는 것의 간격을 통해 지혜로운 삶을 디자인하는 방법을 발견할 수 있다. 또한 착시 현상을 넘어서 삶의 본질을 회복하는 방안을 발견할 수 있다.

(가) 도형 분할의 역설(dissection paradox)은 미국의 마술사 폴 커리(Paul Curry)가 1953년에 발표한 역설로 어떤 도형을 분할했다가 다시 조합했을 때 넓이가 달라지는 (것처럼 보이는) 현상이다. 이러한 역설의 원리는 착시의 원리와 유사하며, 조합에 따라 넓이뿐만 아니라 기울기도 달라진다. 비슷한 삼각형을 이용하거나 삼각형에 가까운 직사각형을 이용하는 등, 눈으로는 잘 구별되지 않는 작은 차이가 있는 도형을 이용함으로써 관찰할 수 있다.

GAME

(나) 다음 그림은 도형 분할의 역설에 관한 예시이다.

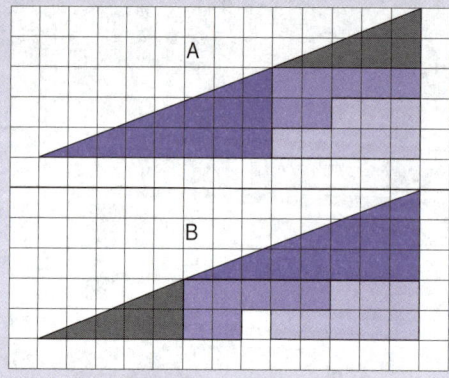

(다) 겉모습 멀쩡한 사람들에게도 마음의 병은 있기 마련이죠
우리는 너무나 많이 속아 왔죠
너의 두 눈에 보이는 세상 모두 다 진실은 아니야
너의 두 눈에 비친 내 모습 그대로 전부가 아니야
너의 두 눈에 보이는 세상 모두 다 진실은 아니야
눈에 보이는 것이 전부가 아니에요

- 임현정, 〈눈에 보이는 것이 전부가 아니에요〉

(라) 주변에서 여러 가지 경사로나 경사면을 쉽게 볼 수 있다. 우리나라에서는 건축법으로 경사로에 대한 기울기의 설치 기준을 다음과 같이 규정하고 있다. 건물에서 계단을 대체하는 기울기는 1/6 이하, 지하 주차장의 경사로는 1/6 이하, 장애인 통행용 경사로 기울기는 1/12 이하, 장애인용 주차장 바닥의 기울기는 1/50 이하이다.

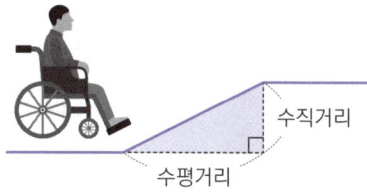

생각 던지기

1 글 (가)에 제시된 도형 분할의 역설이 어떻게 착시 현상을 일으키는지 (나) 그림을 예시로 이용하여 설명해 보자.

2 다음은 도로 경사도를 표시한 것이다. 경사도와 기울기의 의미를 설명해 보자.

2-1 글 (라)를 근거로 자신의 삶의 상황에 따른 마음의 경사도는 얼마나 되는지 이야기해 보자.

2-2 자신 혹은 타인의 가시적 경사도가 실제 마음의 경사도와 차이가 있다고 느꼈던 경험을 나누어 보자.

GAME

3 '피보나치수열'이란 이웃한 두 항을 더해 다음 항을 만들어 가는 수열을 말한다. 피보나치수열은 황금비와 밀접한 관련이 있다.

3-1 글 (나)에서 세 삼각형의 기울기를 실제로 구해 보고 피보나치수열과의 관련성을 설명하여라.

3-2 글 (나)에 나타난 퍼즐 마술의 원리와 피보나치수열의 공통점과 차이점을 설명하여라.

3-3 우리는 어떤 아름다움을 가지고 있는가? 자신의 아름다움을 제대로 인식하기 위해서 어떤 마음가짐이 필요한지 이야기해 보자.

4 도형 분할의 역설이 적용되는 사례를 실생활에서 찾아보자. 예컨대, '영원히 줄어들지 않는 초콜릿, 후퍼의 역설 퍼즐' 등을 찾아보고 그 의미를 설명하여라.

생각 넓히기

1 도형 분할의 역설은 착시 현상과 밀접한 관계가 있다. (나) 그림에서 직선처럼 보이지만 실제로는 꺾인 부분이 있다는 것을 알 수 있다. 이를 통해 삶에서 본질을 회복하는 방안을 제시하고자 한다. 다음 글을 읽고 물음에 답하여라.

> 서로를 이해하기 위해서는 어느 정도 닮은 데가 있어야 하지만
> 서로를 사랑하기 위해서는 어느 정도 다른 데가 있어야 한다.
> – 폴 제랄디(Paul Geraldy)

1-1 착시 현상으로 인하여 의도치 않게 좋은 결과를 가져온 사례를 찾아보자. 이를 통해 배울 수 있는 교훈은 무엇인가?

1-2 착시 현상으로 인하여 의도치 않게 나쁜 결과를 가져온 사례를 찾아보자. 이를 통해 배울 수 있는 교훈은 무엇인가?

1-3 착시 현상이라고 단정하기 이전에 아름다운 공동체를 만들기 위한 방안을 글 (다)의 시(詩)를 통해 이야기해 보자.

2 방통이는 '나의 인생 행복지수 그래프'라는 주제로 활동 학습을 하였다. 행복지수란 자신이 얼마나 행복한가를 나타내는 지수이다. 다음은 방통이의 나이에 따른 행복지수를 나타낸 인생 그래프로 x축은 나이, y축은 행복지수를 의미한다. 16살 이후 진로를 결정한 방통이의 행복지수가 일정하게 증가한다면, 몇 살 이후부터 행복지수가 100에 도달하는지 구하여라.

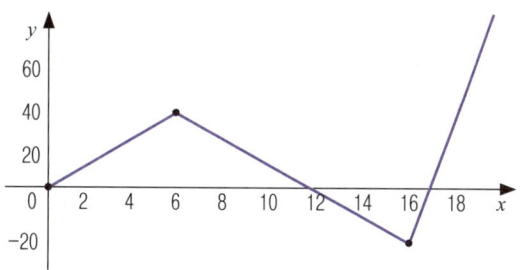

3 글 (나)와 (다)를 통해서 우리는 타인의 시선으로부터 자유롭지 못함을 알 수 있다. 우리는 완전한 것보다 완전해 보이는 것, 행복한 것보다 행복해 보이는 것들에 더 중점을 두기도 한다. 이러한 자신의 욕구와 타인의 시선 사이에서 균형을 이루는 방법을 '구반문촉(毆槃捫燭)'이라는 사자성어를 이용하여 이야기해 보자.

💬 생각 나누기

1 같은 도형들을 가지고도 어떤 방식으로 배치하느냐에 따라 퍼즐을 충분히 채울 수도, 완성하지 못할 수도 있다. 그러나 많이 가질수록 퍼즐을 채우기는 쉬울 것이다. 우리 삶의 완전함에는 무언가를 얼마나 가지고 있는지가 더 큰 영향을 미칠까, 아니면 가진 것을 어떻게 활용하느냐가 더 큰 영향을 미칠까?

2 아름다움은 어느 곳에나 존재할 수도, 존재하지 않을 수도 있다. 아름다움의 실체는 무엇인지 제시하고, 왜 그렇게 생각하는지 이유를 이야기해 보자.

3 수학교과에 나오는 기울기의 개념과 원리를 통해 같은 상황이라도 그것을 대하는 마음가짐에 따라 전혀 다르게 느껴질 수 있음을 알 수 있다. 예를 들어, 장애인을 위한 시설이라면 장애를 가진 사람이 이용할 때 비장애인보다 덜 힘들 수도 있다. 이와 관련하여 다음과 같은 상황을 살펴보고 각각의 경우에 대하여 토론해 보자.

> ㄱ. 장애를 갖지 않은 두 사람 A와 B가 글 (라)에 제시된 경사로를 지난다면 누가 더 힘들 것인가?
> ㄴ. 장애를 갖고 있는 사람과 장애를 갖고 있지 않는 사람이 글 (라)에 제시된 경사로를 지난다면 누가 더 힘들 것인가?
> ㄷ. 똑같은 장애를 가진 C와 D 두 사람이 글 (라)에 제시된 경사로를 지난다면 누가 더 힘들 것인가? (장애의 정도는 같다고 가정한다.)

문제 풀이

★ 생각 던지기

3-1 온전한 직각삼각형으로 생각할 때 각 조각의 기울기를 구해 보면, 직각삼각형 A의 기울기는 $\frac{5}{13}$ 처럼 보인다. 왼쪽 그림에서 빗변의 아래쪽 부분 기울기를 구해 보면 $\frac{3}{8}$ 이고, 빗변의 위쪽 부분 기울기를 구해 보면 $\frac{2}{5}$ 이다. 그러면 $\frac{3}{8} < \frac{5}{13} < \frac{2}{5}$ 이므로 직각삼각형A의 빗변은 실제 빗변보다 약간 아래로 들어가 있음을 알 수 있다. 즉, 3개의 삼각형은 기울기가 서로 다르기 때문에 선분이 될 수 없다. 단지 차이가 매우 작아 하나의 선분처럼 보이는 것이다.

세 삼각형의 기울기에 포함되는 숫자들을 작은 순서대로 나열할 경우, 피보나치수열에 해당하는 숫자들로 구성되어 있음을 관찰할 수 있다. 예컨대, 2, 3, 5, 8, 13으로 삼각형의 기울기가 되는 세 분수인 2/5, 3/8, 5/13가 모두 비슷한 크기가 된다. 도형의 분할에서는 눈에 보이는 것이 전부가 아니고, 피보나치수열은 눈에 보이는 것으로부터 시작된다.

3-2 피보나치수열에는 황금비의 아름다움이 있지만 글 (나)의 퍼즐에는 착시 현상을 이용한 눈속임이 있다. 그럼에도 불구하고 속았다는 느낌보다 신기하고 즐겁게 여겨진다는 양면성을 발견할 수 있다.

36 도함수 – 변화를 캐치하라

미분의 개념과 원리를 이용하여 세상의 변화에 능동적으로 대처하는 삶의 지혜를 발견할 수 있다.

(가) 변화율(rate of change)은 두 변수가 변화하는 정도를 비율로 나타낸 것으로, 평균변화율(average rate of change)과 순간변화율(instantaneous rate of change)이 있다.

(나) 같은 강물에 두 번 들어갈 수 없다.
― 헤라클레이토스(Herakleitos)

(다) 샤워실에 한 바보가 들어갔다. 처음 수도꼭지를 틀었더니 찬물이 나왔다. 너무 차가워서 가장 뜨거운 물이 나오도록 얼른 수도꼭지를 돌렸다. 그런데 뜨거운 물이 나오자 이번엔 너무 뜨거워서 찬물이 나오도록 꼭지를 반대로 돌렸다. 그러다 찬물이 나오면 다시 뜨거운 물 쪽으로 돌리고…… 바보는 이런 식으로 끊임없이 수도꼭지를 돌렸다.
― 밀턴 프리드먼(Milton Friedman), 〈샤워실의 바보(Fool in Shower)〉

(라) 지금까지의 프레임워크가 더 이상 작용하지 않는 새로운 변화에 직면할 때가 있다. 이때는 새로운 균형이 이루어지는 시기이기에 과거의 경험은 도움이 되지 않는 경우가 많고 오히려 위험 요소가 되기도 한다. 이렇게 기존의 구조와 경쟁 방식에 새로운 힘이 작용하여 큰 흐름이 바뀌는 지점을 인텔의 회장이었던 앤드류 그로브(Andrew Grove)는 '전략적 변곡점(Strategic Inflation Point, SIP)'이라는 말로 설명했다.

(마) 다음 그림들은 단순한 직선들이 일정한 규칙을 갖고 모여서 곡선 형태가 되는 '스트링 아트'이다. 직선들이 모여서 곡선 모양을 이루는데, 이때 직선은 만들어진 곡선의 접선이다. 스트링 아트를 통해 수학과 인문학의 관계를 엿볼 수 있다.

 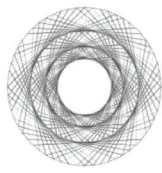 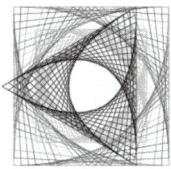

(바) 다음 그림은 마우리츠 코르넬리스 에셔(Maurits Cornelis Escher)의 대표작 〈그리는 손〉이다. 1898년 네덜란드에서 태어난 그는 지면 위에서 수학적 분할을 활용한 착시 효과, 초현실주의적 구도 등을 활용하여 혁신적인 작품을 남겼다. 특히 그는 기하학적 원리와 수학적 개념을 바탕으로 3차원적 개념을 2차원의 평면에 혼합하는 기법을 즐겨 사용했다.

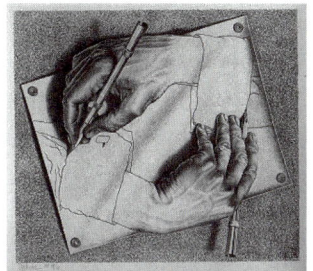

생각 던지기

1 글 (가)의 평균변화율과 순간변화율을 설명하고, 함수 $f(x)=x^2-2x$에 대하여 x의 값이 1에서 3까지 변할 때의 평균변화율과 $x=c$에서의 순간변화율이 같을 때 상수 c의 값을 구하여라.

2 고대 그리스 철학자들은 '변화'에 많은 관심을 가졌다. 글 (나)에서 헤라클레이토스가 남긴 '같은 강물에 두 번 들어갈 수 없다'라는 말을 평균변화율과 순간변화율을 이용하여 설명하여라.

3 글 (다)는 1976년 노벨 경제학상 수상자인 밀턴 프리드먼의 〈샤워실의 바보〉라는 제목의 우화이다. 다음 글을 참고하여 이 우화를 평균변화율과 순간변화율로 설명해 보자.

> 〈샤워실의 바보〉라는 우화는 정부나 중앙은행이 어떤 의사 결정을 한 뒤 그 판단의 결과가 나올 때까지 지켜보지 못하고 또 다른 의사 결정을 해서 결과를 엉망으로 만드는 행위를 표현한 것이다(여기서 바보는 섣부르게 개입하는 정부를, 수도꼭지는 정책을, 물의 온도는 경기의 등락을 의미한다).

4 다음은 변곡점에 관한 글이다. 글 (라)의 전략적 변곡점과 수학에서의 변곡점을 비교하여 설명하여라.

> $y=f(x)$ 위의 점 P(a, f(a))에 대하여 $x=a$의 좌우에서 곡선의 모양이 '아래로 볼록'에서 '위로 볼록'으로 변하거나 '위로 볼록'에서 '아래로 볼록'으로 변할 때, 점 P를 곡선 $y=f(x)$의 변곡점이라 한다.

4-1 우리 사회에 직면한 전략적 변곡점이라고 생각할 수 있는 이슈를 제시하고, 그 원인과 대안을 설명하여라.

5 글 (가)의 변화율의 개념과 원리를 글 (마), (바)의 그림과 관련지어 설명하여라.

생각 넓히기

1 다음 글은 변화에 어떻게 대처해야 하는지를 말하고 있다. 우리는 본능적으로 변화를 두려워한다. 하지만 세상은 변화를 통해 끊임없이 발전하며, 변화는 일상화되고 있다. 어쩌면 변화가 가장 안전한 선택일 수도 있다. 이에 비추어 자신이 변화하기 위해 노력했던 경험을 나누어 보자.

- Smell the cheese often so you know when it is getting old. The quicker you let go of old cheese, the sooner you find new cheese. It is safer to search in the maze, than remain in a cheeseless situation. Old beliefs do not lead you to new cheese.
  － Spencer Johnson, 《Who Moved My Cheese?》

- A ship in harbor is safe, but that is not what ships are built for.
  － John A. Shedd, 《Salt from My Attic》

1-1 세상은 빠르게 변화한다. 윗글의 '치즈'처럼 금방 상하거나 소비되는 것은 초기 변화를 잘 감지하고 대처해야 한다. 즉, 순간변화율을 고려하여 상황에 맞게 대처 방안을 모색해야 한다. 인생에 있어서도 평균변화율을 고려해야 할 때와 순간변화율을 고려해야 할 때가 나뉜다면, 나에게 필요한 삶의 방안은 무엇인지 이야기해 보자.

2 글 (라)에서 말하는 전략적 변곡점이 어디인지는 쉽게 알 수 없다. 이런 변화는 처음에는 미묘하고 사소한 변화처럼 느껴지지만, 어느 순간 시장의 패러다임을 바꾼다. 기업이든 개인이든 거대한 변화를 가져올 전략적 변곡점의 징후를 발견하고 적절하게 대처하는 것이 무엇보다 중요하다. 이런 변화를 빠르게 예지(叡智)하기 위해서는 무엇이 필요한가?

3 다음 글을 참고하여 물음에 답하여라.

만났던 사람이나 감명 깊게 읽은 책, 종교 등 여러 요인에 의해 사람은 인생의 변곡점을 갖게 된다. 하지만 같은 사람을 만나고 같은 책을 읽더라도 그것을 받아들이는 역량은 사람마다 다르기 때문에 변곡점을 거친 후의 인생은 다양한 모습으로 드러난다. 따라서 인생의 변곡점이 될 수 있는 순간을 발견하고 그에 따라 발전된 방향으로 나아갈 수 있도록 꾸준히 자질을 쌓아 나가야 한다.

3-1 지금까지 살아오면서 나의 변곡점은 언제였으며, 그 원인은 무엇이었는지 생각해 보자.

3-2 인생에서 변곡점의 순간을 파악하고 대응하기 위해서 어떤 노력을 할 것인지 이야기 나누어 보자.

생각 나누기

1 미국의 기업가 잭 웰치(Jack Welch)가 한 "Change before you have to"라는 말은 능동적인 변화의 중요성을 일깨운다. 우리는 변화의 주체가 될 수도 있고, 변화의 객체가 될 수도 있다. 즉, 변화를 일으키는 사람이 될 수도 있고, 변화를 겪는 사람이 될 수도 있다. 나는 변화의 주체가 되고 싶은가, 객체가 되고 싶은가?

1-1 주체와 객체의 균형을 이루는 방안으로 '추구하는 가치에 따라 우선순위가 다르다'고 주장하는 사람이 있다. 이 주장에 대한 자신의 생각을 나누어 보자.

2 글 (가)의 개념과 원리를 이용하여 글 (나)와 (다)에서 제시하는 삶의 문제점을 도출하고 대안이 무엇인지 토론해 보자.

3 다음은 세계 최초로 히말라야 16좌를 등정한 엄홍길 대장의 인터뷰 내용이다. 이를 읽고 물음에 답하여라.

> "수많은 산을 올라 보셨을 텐데요, 그중 우리나라의 산도 거의 다 오르셨겠지요?"
> "네!"
> "그렇다면, 같은 산도 여러 번 오르셨겠네요?"
> "아니요, 저는 한 번도 같은 산을 오른 적이 없습니다."
> "정말요? 그렇다면 북한산도 한 번만 오르셨다는 것입니까?"
> "그런 뜻이 아니라, 우리 산은 사시사철 매우 아름다워서 갈 때마다 산이 변하고 있었습니다. 그리고 산이 변하지 않아도 산을 오르는 나의 마음이 변하고 있었지요."

3-1 글 (가)와 (나)를 근거로 엄홍길 대장의 인터뷰에 나타난 '변화'의 의미를 설명하여라.

3-2 우리 사회의 변화는 눈을 한 번 깜박일 때마다 수많은 정보가 이동할 정도로 빠르다고 한다. 이러한 시대에 우리가 변화에 대처할 수 있는 방안은 무엇인지 토론해 보자.

문제 풀이

★ 생각 던지기

1 • 함수 $y=f(x)$에 대해 x의 값이 a에서 $a+\Delta x$까지 변할 때, 평균변화율은 $\dfrac{\Delta y}{\Delta x} = \dfrac{f(a+\Delta x) - f(a)}{\Delta x}$ 이다.

여기서 $\Delta x \to 0$일 때

$\displaystyle\lim_{\Delta x \to 0} \dfrac{\Delta y}{\Delta x} = \lim_{\Delta x \to 0} \dfrac{f(a+\Delta x) - f(a)}{\Delta x}$ 의 값이 존재하면

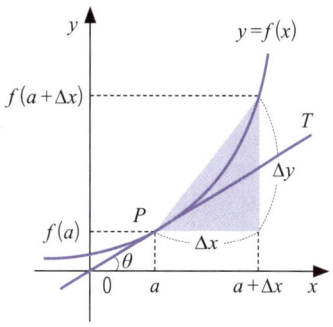

'함수 $y=f(x)$는 $x=a$에서 미분 가능하다'고 하고, 함수 $y=f(x)$의 $x=a$에서의 순간변화율 또는 미분계수라 한다. 이때 $x=a+\Delta x$라 하면, $f'(a) = \displaystyle\lim_{x \to a} \dfrac{f(x) - f(a)}{x - a}$ 이 된다.

• x의 값이 1에서 3까지 변할 때의 함수 $f(x)=x^2-2x$의 평균변화율은

$\dfrac{f(3) - f(1)}{3-1} = \dfrac{3 - (-1)}{2} = 2$

또, 함수 $f(x)$의 $x=c$에서의 순간변화율은

$\begin{aligned} f'(c) &= \lim_{h \to 0} \dfrac{f(c+h) - f(c)}{h} = \lim_{h \to 0} \dfrac{\{(c+h)^2 - 2(c+h)\} - (c^2 - 2c)}{h} \\ &= \lim_{h \to 0} \dfrac{2ch + h^2 - 2h}{h} = \lim_{h \to 0} (2c + h - 2) = 2c - 2 \end{aligned}$

$2c-2=2$이므로 $\therefore c=2$

2 강 전체로 보면 같은 위치에 존재하는 똑같은 강인 것 같지만, 강물은 계속 흘러가며 바뀌고 있다. 즉, 강 전체 유속의 평균변화율은 같을 수 있지만, 강폭이나 굴곡에 따라 순간적인 유속이 달라지기 때문에 순간변화율은 장소마다 다르다. 헤라클레이토스는 글 (나)를 통해 모든 것이 항상 변화하고 있음을 표현했다. 한 사람의 삶도 강물의 평균변화율과 같이 겉으로 크게 드러나는 변화는 없어 보일 수 있지만, 자세히 들여다보면 하루하루의 유속(순간변화율)이 저마다 다르다는 것을 발견할 수 있다. 강이 아니라 강물의 변화를 알아야만 변화를 인지할 수 있듯이 때로는 인생에 미분으로 접근해야만 그 차이를 알 수 있고, 그에 맞추어 능동적으로 변화할 수 있다.

3 '샤워실의 바보'는 수도꼭지 조작과 그 조작 결과 사이의 시차를 무시한 채, 순간의 수온에 따라 수도꼭지를 그때그때 좌우로 계속 돌린다. 이는 수온의 평균변화율을 생각하지 못한 행동이다. 즉, 이 우화는 정부가 순간변화율만을 보고 섣부르게 경제에 개입하여 문제를 제대로 해결하지 못함을 비꼬는 것이다.

4 전략적 변곡점은 순간변화율이 점점 작아지다가 최소치에 이르는 순간을 말한다. 이후 순간변화율이 양(+)으로 점점 커지면 비즈니스가 성공하고, 순간변화율이 음(-)으로 점점 커지면 비즈니스가 쇠퇴한다. 비즈니스가 성공하는 경우에는 전략적 변곡점이 수학에서의 변곡점과 유사한 형태이지만 비즈니스가 쇠퇴하는 경우에는 수학에서의 변곡점과 다른 형태가 된다.

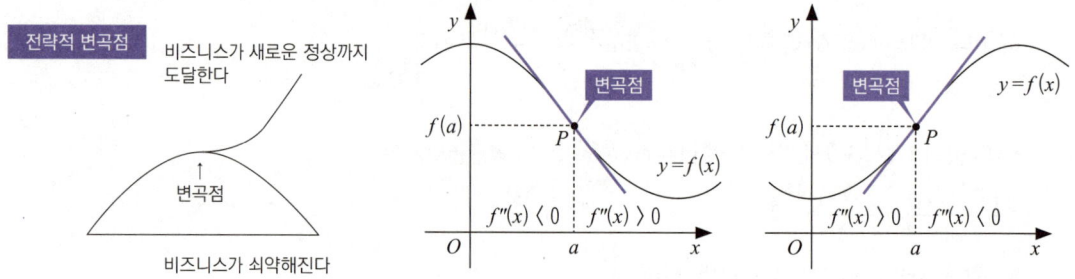

4-1 최근 우리나라의 큰 경제 문제는 일본의 백색국가(수출심사우대국) 제외 조치라고 할 수 있다. 이런 수출 환경 변화는 큰 위기이기도 하지만 국내 소재 산업을 발달시켜 국산화할 수 있는 기회이기도 하다. 지금의 이 변곡점에 어떻게 대처하느냐에 따라 우리나라의 경제가 가마우지 경제에서 벗어나 펠리컨 경제로 나아갈 수 있는 기회가 될 것이다.

5 (마): 세상은 매 순간 변화가 일어난다. 그 변화는 천천히 일어나기도 하고 급격히 일어나기도 해서 매 순간마다 순간변화율이 다르다. 순간변화율(미분계수)은 접선의 기울기라는 기하학적 의미를 가진다. 곡선 위의 점들에 그려진 각기 다른 기울기의 접선으로 다양한 스트링 아트가 만들어지는 것처럼 세상도 계속 변화하는 순간변화율에 따라 다양한 삶의 형태가 만들어진다.

(바): 이 작품은 점대칭이다. 점대칭(point symmetry)은 한 도형을 한 점을 중심으로 180° 회전했을 때, 본래의 도형에 완전히 겹치는 경우를 말한다. 함수 중 모든 3차 함수는 변곡점에서 점대칭이다. 그렇기 때문에 글 (바)의 그림과 같이 안정되고 통일감을 주는 곡선이 된다.

37 미분법 활용 – 그림자가 있는 곳에 삶의 노래가 있다

거리와 시간에 대한 순간변화율의 개념과 원리를 통해 나와 항상 함께하는 그림자의 모습을 추론해 봄으로써 내가 걸어온 삶을 반추(反芻)할 수 있다.

(가) 시각 t의 함수 $y=f(t)$가 주어질 때, y의 t에 대한 순간변화율은
$$\lim_{\Delta t \to 0} \frac{\Delta y}{\Delta t} = \frac{dy}{dt} = f'(t)$$

(나) 키가 180cm인 사람이 4m 높이의 가로등 바로 밑에서부터 일직선인 길을 매분 88m의 속도로 걸어갈 때, 이 사람의 머리끝 그림자의 속도와 그림자 길이의 순간변화율을 구하여라.

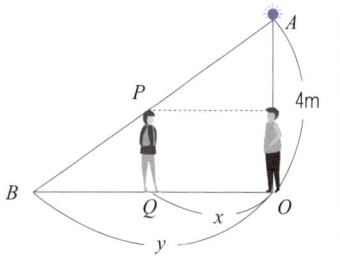

(다) 아무리 내 그림자라 하더라도
마음대로 다스릴 수 있겠는가
낮은 몸이래도 땅을 덮는 그림자는 길다

불현듯 비를 품은 하늘의 먹구름에 놀라다 보면
이제는 어리석은 집착을 내려놓을 때
슬기롭게 살아갈 수 있는 비결은 무엇일까
내 그림자는 이미 땅에 덮힌 어둠속에 묻혀 버리고

그림자가 보이지 않으면
세상의 티끌 속에 함께 묻혀
아무리 무거운 짐을 나를지라도
지치던 마음까지 가벼워진다

- 구재기, 〈그림자〉

(라) 인사 나누기 전에 이미 와 있었습니다
길게 엷게 때로는 혼자만 남긴 채 낮은 곳에 채색을 하고
길게 짧게 때로는 흔적만 남긴 채 술래잡기하고 있지요
내가 있는 곳이라면 무턱대고 따라와서 놀자 합니다

외로울 수가 없어요. 그가 있어서
울 수가 없어요. 그가 속상해할까봐
다른 이와 맞서 싸울 수가 없어요
거친 숨 몰아쉬며 대신하고 있으니까요
앞서다가도 금세 내 뒤로 숨어 버리고
뒤따르다가도 금세 앞서가는 수줍음 많은 개구쟁이

아침이 오면 일어나 날 따라나서고
저녁이면 침실까지 찾아와 조용히 숨죽입니다
앉으면 앉고, 걷고 있으면 걷고, 뛰면 뛰고
모든 몸짓에 호흡 맞출 줄 아는 친구
나의 깊숙한 부끄러움도 감싸 안고
오늘도 나를 따라나서고 있답니다

― 박성은, 〈그림자〉

생각 던지기

1 글 (가)를 이용하여 글 (나)에 제시된 문제를 해결하여라.

1-1 세 종류 길이가 있다. 걸어온 길이와 따라나서는 그림자의 길이, 그리고 어느 일정 지점에 서 있는 순간의 그림자 길이이다. 이에 따른 속도를 구하여라.

1-2 내가 걸어가는 속도와 따라나서는 그림자의 속도 사이의 관계를 비교하여 설명하여라.

2 글 (다)와 글 (라)는 그림자에 대하여 상반된 의미를 나타내고 있다. 두 의미를 비교하여 설명하여라.

🔍 생각 넓히기

1 이 땅에 존재하는 모든 것에는 이름이 있고, 거기에는 의미가 있다. 성경에서 마리아와 요셉 사이에서 낳은 아들의 이름은 '예수'와 '임마누엘'이라고 한다. 다음을 읽고 나의 이름에는 어떤 의미와 소망이 들어있는지 살펴보자. 또한, 그 이름에 맞게 살아가기 위해 어떤 노력을 하고 있는지 이야기해 보자.

> 아들을 낳으리니 이름을 예수라 하라. 이는 그가 자기 백성을 저희 죄에서 구원할 자이 심이라 하니라. 이 모든 일의 된 것은 주께서 선지자로 하신 말씀을 이루려 하심이니 가라사대 보라 처녀가 잉태하여 아들을 낳을 것이요 그 이름을 임마누엘이라 하리라 하셨으니, 이를 번역한즉 하나님이 우리와 함께 계시다 함이라.
> – 〈마태복음〉 1:21~23

2 글 (나)의 개념을 이용해 글 (라)에서 그림자와 자신의 관계가 갖는 의미를 설명하여라.

💬 생각 나누기

1 샤미소(Chamisso, Adelbert von)가 소설《그림자를 판 사나이》를 썼던 때는 산업혁명이 일어나 황금만능주의나 천민자본주의에 대한 비판의식이 생기던 시기였다고 한다. 다음을 읽고 그림자의 의미에 대해 생각해 보자.

> 샤미소의 소설《그림자를 판 사나이》는 주인공 슐레밀이 악마에게 그림자를 팔고 나서 사람들 사이에 섞이지 못하고 변방의 삶을 살아가는 이야기이다. "당신 스스로는 그 점을 알고 계시지 못하겠지만, 빛나는 태양 아래서 당신은 고상하고 당당한 마음으로 아주 멋진 그림자를 자신 발밑에 드리우고 계십니다. (중략) 내 그림자를 가져가시고 그 주머니를 주세요." 주인공이 영혼은 지키지만 악마에게 자신의 그림자를 건네고 그 대가로 금화가 무한히 쏟아지는 마술 주머니를 얻었다는 소재나 투명인간으로 만들어 주는 새집과 마술 두건 같은 요소들은 대단히 동화적이지만, 풍족한 경제적 부를 누리고 있음에도 불구하고 개인이 사회에서 겪는 심리적 고통은 매우 현실적으로 그려져 있다.

1-1 소설《그림자를 판 사나이》를 읽어 보고, 주인공 슐레밀의 이야기와 비교하여 나의 그림자가 가진 의미를 이야기해 보자.

1-2 우리는 4차산업혁명 시대를 눈앞에 두고 있다. 우리가 당면한 사회에 대한 비판의식이 필요한 사례를 들고, 글 (다)와 (라)에 근거하여 그에 따른 대안을 제시하여라.

문제 풀이

★ 생각 던지기

1 가로등의 위 끝을 A, 아래 끝을 O라 하고, t분 후에 점 O로부터 xm 떨어진 지점 Q에 도달했을 때 머리 끝 P의 그림자 B와 O 사이의 거리를 ym이라고 하면, $\triangle ABO \backsim \triangle PBQ$이므로,

$\dfrac{\overline{OB}}{\overline{OA}} = \dfrac{\overline{QB}}{\overline{QP}}$ ∴ $\dfrac{y}{4} = \dfrac{y-x}{1.8}$

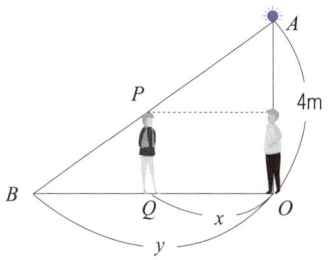

t분 후에는 $x=88t$이므로 $y=160t$(m/min)

따라서, $\dfrac{dx}{dt}=88(m/min)$이므로 $\dfrac{dy}{dt}=160(m/min)$

t분 후의 그림자의 길이를 l(m)이라 하면,

$l=y-x=72t$ ∴ $\dfrac{dl}{dt}=72(m/min)$

⇨ 내가 걷는 속도는 88(m/min)인데 나를 따라나서는 그림자의 속도는 160(m/min)으로, 그림자는 나보다 앞서가는 나의 친구이다.

38 정적분 – 과정과 결과는 삶을 이해하는 소나기

정적분의 개념을 통해 자신의 삶을 통찰하고, 자신과 다른 사람을 비교함으로 생기는 영향을 파악할 수 있다.

(가) 구분구적법을 이용하여 정적분을 정의할 수 있다. 일정한 구간에서 정의된 함수의 그래프와 그 구간으로 둘러싸인 넓이 S를 구해 보면,

$$S = \lim_{n\to\infty} \sum_{k=1}^{n} f(x_k)\Delta x$$
$$= \lim_{n\to\infty} \sum_{k=1}^{n} f\{a+k(\frac{b-a}{n})\}\frac{b-a}{n} = \int_{a}^{b} f(x)dx$$

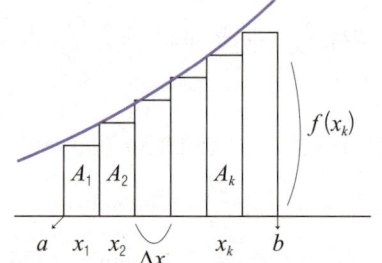

(나) 함수 $f(x)$가 닫힌 구간 [a, b]에서 연속일 때, 곡선 $y=f(x)$와 x축 및 두 직선 $x=a$, $x=b$로 둘러싸인 도형의 넓이 S는 $S = \int_{a}^{b} |f(x)| dx$ 와 같다.

(다) 함수 $f(x)$, $g(x)$가 닫힌 구간 [a, b]에서 연속일 때, 두 곡선 $y=f(x)$와 $y=g(x)$ 및 두 직선 $x=a$, $x=b$로 둘러싸인 도형의 넓이 S는 $S = \int_{a}^{b} |f(x) - g(x)| dx$ 와 같다.

(라) 어떤 사람이 대학생들을 대상으로 상담을 하게 되었습니다. 지방대학에 다니는 학생에게 물었습니다. "대학에 다니니까 행복하지?" "아니요, 대학에 다니면 뭐해요. 지방대학교인데요."

이번에는 서울에 있는 대학을 다니는 학생에게 같은 질문을 했습니다. 이에 학생은 "서울에 있는 대학을 다니면 뭐해요. S대도 아닌데"라고 대답했습니다.

다시 S대에 다니는 학생에게 같은 질문을 했습니다. 그 학생은 "S대에 다니면 뭐해요. 학과가 좋지 않은데"라고 했습니다.

얼마 후 그는 S대의 좋은 학과를 다니는 학생을 만나서 또 물었습니다. "넌 정말 행복하지?" 그러나 그 학생은 대답했습니다. "좋은 과를 다니면 뭐해요. 수석도 못하는데."

(마) 저게 저절로 붉어질 리는 없다
저 안에 태풍 몇 개
저 안에 천둥 몇 개
저 안에 벼락 몇 개

저게 저 혼자 둥글어질 리는 없다
저 안에 무서리 내리는 몇 밤
저 안에 땡볕 두어 달
저 안에 초승달 몇 낱

— 장석주, 〈대추 한 알〉

생각 던지기

1 한국이는 글 (가)의 개념과 원리를 이용하여 무한급수 $\lim_{n \to \infty} \sum_{k=1}^{n} (1+\frac{2k}{n})\frac{3}{n}$ 을 다음과 같이 표현하였다. 이를 통해 무한급수를 정적분으로 표현하는 방법이 다양함을 알 수 있다. 그 원리를 설명하여라.

ㄱ. $\lim_{n \to \infty} \sum_{k=1}^{n} (1+\frac{2k}{n})\frac{3}{n} = 3\int_{0}^{1}(1+2x)dx$

ㄴ. $\lim_{n \to \infty} \sum_{k=1}^{n} (1+\frac{2k}{n})\frac{3}{n} = \frac{3}{2}\int_{0}^{2}(1+x)dx$

ㄷ. $\lim_{n \to \infty} \sum_{k=1}^{n} (1+\frac{2k}{n})\frac{3}{n} = \frac{3}{2}\int_{1}^{3} x\, dx$

ㄹ. $\lim_{n \to \infty} \sum_{k=1}^{n} (1+\frac{2k}{n})\frac{3}{n} = \frac{3}{2}\int_{2}^{4}(x-1)dx$

2 글 (나)와 (다)를 이용하여 다음 문제의 값을 구하라.

   2-1 곡선 $y=x^3-2x^2-x+2$와 x축으로 둘러싸인 도형의 넓이를 구하라.

   2-2 다음 곡선 $y=x^3-6x^2-9x$와 직선 $y=x$로 둘러싸인 도형의 넓이를 구하라.

3 '새옹지마(塞翁之馬)'란 변방 노인의 말(馬)이라는 뜻이다. 인생의 화복(禍福), 즉 행복과 불행은 변수가 많으므로 예측, 단정하기가 어려움을 뜻한다. 이 사자성어를 이용하여 자신의 과거, 현재, 미래의 인생 그래프를 그려 보자(x축은 시간, y축은 행복의 정도).

   3-1 글 (나)를 이용하여 인생 그래프의 x축 위의 넓이와 y축 아래의 넓이를 구해 보자. 이 값을 통해 자신의 삶을 평가할 수 있다고 생각하는가?

   3-2 인생 그래프에서 **3-1**에서 나온 두 값의 합과 차, 둘 중 어느 것을 보아야 자신의 인생을 바르게 볼 수 있다고 생각하는가? 그 이유는 무엇인가?

   3-3 글 (다)를 이용하여 다른 친구들의 그래프와 넓이를 비교해 보자.

4 "성공해서 만족하는 것이 아니다. 만족하고 있었기 때문에 성공한 것이다"라는 말이 있다. 글 (라)를 읽고 다음 질문에 대해 생각해 보자.

   4-1 나는 열등감 혹은 우월감을 느껴 본 경험이 있는가? 어떤 상황에서인가?

   4-2 열등감과 우월감은 보통 부정적인 감정으로 여겨진다. 이를 긍정적인 방향으로 이용할 수 있는 방법은 무엇일까?

5 글 (가)~(다)의 개념과 원리에 근거하여 다음 물음에 답하여라.

   5-1 $\int_a^b f(x)dx$와 $\int_a^b |f(x)|dx$의 차이를 설명하여라.

   5-2 글 (마)를 이용하여 **5-1**의 개념과 비교하고 설명하여라.

   5-3 인생에는 희로애락(喜怒哀樂)이 모두 어우러져 담겨 있다. 다음은 갑, 을, 병 세 사람의 인생에 담긴 희로애락을 그래프로 나타낸 것이다. 이를 보고 '정적분' 씨는 그들의 인생에 대하여 어떻게 설명하였을까?

갑:

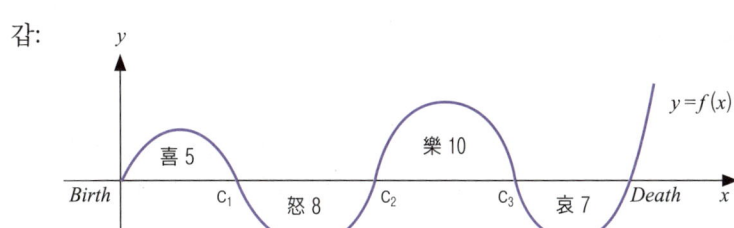

⇨ $Life = \int_{Birth}^{Death} f(x)dx = 0, \quad Life = \int_{Birth}^{Death} |f(x)|dx = 30$

을:

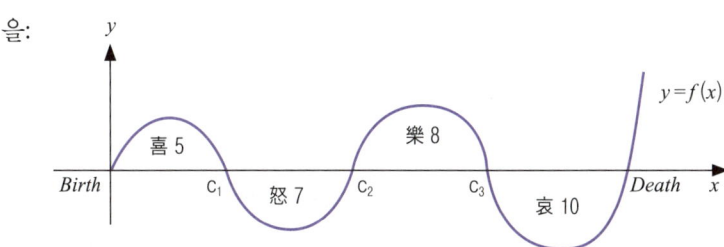

⇨ $Life = \int_{Birth}^{Death} f(x)dx = -4, \quad Life = \int_{Birth}^{Death} |f(x)|dx = 30$

병:

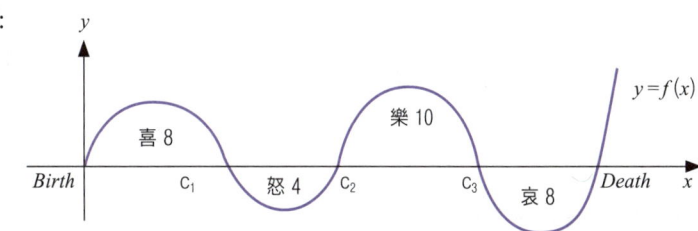

⇨ $Life = \int_{Birth}^{Death} f(x)dx = 6, \quad Life = \int_{Birth}^{Death} |f(x)|dx = 30$

🔍 생각 넓히기

1 우리는 더 나은 삶을 살기 위해 끊임없이 경쟁한다. 경쟁에서 승리하기 위해선 '남보다 더' 잘하는 것이 중요하다. 그렇다면 경쟁과 비교 중 어떤 것이 먼저일까? 경쟁과 비교가 없는 세상에 대해 어떻게 생각하는가?

2 다음 글을 읽고 글 (나)와 연결하여 자신의 인생 그래프를 바라보자. 인생 그래프의 도함수, 극값과 변곡점을 확인하고, 다음 물음에 답하여라.

> 함수 $y=f(x)$의 $x=a$에서의 미분계수 $f'(a)$는 곡선 $y=f(x)$의 점 $(a, f(a))$에서의 순간 변화율이다. 이계도함수를 가지는 함수 $f(x)$에 대하여 $f'(a)=0$이고, $x=a$의 좌우에서 $f'(x)$의 부호가 바뀌면 점 $(a, f(a))$는 곡선 $y=f(x)$의 극값이 된다. 또한 $f''(a)=0$이고, $x=a$의 좌우에서 $f''(x)$의 부호가 바뀌면 점 $(a, f(a))$는 곡선 $y=f(x)$의 변곡점이 된다.

2-1 인생 그래프에서 극값과 변곡점에 해당하는 사례를 제시하고 그 점이 자신에게 어떤 의미가 있는지 이야기해 보자.

2-2 윗글과 글 (라)를 통해 자신이 어떤 삶을 살아갈 것인지 핵심어를 제시하여 이야기해 보자.

3 내가 생각하는 행복한 인생이란 무엇인가?

3-1 내가 그린 인생 그래프가 스스로 생각한 기준과 일치하는가?

3-2 친구들과 각자 자신이 생각하는 '행복한 인생'에 대해 이야기해 보자.

3-3 다른 사람보다 넓이가 넓고, 기울기가 크고, 극댓값의 크기가 큰 그래프가 성공한 삶인가? 내가 생각하는 가장 가치 있는 삶은 어떤 모습인가?

💬 생각 나누기

1 다음 글을 참고하여 절대적 기준과 상대적 기준을 이용한 평가의 장단점을 생각해 보고, 내가 생각하는 바람직한 평가 기준을 제시해 보자.

> 열등감과 우월감은 동전의 양면과 같다. 무한 경쟁을 요구하는 우리 사회에서는 다른 사람보다 더 탁월해야 관심을 받을 수 있다. 그 때문에 우리는 평가받고 평가하는 것에서 벗어날 수 없다. 평가의 기준에는 절대적 평가와 상대적 평가가 있다. 대학 수능 입시 체제는 '점수'라는 절대적 기준을 통해 서로를 상대적으로 비교하고 그에 대한 등급을 부여한다.

2 다음을 읽고 열등감과 우월감이 자기 발전에 미치는 영향에 대해 각각 말해 보자.

> 여러 계시를 받은 것이 지극히 크므로 너무 자만하지 않게 하시려고 내 육체에 가시 곧 사탄의 사자를 주셨으니 이는 나를 쳐서 너무 자만하지 않게 하려 하심이라. 이것이 내게서 떠나가게 하기 위하여 내가 세 번 주께 간구하였더니, 나에게 이르시기를 내 은혜가 네게 족하도다. 이는 내 능력이 약한 데서 온전하여짐이라 하신지라. 그러므로 도리어 크게 기뻐함으로 나의 여러 약한 것들에 대하여 자랑하리니 이는 그리스도의 능력이 내게 머물게 하려 함이라. 그러므로 내가 그리스도를 위하여 약한 것들과 능욕과 궁핍과 박해와 곤고를 기뻐하노니 이는 내가 약한 그때에 강함이라.
> — 〈고린도후서〉 12:7~10

3 대한이는 글 (가)를 읽고, 다음 시가 자아정체성을 찾는 과정이라고 해석하여 정적분의 개념과 연결하였다. 대한이의 설명이 옳은 표현인지 자신의 생각을 이야기해 보자.

> 잃어버렸습니다. 무얼 어디다 잃어버렸는지 몰라
> 두 손이 주머니를 더듬어 길에 나아갑니다
> 돌과 돌이 끝없이 연달아 길은 돌담을 끼고 갑니다
>
> 담은 쇠문을 굳게 닫아 길 위에 긴 그림자를 드리우고
> 길은 아침에서 저녁으로 저녁에서 아침으로 통했습니다
> 돌담을 더듬어 눈물짓다 쳐다보면 하늘은 부끄럽게 푸릅니다
>
> 풀 한 포기 없는 이 길을 걷는 것은
> 담 저쪽에 내가 남아 있는 까닭이고,
> 내가 사는 것은, 다만, 잃은 것을 찾는 까닭입니다
>
> — 윤동주, 〈길〉

[대한이의 설명]
'나'를 찾는 과정에서 '나'를 찾는 것의 목표를 $f(t)=1$이라고 하면, 그 과정을 모두 더해야 비로소 나를 찾을 수 있다.
단, 자아 발견의 과정은 '잃어버린 순간'부터 '찾는 순간'까지이다.
⇨ $\int_{lost}^{find} f(t)dt = 1$

이 과정은 그 끝을 알 수 없는 무한대의 시간이 걸린다.
⇨ $\lim_{t \to \infty} \int_{lost}^{find} f(t)dt = 1$

문제 풀이

★ 생각 던지기

1 ㄱ. $\lim_{n\to\infty}\sum_{k=1}^{n}(1+\frac{2k}{n})\frac{3}{n}=3\int_{0}^{1}(1+2x)dx$

$\frac{k}{n}=x$라 놓으면,

$k=1$이면 $\lim_{n\to\infty}\frac{k}{n}=0$이므로 $x\to 0$,

$k=n$이면 $\lim_{n\to\infty}\frac{n}{n}=1$이므로 $x\to 1$

ㄴ. $\lim_{n\to\infty}\sum_{k=1}^{n}(1+\frac{2k}{n})\frac{3}{n}=\frac{3}{2}\int_{0}^{2}(1+x)dx$

$\frac{2k}{n}=x$라 놓으면,

$k=1$이면 $\lim_{n\to\infty}\frac{2k}{n}=0$이므로 $x\to 0$,

$k=n$이면 $\lim_{n\to\infty}\frac{2n}{n}=2$이므로 $x\to 2$

ㄷ. $\lim_{n\to\infty}\sum_{k=1}^{n}(1+\frac{2k}{n})\frac{3}{n}=\frac{3}{2}\int_{1}^{3}x\,dx$

$1+\frac{2k}{n}=x$라 놓으면,

$k=1$이면 $\lim_{n\to\infty}(1+\frac{2k}{n})=1$이므로 $x\to 1$,

$k=n$이면 $\lim_{n\to\infty}(1+\frac{2n}{n})=3$이므로 $x\to 3$

ㄹ. $\lim_{n\to\infty}\sum_{k=1}^{n}(1+\frac{2k}{n})\frac{3}{n}=\frac{3}{2}\int_{2}^{4}(x-1)dx$

$2+\frac{2k}{n}=x$라 놓으면, $1+\frac{2k}{n}=x-1$

$k=1$이면 $\lim_{n\to\infty}(2+\frac{2k}{n})=2$이므로 $x\to 2$,

$k=n$이면 $\lim_{n\to\infty}(2+\frac{2n}{n})=4$이므로 $x\to 4$

2-1 x^3-2x^2-x+2에서, $(x+1)(x-1)(x-2)=0$, x축과의 교점 좌표는 $\therefore x=-1, 1, 2$
따라서 곡선과 x축으로 둘러싸인 도형의 넓이는
$\int_{-1}^{2}|x^3-2x^2-x+2| = \int_{-1}^{1}(x^3-2x^2-x+2)dx - \int_{1}^{2}(x^3-2x^2-x+2)dx$
$= 2[\frac{1}{4}x^4 - \frac{2}{3}x^3 - \frac{1}{2}x^2 + 2x]_0^1 - [\frac{1}{4}x^4 - \frac{2}{3}x^3 - \frac{1}{2}x^2 + 2x]_1^2 = \frac{37}{12}$

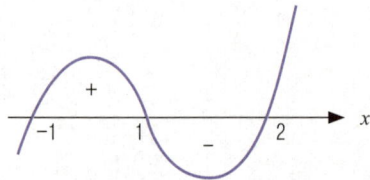

2-2 곡선과 직선의 교점의 x좌표는 $x^3-6x^2+9x=x$에서 $x(x-2)(x-4)=0$
$\therefore x=0, 2, 4$
구간 [0, 2]에서 $x^3-6x^2+9x \geq x$
구간 [2, 4]에서 $x^3-6x^2+9x \leq x$
따라서 구하는 넓이를 S라고 하면,
$S = \int_0^2 (x^3-6x^2+9x-x)dx + \int_2^4 \{x-(x^3-6x^2+9x)\}dx = 8$

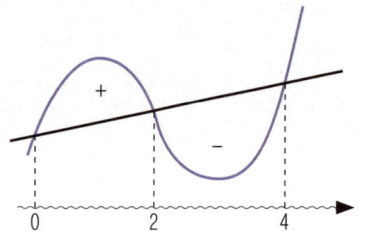

5-2 $\int_a^b f(x)dx$ 는 과정은 필요 없고, 결과만 남는다.
따라서 $\int_a^b f(x)dx$ = '대추알'

$\int_a^b |f(x)|dx$ 는 과정과 결과 모든 것들의 합을 나타낸다.
따라서 $\int_a^b |f(x)|dx$ = {태풍, 천둥, 벼락, 무서리 몇 밤, 땡볕 두어 달, 초승달 몇 날, 대추알}

39 경우의 수 – 시간을 위해 돈을 써라

인생(人生)이란 사람이 이 땅을 살아가는 것을 말한다. 사람이 살아가는 방법에는 무한 가지 경우가 있다. 어떤 사건에 대하여 있을 수 있는 모든 경우의 수를 찾아보며 한 번 왔다가 가는 이 세상을 어떻게 살아야 할지, 그 방안을 찾을 수 있다.

GAME

(가) 영국의 한 신문사에서 다음과 같은 질문의 답을 공모했다. "영국의 북쪽 끝에서 런던까지 가장 빨리 가는 방법은 무엇일까?" 여러 가지 답변이 신문사로 쏟아져 들어왔다. 비행기로 곧장 간다, 기차가 제격이다, 자동차로 쉬지 않고 달려간다, 자전거로 간다, 열기구를 타고 간다, 걸어서 간다……. 수많은 답변 중에 일등을 차지한 것은, "가장 친한 친구와 함께 가면 대화 몇 마디 나누는 사이에 목적지까지 금방 갈 수 있다"는 답이었다고 한다.

(나) 빨리 가려거든 혼자 가라. 멀리 가려거든 함께 가라. 빨리 가려거든 직선으로 가라. 멀리 가려거든 곡선으로 가라. 외나무가 되려거든 혼자 서라. 푸른 숲이 되려거든 함께 서라.

– 인디언 속담

혼자 있어서 외로운 것이 아니고, 둘이 있어서 외롭지 않은 것이 아니다. 혼자라서 행복하고, 둘이라서 행복하다는 생각을 가져라.

– 김제동

GAME

(다) 그림과 같이 바둑판 모양의 도로망이 있다. 교차로 P와 교차로 Q를 지날 때에는 직진 또는 우회전은 할 수 있으나 좌회전은 할 수 없다고 한다. 이때 A지점에서 B지점까지 최단 거리로 가는 방법의 수를 구하여라.

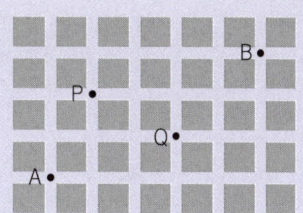

(라) 중국 송(宋)나라에 어리석은 농부가 있었다. 어느 날 농부는 모내기를 한 벼가 어느 정도 자랐는지 궁금해서 논에 나가 보았다. 그런데 자기가 심은 벼가 다른 사람의 벼보다 작아 보이는 게 아닌가. 농부는 궁리 끝에 벼의 순을 잡아 빼서 약간 더 자라 보이게 만들었다. 농부가 집에 돌아와 하루 종일 벼의 순을 빼느라 힘이 하나도 없다고 이야기하자 식구들은 기겁을 하였다. 이튿날 아들이 논에 나가 보니 벼는 이미 하얗게 말라 죽어 있었다.

- 《맹자(孟子)》의 〈공손추(公孫丑)〉

(마) 몸이 허약했던 파스칼(Pascal)은 1658년 치통으로 육체적, 정신적 고통에 시달렸다. 그는 통증을 잊기 위해 당시 수학자들의 관심의 대상이었던 사이클로이드 연구에 몰두하여 놀라운 기하학적 착상을 얻을 수 있었다. 그는 연구에 집중하는 가운데 치통이 사라지자 그것을 신의 계시로 여기고 연구에 더욱 힘을 쏟아 '사이클로이드 곡선'이라는 완벽한 연구 결과를 얻었다. ⓐ사이클로이드란 원 위의 한 점을 찍고, 그 원을 한 직선 위에서 굴렸을 때 점이 그려 나가는 곡선으로 ⓑ등시곡선(isochrone curve)과 최단강하곡선(brachistochrone curve)임을 증명하였다.

생각 던지기

1 우리 속담에 '모로 가도 서울만 가면 된다'는 말이 있다. 이와 연관 지어 글 (다)의 문제를 해결하고 그 의미를 말하여라.

  1-1 우리는 왜 최단 거리로 가는 방법의 수에 관심이 있는지 이야기해 보자.

2 마르셀 프루스트는 "진정한 여행의 의미는 새로운 풍경을 바라보는 것이 아니라 새로운 눈을 가지는 데 있다"고 말했다. 다음 글을 읽어 보면 대한이와 민국이의 여행 목적이 서로 다름을 알 수 있다. 이때 '시간을 위해 돈을 쓸 것인가? 돈을 위해 시간을 사용할 것인가?'라는 명제에 대한 자신의 의견을 제시하고 근거를 들어 설명하여라.

> 서울에서 부산을 가는 방법에는 여러 가지가 있다. 걸어서, 자전거로, 버스로, KTX로, 비행기로……. 어떤 방법이 가장 좋은 것일까? 대부분의 사람들은 가장 빠르고 편한 비행기를 선호할 것이다. 하지만 여행의 목적에 따라 모두가 좋은 방법일 수도 나쁜 방법일 수도 있다. 예를 들어, 대한이는 여행지에서 해외 바이어와 만남이 있어서 시간적 여유가 없다고 하고, 민국이는 이번에 우리나라 국토 종단을 해 보고 싶다고 한다.

GAME

3 한국이는 이번 방학 동안에 자기가 살고 있는 A도시에서 출발하여 B, C, D, E 도시를 모두 돌아보고 다시 A도시로 돌아오는 여행 일정을 세우려고 한다. A, B, C, D, E 도시 사이의 교통비는 오른쪽 표와 같다. 다음 물음에 답하여라.

	A	B	C	D	E
A		18	11	16	25
B	18		12	15	20
C	11	12		17	19
D	16	15	17		12
E	25	20	19	12	

3-1 교통비를 가능한 한 적게 들이고 모든 도시를 여행하려면 어떻게 일정을 짜야 하는가?

3-2 '시간을 위해 돈을 쓸 것인가, 아니면 돈을 위해 시간을 줄일 것인가?'라는 명제를 기준으로 계획을 세운다면 어떤 조건이 더 필요한지 제시하고, 그에 대한 자신의 생각을 나누어 보자.

4 영화 〈다이하드3〉에서 사이코 테러리스트 사이먼은 경찰관 맥클레인에게 공공장소에 설치된 폭발물을 제거하기 위한 문제로 다음과 같은 수수께끼를 낸다. 수수께끼의 답은 무엇인가?

> 내가 세인트 아이브스로 가려는데, 7명의 부인을 거느린 남자를 만났어. 부인마다 7개의 자루를 가졌고, 모든 자루에는 7마리의 고양이가 들어 있어. 그리고 고양이마다 7마리의 새끼를 가졌다. 새끼들, 고양이들, 자루들, 부인들…… 세인트 아이브스에 가는 건 모두 몇인가?

🔍 생각 넓히기

1 삶의 여정에서 스펙과 스토리의 균형이 있는 길을 생각해 보자. 우리 삶의 여정은 이미 시작되었다. 그 목적지는 어디이고, 무엇을 위함이며, 어떤 교통수단을 이용할 것인가? 그리고 누구와 함께할 것인가?

1-1 글 (가)에서처럼 언제나 함께 있으면 삶이 즐거워지는 친구가 있는가? 떠오르는 친구의 이름을 한번 불러 보자.

1-2 글 (가), (나), (다), (마)의 공통점과 차이점을 제시하고, 그에 따른 삶의 방향에 대하여 이야기해 보자.

2 글 (라)에 나오는 농부의 행동이 어리석은 이유를 제시하고, 이와 같이 어리석었던 경험이 있다면 이야기해 보자.

3 글 (마)는 사이클로이드에 대하여 설명하고 있다. 다음 물음에 답하여라.

사이클로이드 곡선은 적당한 반지름을 갖는 원 위에 한 점을 찍고, 그 원을 한 직선 위에서 굴렸을 때 점이 그리며 나아가는 곡선이다.

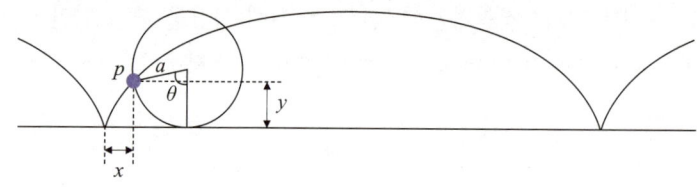

$$x=a(\theta-\sin\theta), \quad y=a(1-\cos\theta)$$

3-1 글 (마)에서 밑줄 친 ⓐ에 대하여, 평면 위를 움직이는 점 P의 시각 t에서의 위치가 $P(x(t), y(t))$일 때, $t=a$부터 $t=b$까지 점 P의 운동거리 l은 $l = \int_a^b \sqrt{(\frac{dx}{dt})^2 + (\frac{dy}{dt})^2} \, dt$ 임을 설명하여라.

3-2 점 P의 시각 t에서의 위치가 $x=t-\sin t, y=1-\cos t$일 때, $t=0$부터 $t=2\pi$까지 점 P의 운동거리를 구여라.

3-3 밑줄 친 ⓑ는 사이클로이드의 원리를 통해 다음과 같은 두 가지 성질을 설명하고 있다. 가속도를 우리 삶과 연관 지어 생각해 볼 때, 우리가 얻을 수 있는 교훈을 나누어 보자.

> 1) 사이클로이드 위에서는 각 지점에서 중력가속도가 줄어드는 정도가 직선보다 작기 때문에 가속도에 의해 속도가 점점 빨라져서 도착 지점까지의 시간이 직선이나 다른 어떤 궤적보다 빠르다.
> 2) 사이클로이드 곡선의 핵심은, 직선보다 곡선이 실질적인 거리는 더 길지만 최종 목표까지 달성하는 시간은 오히려 더 빠르다는 사실이다.

3-4 사이클로이드가 우리의 삶에서 어떻게 사용되고 있는지 그 사례를 3개 이상 제시하여 설명하여라.

생각 나누기

1 다음 글을 읽고 물음에 답하여라.

> 일생 동안 열쇠를 고쳐 온 장인이 있었다. 그는 기술이 훌륭해서 많은 사람이 문제가 생길 때마다 찾아왔다. 게다가 정직하기로 유명해 존경받았다. 장인이 은퇴할 때가 다가오자 사람들은 누가 그의 뒤를 이을지 궁금해했다. 그는 지금껏 기술을 전수한 수제자 두 명을 불러 시험을 치러 후계자를 정하겠다고 말했다.
> 장인은 금고 2개를 준비해 하나씩 열게 했다. 첫 번째 제자는 15분도 안 돼 금고를 열었지만 두 번째 제자는 30분이 지나서야 간신히 열었다. 당연히 사람들은 첫 번째 제자의 승리를 확신했다. 그때 장인이 첫 번째 제자에게 물었다. "금고 안에 무엇이 있더냐?" 그는 눈을 반짝이며 말했다. "돈과 금괴가 많더군요." 장인이 두 번째 제자에게도 똑같이 묻자 그가 말했다. "저는 안에 든 것을 보지 못했습니다. 금고를 열라고 하셔서 그것만 보았습니다." 대답을 들은 장인은 기뻐하며 두 번째 제자를 후계자로 정했다. 그리고 뜻밖의 결과에 당황한 첫 번째 제자에게 말했다. "열쇠 장인은 마음속에 열쇠만 있어야지 다른 게 있어선 안 된다네."
>
> - 〈좋은 생각〉 '마음에 있어야 할 것'

1-1 장인의 후계자 결정 방법에 대해 찬반을 나누어 자신의 생각을 이야기해 보자.

1-2 여기서 얻을 수 있는 교훈을 이야기해 보자.

2 다음 글은 위의 **1**번 문제와 상반되는 이야기이다. 물음에 답하여라.

헬라 시대 어느 왕은 두 명의 사형수에게 시험을 통과하면 목숨을 살려 준다고 하였다. 시험 내용은 '가득 찬 물잔을 들고 성을 한 바퀴 돌아서 오라. 단, 물이 한 방울도 떨어져서는 안 된다'는 것이었다. 두 사형수 모두 정확히 시험을 마치고 돌아와 왕 앞에 섰다. 마지막으로 왕은 물었다. "성 주위에 무엇이 있더냐?" 이 질문에 아무것도 보지 못했다고 말한 사형수는 사형을 당했지만 다른 사형수는 살아남았다고 한다.

2-1 글 (가)~(라)에 근거해서 두 사형수의 처분이 달라진 이유가 무엇인지 이야기해 보자.

2-2 〈누가복음〉 23:39~43에서 십자가에 달리신 예수님과 두 사형수에 대한 이야기를 찾아보고, 이를 통해 우리는 어떤 삶을 살아가야 할 것인지 생각해 보자.

3 다음을 읽고 글 (가)와 (나)를 근거로 인간의 삶을 "For me! For you! With you!"라는 문구와 연계하여 보자.

예수 그리스도의 나심은 이러하니라. 그 모친 마리아가 요셉과 정혼하고 동거하기 전에 성령으로 잉태된 것이 나타났더니 그 남편 요셉은 의로운 사람이라 저를 드러내지 아니하고 가만히 끊고자 하여 이 일을 생각할 때에 주의 사자가 현몽하여 가로되, 다윗의 자손 요셉아 네 아내 마리아 데려오기를 무서워 말라. 저에게 잉태된 자는 성령으로 된 것이라. 아들을 낳으리니 이름을 '예수'라 하라. 이는 그가 자기 백성을 저희 죄에서 구원할 자이심이라 하니라. 이 모든 일이 된 것은 주께서 선지자로 하신 말씀을 이루려 하심이니 가라사대 보라 처녀가 잉태하여 아들을 낳을 것이요. 그 이름은 '임마누엘'이라 하리라 하셨으니 이를 번역한즉 하나님이 우리와 함께 계시다 함이라. 요셉이 잠을 깨어 일어나서 주의 사자의 분부대로 행하여 그 아내를 데려왔으나 아들을 낳기까지 동침치 아니하더니 낳으매 이름을 예수라 하니라.

- 〈마태복음〉 1:18~25

문제 풀이

★ 생각 던지기

1 두 교차로 P, Q에서 직진 또는 우회전만 가능하므로 좌회전은 금지되어 있다. 이때 구하는 최단 경로의 수는 전체 경로의 수에서 두 교차로 P, Q에서 좌회전만 하는 경로의 수를 빼면 된다.

A지점에서 B지점까지 가는 최단 경로의 수는 $\dfrac{8!}{5!3!}=56$

교차로 P에서 좌회전을 하는 최단 경로의 수는 1

교차로 Q에서 좌회전을 하는 최단 경로의 수는 $\dfrac{3!}{2!} \times \dfrac{3!}{2!} = 9$

따라서 구하는 방법의 수는 56-1-9=46

1-1 인간의 삶은 유한하기에 최단 거리에 관심이 있을 수밖에 없다. 또한 최소의 비용으로 최대의 효과를 추구하기 때문이기도 하다. 그러나 여행의 목적이 무엇이냐에 따라 최단 거리를 찾는 것이 무의미할 수 있다. 인생은 어떠한 가치를 가지고 살아가느냐가 더 중요하기 때문이다.

3-1 최소 비용을 구하는 해밀턴 회로 만들기 문제이다.
A, B, C, D, E 도시 사이의 교통비 관계를 그래프로 표현해 보면 오른쪽과 같다. 여기서 모든 방문 순서를 고려하여 가장 적은 교통비를 구하려면 $\dfrac{5!}{5}=4!$ 방법을 생각해야 한다.
따라서 A-C-B-D-E-A : 75 (만 원)

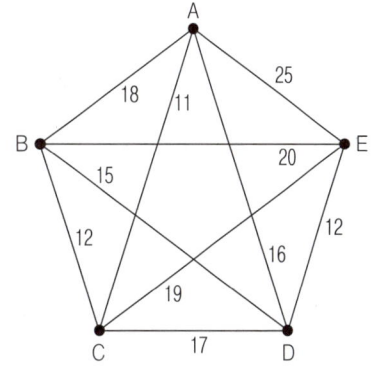

3-2 각 도시에서 다른 도시까지 이르는 거리, 또는 소요 시간이 제시되어야 하며, 도시를 방문하는 목적이 제시되어야 한다.

4 1명

★ 생각 넓히기

3-1 $l = \int_a^b |v| dt = \int_a^b \sqrt{(\dfrac{dx}{dt})^2 + (\dfrac{dy}{dt})^2} dt = \int_a^b \sqrt{1 + (\dfrac{dy}{dx})^2} dt$

3-2 $\dfrac{dx}{dt} = 1 - \cos t, \ \dfrac{dy}{dt} = \sin t$ 이므로

$l = \int_0^{2\pi} \sqrt{(1 - \cos t)^2 + \sin^2 t}\, dt = \int_0^{2\pi} \sqrt{2(1 - \cos t)}\, dt$

$\quad = \int_0^{2\pi} \sqrt{4\sin^2 \dfrac{t}{2}}\, dt = \int_0^{2\pi} 2\sin \dfrac{t}{2} dt = 8$

3-3 • 최단 강하성: 시점과 종점이 같은 직선과 사이클로이드 중 같은 시간 안에 더 빨리 물체가 움직이는 것은 사이클로이드다. 이를 통해 짧은 길이 꼭 빠른 길은 아님을 알 수 있다.

• 등가속성: 사이클로이드 위에 놓인 물체는 거리에 상관없이 동시에 떨어진다. 이를 통해 어느 출발점에 있든 두려워하지 않아도 됨을 알 수 있다.

3-4 우리나라의 기와를 보면 우묵한 곡선 모양으로 되어 있다. 기와가 이런 모양으로 만들어진 이유는 빗물이 기와에 스며들어 목조 건물이 썩는 것을 막기 위해서이다. 또한, 하늘 높이 나는 독수리나 매는 땅 위에 있는 들쥐나 토끼를 잡을 때 직선으로 내려오는 것이 아니라 사이클로이드에 가깝게 곡선으로 비행한다.

40 수와 숫자 – 표현의 변화가 생각의 차이를 이끈다

수와 숫자의 기능을 통해 삶의 의미를 알게 되고, 이를 통해 세상 모든 것들이 새롭게 다가오는 경험을 할 수 있다.

(가) 물건의 많고 적음, 크고 작음, 위치, 순서 등을 나타내기 위한 목적에서 생긴 자연수, 정수, 유리수, 실수, 복소수 등을 총칭하여 '수(數)'라고 한다. 그리고 이를 나타내는 기호를 '숫자'라고 한다.

(나) 주변에서 '9900원 생고기 무한리필'이라는 간판을 쉽게 찾아볼 수 있다. 왜 하필 9900원일까? 이는 준거점의 효과(quasi-base effect)를 이용한 마케팅이다. 원래 생고기 무한리필의 가격이 10000원이라고 가정해 보자. 그럼 우리는 10000원을 기준점으로 이를 10000원대라고 생각한다. 하지만 100원을 내리면 9000원대라고 생각하게 된다. 할인매장에서도 마찬가지이다. ⓐ29000원에서 28000원으로 할인하는 것과 30000원에서 29000원으로 할인하는 것은 똑같이 1000원 차이가 나지만 준거점의 효과로 인하여 전자보다 후자의 경우에 할인 폭이 더 크다고 느낀다.

(다) 우리는 언어를 사용할 때, 똑같은 의미의 말을 하더라도 상대방을 고려하여 표현을 다르게 한다. 대표적인 예가 바로 완곡어법(euphemism)이다. 완곡어법은 어떤 불쾌한 것을 표현하는 데 있어서 직접적인 용어를 사용하는 대신 모호하고 보다 우회적인 용어로 완곡하게 말하는 표현법이다. 예컨대, '죽다'라는 의미를 '눈을 감다, 영원히 잠들다' 혹은 '멀리 떠났다'와 같이 완곡하게 표현한다. 또한 '뚱뚱하다'가 아닌 '복스럽다' 혹은 '건강해 보인다'라는 표현을 사용한다. 이렇듯 완곡어는 사람과 사람 사이의 관계를 부드럽게 만들어 가는 역할을 한다.

(라) 드라마 〈선덕여왕〉에서 미실은 진평왕을 왕위에서 끌어내리기 위해 진평왕이 예로부터 불길한 예언에 언급되는 쌍생아를 가졌음을 증명하려 한다. 후에 선덕여왕이 되는 덕만은 쌍생아 공주라는 사실이 알려져 반대 세력인 미실 일당을 피해 달아나다가 의술을 하는 문노의 제자 비담에게 붙잡힌다. 미실 쪽은 덕만을 넘겨주면 200명을 살릴 수 있는 약초를 주겠다고 하고, 이에 비담은 스승에게 칭찬을 받고 싶은 마음에 덕만을 약초와 맞교환한다. 하지만 문노는 도리어 1명을 살리든 200명을 살리든 사람의 생명을 가지고 숫자놀음을 해서는 안 된다며 비담을 크게 꾸중한다.

비담은 덕만을 넘기기 전 덕만에게 200-1이 얼마인지 묻고, 그 답은 199라고 말한다. 이는 수학적으로는 맞는 답이지만, 모든 것을 숫자로만 따지는 사람과 그렇지 않은 사람의 가치관의 차이를 보여 주는 이야기이다.

(마) 우리는 매일 커피를 볶는다
커피를 볶으면 냄새와 소리로 가득 찬다
시간의 대화는 향과의 대화로 이어지고
향과의 대화는 맛과의 대화로 이어진다
어떻게 볶을까 얼마만큼 볶을까
아아 향과 맛을 바꾸는 시간

- 양수민, 〈커피〉

(바) '모나미'는 1960년 송삼석에 의해 설립된 문구 회사이다. 이 회사의 제품 중 가장 유명한 모나미153 볼펜의 이름은 '내 친구'라는 뜻의 불어 '몽아미(Mon ami)'에서 따왔다고 한다. 그리고 153은 베드로가 밤이 새도록 그물을 던졌으나 한 마리도 잡지 못했을 때 예수님의 말에 순종하여 153마리의 물고기를 잡았다는 내용의 〈요한복음〉 21장 11절의 말씀에 착안하여 붙인 숫자라고 한다.

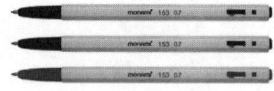

📖 생각 던지기

1 글 (나)는 준거점 효과에 대하여 설명하고 있다. 밑줄 친 ⓐ와 같이 '같으나 같지 않고, 같지 않으나 같은 것'에 대한 사례를 들어 그 의미를 설명하여라. 예를 들어, '고1과 고2 학생' 그리고 '고3과 대학교 1학년생'의 학년 차이는 1년으로 같으나 그 의미 차이는 크게 느껴진다. 또 다른 사례를 찾아보자.

2 우리는 공동체의 한 일원으로 살아간다. 공동체 속에서 타인과 상호작용하며 발전해 나가는 데 있어 필요한 역량을 글 (다)를 활용하여 설명하여라.

3 글 (가)와 (다)를 이용하여 글 (마)의 의미를 파악하고, 이를 실천할 수 있는 방안을 이야기해 보자.

4 글 (바)에 제시된 '모나미153'과 성경에서 베드로가 잡은 물고기 개수인 153에는 어떤 의미가 담겨 있는지 이야기해 보자.
  4-1 숫자 153의 수학적 의미를 생각해 보자.
  4-2 다음 그림이 나타내는 의미는 무엇인지 이야기해 보자.

🔍 생각 넓히기

1 글 (다)의 내용처럼 표현을 바꾸면 타인에게 '나'라는 사람을 더욱 효과적으로 보여 줄 수 있다. 그렇다면 일상생활에서 내가 바꿀 수 있는 표현은 무엇이고 그로부터 얻을 수 있는 효과는 무엇인가?

2 드라마 〈선덕여왕〉 22화를 감상하고 글 (라)에서 제시한 삶의 가치에 대해 이야기해 보자.

> 비담은 스승에게 칭찬을 받고 싶어 덕만이를 미실에게 넘겨 200명을 살릴 약재를 가져 왔다고 한다. 즉, 한 사람을 죽여 다른 사람 200명을 살리겠다는 것이다. 하지만 스승인 문노는 "사람의 목숨에 무게를 달 수는 없다. 어떤 대의도 사람의 목숨보다 무겁지 않다. 목적이 정당하면 수단은 어찌해도 된다는 것이냐? 대체 그동안 무엇을 배운 것이냐!"라고 오히려 책망한다. 이 말을 듣고 마음을 바꾼 비담은 덕만이 "뭐하러 왔어, 200명 살린다며!"라고 말하자, "야! 너는 사람 목숨 가지고 숫자 놀음하면 되냐?"라고 답하며 이전과는 다른 모습을 보인다.
>
>

3 다음 글은 어느 초등학교 교실에서 있었던 일화이다. 물음에 답하여라.

> 선생님이 '10개의 사과가 있는데 그중에 3개를 먹었다면 몇 개가 남았을까?'라는 질문을 던졌다. 대부분의 아이들은 7개라고 답하였는데, 한 아이만 3개라고 답했다. 아이에게 이유를 물으니 할머니가 '먹는 것이 남는 것이라고 하셔서'라고 대답했다고 한다.
> 다시 선생님이 '여러분이 가진 모든 것을 100개라고 가정했을 때, 그중 하나를 잃어버렸다면 몇 개가 남았을까?'라고 질문했다. 역시 대부분의 아이들은 99라고 답했지만, 어떤 아이는 100-1=100이라고 답하면서 '그것 하나 정도는 있어도 좋고 없어도 좋아요'라고 이유를 말했다. ⓑ또 다른 아이는 100-1=0이라고 답했는데 '그것 하나를 잃어버리면 모든 것을 잃은 것과 같기 때문'이라고 했다.

3-1 우리는 수많은 것들을 가지고 있지만, 그중 하나만 잃어버려도 모두를 잃어버린 것과 같은 것도 있다. 밑줄 친 ⓑ를 근거로 내 삶의 가장 중요한 한 가지는 무엇이며, 그 이유가 무엇인지 설명하여라.

3-2 젊고 부자이며 관원으로 세상 모든 것을 갖춘 사람이 예수께 영생에 대한 질문을 하였다. 다음은 그에 대한 예수의 답으로, 예수는 그에게 '한 가지가 부족하다'고 하셨고, 그 대답 때문에 부자는 근심하며 돌아갔다. 그 이유가 무엇인지 밑줄 친 ⓑ에 근거하여 이야기해 보자.

> 예수께서 그를 보시고 사랑하사 이르시되 네게 아직도 한 가지 부족한 것이 있으니 가서 네게 있는 것을 다 팔아 가난한 자들에게 주라. 그리하면 하늘에서 보화가 네게 있으리라. 그리고 와서 나를 따르라 하시니 그 사람은 재물이 많은 고로 이 말씀으로 인하여 슬픈 기색을 띠고 근심하며 가니라.
>
> – 〈마가복음〉 10:17~22

4 영화 〈지상의 별처럼〉을 감상하고 다음 물음에 답해 보자.

> 인도의 한 작은 마을에 사는 여덟 살 꼬마 이샨은 겉으로 보기엔 여느 아이들처럼 평범하지만 난독증을 가지고 있다. 하지만 그 사실을 모르는 부모님과 선생님은 이샨을 문제아 취급만 한다. 쪽지시험에 나온 '3×9=?'라는 문제를 수학적으로 풀어 나가는 다른 아이들과 달리, 이샨은 자신만의 세계에 빠져들어 숫자들이 서로 만나 '3'이 된다고 답한다. 이처럼 남들과는 다른 특별한 상상력 때문에 친구들에게는 따돌림을 당하고 선생님에게는 매일 꾸중만 듣는 아들을 보다 못한 부모님은 이샨을 강압적이고 엄격한 기숙학교로 전학 보낸다. 처음으로 가족과 떨어져 지내게 된 이샨은 외로움과 자괴감으로 이전에 가지고 있던 자신의 빛마저 점점 잃어 간다. 그러던 중 이샨의 미술적 재능을 알아본 니쿰브라는 미술 선생님을 만나면서 이샨은 치유받고, 다시 점점 빛나게 된다.
>
> 영화에서 니쿰브 선생님은 "얼마 있지 않아 모두들 알게 될 거야. 모두에게 각자의 속도가 있다는 것을"이라는 말을 한다. 이샨의 조금은 더딘 속도에 맞춰 주고 응원해 주는 선생님 덕분에 이샨은 지상의 별처럼 빛날 수 있게 된다.
>
>

4-1 '3×9=?'라는 문제를 대하는 이샨의 입장에서 우리는 어떻게 해야 할지 생각해 보자. 또한, 선생님의 입장에서는 어떻게 해야 할지 이야기해 보자.

4-2 1663년 '그래도 지구는 둥글다'고 주장했던 갈릴레오 갈릴레이는 코페르니쿠스의 지동설을 지지하다가 종교재판에 회부되어 유죄를 받았다. 당시의 사회적 관념과 관련하여 선생님의 역할은 무엇인지 생각해 보자.

생각 나누기

1 다음 글을 읽고 완곡어법의 문제점이 드러나는 사례를 들고 문제를 해결할 수 있는 방안을 도출하여라.

> '완곡어법'은 말을 우회적으로 돌려 부드러운 표현을 가능하게 하지만, 의사소통에 문제를 일으킬도 수 있다. 완곡어법을 사용하는 데 있어 보통은 어떤 맥락의 발언인지 예측할 수 있지만 때때로 그 의도가 왜곡되어 역효과를 일으킬 수 있다. 이러한 이유로 일각에서 완곡어법은 알아듣기 어렵고 무시당하기 쉬운 화법이라고 주장하기도 한다.

2 문화 차이에서 비롯한 소통의 문제도 있다. 예를 들어, 우리나라에서는 숫자 4가 불길한 숫자로 여겨지지만 다른 나라에서는 숫자 13을 불길한 숫자로 여겨 피하고 싶어 한다. 이 같은 사례를 제시하고 그에 대한 이야기를 나누어 보자.

3 숫자에는 수많은 의미가 담겨 있다. 숫자의 특성과 그에 따른 의미를 찾아보자.
  3-1 우리 삶과 관련된 숫자 속에 담긴 의미를 이야기해 보자
  3-2 성서에 나오는 숫자들의 의미에 대하여 이야기해 보자.

4 다음 시를 통해 이상이 당시에 꿈꾼 세상과 그의 수학적 재능을 엿볼 수 있다. 시를 감상하고 그 의미를 이야기해 보자.

> 1+3　　　　　　　　　　A+B+C=A
> 3+1　　　　　　　　　　A+B+C=B
> 3+1, 1+3　　　　　　　 A+B+C=C
> 1+3, 3+1　　　　　　　 (후략)
> (중략)
> 　　　　　　　　　　　　　　　　 - 이상, 〈선에 관한 각서2〉

문제 풀이

★ 생각 던지기

4 • 성경에 등장하는 153의 의미
- 성경에 등장하는 153은 베드로가 예수님의 지시에 따라 그물을 던졌을 때 그물에 걸린 물고기의 숫자로 '축복, 시작'의 의미이다.
- '하나님의 아들들(The sons of God)'이라는 의미의 히브리어 알파벳을 일대일 대응하여 모두 더하면 1530이 된다.
- Triple cub Number $153=1^3+3^3+5^3$은 지성소(거룩함)를 의미한다.

• 모나미 153 볼펜에 담긴 의미
필기구 제조회사 모나미가 만든 15원에 판매하는 3번째 볼펜이라는 의미로 제품마다 '153'이 각인되어 있다.

4-1 숫자 153의 수학적 의미
- 153은 합성수이다. 그 약수는 1, 3, 9, 17, 51, 153이다.
- 17번째 삼각수이다.
- 각 자릿수 (1, 5, 3)의 세제곱의 합으로 이루어진 숫자이다. $153=1^3+3^3+5^3$
- 1의 계승부터 5의 계승까지를 합한 숫자이다. $153=1!+2!+3!+4!+5!$
- 153의 각 숫자의 합은 사각수이다. $1+5+3=9=3^2$
- 153의 약수의 합은 사각수이다. $1+3+9+17+51=81=9^2$

4-2 그림에 보이는 문자 익두스(ΙΧΘΥΣ)는 '예수 그리스도는 하나님의 아들인 구원자(Jesus Christ, God's Son, Savior)'라는 의미를 담고 있다.

★ 생각 넓히기

2 '사람 200명-사람 1명=사람 199명'이라는 수식이 제시된다.
수학적 관점이나 경제적 관점에서는 이 수식이 맞겠지만, 생명의 존엄성은 수학이나 경제학을 초월하는 상위 개념이다. 199명을 살린다고 해서 한 사람이 가진 목숨의 존엄성이 없어지는 것은 아니다.

★ 생각 나누기

4 〈삼차각설계도〉라는 연작시 중 〈선에 관한 각서2〉를 보면 이상이 당시에 꿈꾼 세상을 엿볼 수 있다. 전문가들은 이 시에 나오는 1과 3을 단순한 숫자가 아닌 차원으로 해석한다. 즉 '1+3'에서 1은 선을, 3은 3차원의 공간을 뜻하며, 1+3은 차원의 결합으로 4차원의 세계, 즉 인간이 모르는 새로운 세계를 의미한다고 본다. 이상이 이 시에서 4차원을 암시했다는 해석이다.

또한 A+B+C=A, A+B+C=B, A+B+C=C에서 이상의 수학적 재능을 엿볼 수 있다. 이 수식이 성립하려면 A, B, C가 평면에서 같은 점이어야만 한다. 하지만 공간에서는 다른 위치에 있어도 세 점이 일정한 각도를 유지하면 직선으로 연결되며 세 점이 한 점으로 보이는 경우가 얼마든지 가능하다.

– KISTI, 〈과학향기〉 '이상이 수학천재라고?'